慶應義塾で学んだ女性たち

独立自尊へのあゆみ

米津昭子
伊丹レイ子
西沢直子
タリサ・ワタナゲス
千住真理子
伊勢桃代
福本秀子
今 まど子
喜谷昌代
大島美恵子
能勢淳子
木村慶子
太田芳枝
杉山真紀子
浅野加寿子
種谷奈雄子
翁 百合
大原慶子
佐野陽子
佐藤美智子

慶應婦人三田会　プロジェクトF［編］

慶應義塾大学出版会

刊行によせて

慶應義塾で学んだ女性の活躍を
歴史を俯瞰するように活きいきと記す

慶應義塾長　安西祐一郎

慶應婦人三田会の方々から、プロジェクトFと呼ぶ研究会を立ち上げる旨のことを伺ったのは、二〇〇四年のことであった。まもなくやってくる慶應義塾創立一五〇年の機会に、義塾で学んだ女性の辿った道を活字にまとめたいということだった。聞いた途端に諸手を挙げて賛同した覚えがある。

慶應義塾の創立者福澤諭吉は、男も女も一身独立すべき人間であることを、まだ封建制度の色濃い明治の始めから繰り返し説いた、先覚の人である。義塾大学に女性が初めて入学した一九四六年からちょうど六十年を迎える時期がやってくる。女子卒業生のことがまとまって取り上げられる機会の少なかった義塾の歴史の新しいページを、創立一五〇年を期して開くことにもなる。これからの義塾は女性がもっと表に出て然るべきだと、自分自身強く思っていた経緯もある。こうした諸々のことが瞬時に心をよぎった。

しかし、そのとき一番感じたのは、慶應婦人三田会が、長い間、親睦だけでなく自己研鑽と社会貢献に力を尽くし、とりわけ外国からの留学生や訪問教授、研究者、またその家族を支援し続け、奨学金まで出し続けてこられた、その持続的な献身が、プロジェクトFにおいても実を結ぶに違いない、ということであった。

その後、おしゃれなデザインの『寄稿集』が、第一号から第三号まで三冊にわたって送られてきた。それを読んで、戦後の困難な時代に男子学生ばかりの義塾に入学した女子学生の努力から、最近の方々のさまざまな活動に至るまで、慶應出身者らしい活きいきとした息吹きが伝わってきた。これら三冊の完成は、それらが土台となって生まれた本書の刊行とともに、義塾の歴史に永く留められるべき業績である。

こうした努力を経て、本書が刊行されることになった。掲載されているそれぞれの卒業生が、歴史を背負い、輝く個性を秘めた方々であることは、文章の端々から読み取ることができる。昭和二十一年義塾大学最初の女子入学者だった伊丹レイ子名誉教授、昭和二十三年入学の米津昭子名誉教授、伊勢桃代日本国連協会理事、昨年（二〇〇七年）五月に三田で名誉博士の称号を受けていただいたタイ中央銀行タリサ・ワタナゲス総裁、そして本書に載っているすべての女性塾員の方々それぞれに、義塾の独立自尊の気風が浸み込んでいるのを感じる。それは先に発行された『寄稿集』に掲載されている方々すべてにも言えることである。

安政五年（一八五八年）、福澤諭吉が小さな蘭学塾として始めた慶應義塾は、本年創立一五〇年記念の年を迎えた。その栄光ある歴史は、義塾社中の努力と誇りをもって、多くの支援者の協力とともに創られ、独立自尊の気風を養ってきた。創設当初の頃には女子の塾生も学んでいたという記録もある。

しかし、女子の塾生、女性塾員の歴史が、他ならぬ彼女ら自身の尽力を基にして芽吹き、花開いたのは、この六十年のことである。彼女らが、女性にとっては戦後まで続いた封建制度から開国への道を拓いたのである。現在、義塾大学の女子塾生の割合は約三二％であるが、女性塾員の活躍は大きく広がりつつある。これからの日本と世界の潮流を思えば、義塾で学んだ女性の活躍はさらに大きく、またさらに広く深く必要とされていくことに疑いはない。

創立一五〇年記念事業の基本テーマは「未来への先導」である。男女を問わず、誰もが自分の力を存分に発揮して他者に貢献できるような未来への先導者として、慶應義塾があらためて出発をする時である。本書が、男女を問わず、また慶應義塾出身者かどうかを問わず、広く読まれ、戦後女性の歩んだ道を顧みるとともに、未来の日本と世界について考えるよすがとなれば、とても嬉しい。

慶應義塾で学んだ女性塾員の活躍を、歴史を俯瞰するように活きいきと記した著作は、本書が初めてと言ってよい。創立一五〇年の記念すべき年に、慶應婦人三田会の長期にわたるご尽力によって本書が刊行されることを慶ぶとともに、その快挙に心からの拍手を送りたい。

二〇〇八年　五月

目　次

慶應義塾で学んだ女性たち――独立自尊への歩み

〔日本篇〕

第Ⅰ章　慶應義塾と女子学生

三田キャンパス・演説館

昭和二十年代の女子学生

米津昭子

よねつ　てるこ　慶應義塾大学名誉教授。昭和二十三年実践女子専門学校家政科卒業、同二十五年慶應義塾大学法学部法律学科卒業、慶應義塾大学法学部副手、専任講師、助教授、教授を経て同四十六年大学院法学研究科委員、平成四年慶應義塾評議員（法学部選出）、同五年より大学名誉教授。現在、財団法人日本法律家協会評議員・関東支部副支部長、家庭問題情報センター顧問。

日本における昭和二十一年以前の女子教育制度とその改革

今日では、教育、文化、社会のあらゆる分野で男女平等が浸透しているが、少なくとも昭和二十一年（一九四六年、第二次世界大戦で日本の敗戦）以前は、現在のように男女平等ではなく、教育制度も男子と女子とでは異なっていた。小学校の低学年までは、男子と女子が一緒のクラスで勉強するということもあったが、高学年になると別々のクラスに分かれて勉強した。そして男子の場合は、小学校を卒業した後は、本人が希望すれば中学校、高等学校、さらには大学にも入学することができた。また大学によっては、中学から予科を経て大学に進む途もあった。

しかし、当時は戦後であらゆる物資が不足し、どこの家庭でも食べるのが精一杯で、制度としてはそういうものが設けられてはいても、男子でも大学にまで進んで高等教育を受ける人は限られていた。その他の人はと言えば、教育は中学校までで、あとは働きに行くか、あるいは小学校に続いた尋常高等小学校（小学校の後、二年）を出てから、その後はすぐに自分の家の商売を手伝ったり、あるいは家計を助けるために、商店や会社に働きに出る人もいた。

これに対し女子の場合は、制度として男子と同様に大学で教育を受けることはできなかった。したがって女子は小学校を卒業すると、もっぱら家の中の手伝いをするなり、家事を習得するとか、あるいは小学校を卒業して後、高等女学校に入学して勉強する。もっともその間に、またはその後に茶道、華道、裁縫、書道なども習得して、よき家庭人になることを目指すのが通常だった。

というのも、当時は女子には現在のように参政権も与えられてはいなかったし、女子が資格を持って男子と同じように職業人として社会で活躍することもなかったからである。しかしその後、だんだんに女子にも高等教育を受ける道が開かれるようになり、女学校の後にさらに専門学校が設けられるようになった。当時女子が資格を持って職業に就くと言えば、女学校の後、師範学校を卒業して小学校の先生になる道があった。またその当時女子でも医者になることもできたが、それも、今日のように大学の医学部で男女共学で勉強して資格をとるのではなく、その当時は女子だけのために設けられた専門学校である女子医学専門学校に入って（現在では皆大学になっている）、そこで予科と本科の五年間医学の勉強をして医者の資格を取得した。また、いち早く女子に法律を教える学校を作ることを定めた明治大学でも、男女共学にするには時期尚早であるということで、当時、大学とは別に女子だけのための専門部を創設して、女子はそこで法律の勉強をした。

ところが日本は昭和二十年の終戦によって、昭和二十一年十一月三日、新たに日本国憲法が制定され、法のもとの平等が規定された（14条）。そして女子にも等しく参政権が付与されただけではなく、「すべて国民は、法律の定めるところにより、その能力に応じて、ひとしく教育を受ける権利を有する」と規定された（26条）。そのためにこれを受けて男女共学令が定められ、それまでは全く女子には閉鎖されていた大学の門戸が開かれるようになったのである。

わが慶應義塾大学でもそれを受けて昭和二十一年、女子の入学が初めて正式に認められた。

慶應義塾大学の最初の女子学生

女子も男子と同じように大学で学問をすることができるようになってからは、これまでこの日を待ち構えていた女子は、すぐに大学の門を叩いたので、どこの大学にも何人かの女子学生が入学した。しかし、大学で勉強するには少しは専門学校で学んだ下地がある方がよいからということで、多くの女子学生は文学部、特に国文科か英文科に進んだ人が多かった。

とはいっても、どの人も大学に進むための準備もしていなかったし、また、戦後のことで食料も、衣料も、書籍も、学用品もあらゆる物資が不足しており、生活するのがやっとという経済的理由もあって、進学を望む男子でさえ大学に進めない人も多かった。そんな時代であったから、昭和二十一年四月に塾の学部に最初に入学した女子学生は九人であった（敬称略、文学部の国文科に、江森寿美子、伊達安子（山田）、松井千恵、英文科に伊丹レイ子（前田）、厨川圭子（広瀬）、平野恵美、もう一人おられたがお名前が不明。経済学部に立花美津子（飯島）。法学部の政治学科に二宮早苗（安藤））。

このほか、当時はせめて大学の雰囲気だけでも味わいたいとか、この機会に特定の先生の講義を是非聴講したいということで、正規の学生としては入学しなかったが、聴講生として毎日登校して熱心に講義を聞き、勉強しておられた学生もいた。

そんな時期に私は法学部法律学科で学んだので、以下ではそのことを中心に述べておこう。

前述したように、塾が女子に門戸を開いたのは昭和二十一年であったが、女子にとって法律学は馴染みが薄かったこともあり、その年には法学部法律学科には誰も入学しなかった。しかし二年目の昭和二十二年には人見康子さんがたった一人入学された。したがって人見さんは、塾の法学部法律学科に入学された最初の女子学生であった。その後、この人見さんに続いて、昭和二十三年には、中谷謹子（佐藤）さんと私と、私の双子の妹の和子の三人が入学した。当時の入学試験は、一次試験が英語、法学概論、論文で、二次試験は二人の先生による面接であった。そしてそこではどうして法律を塾で勉強したいのかとか、法学概論は誰の著書を読んだかとか、法律の中でどの法に一番興味があるかなど質問された。

なんとかそれらの試験を無事に通過して希望の塾生になることができたが、それまで大学の中には女子学生のみならず、女子の姿がほとんどなかったので、大学内では女子の存在自体がただただ珍しかったらしく、いろいろなことで話題になったりした。それだけに女子だけの学校の場合なら到底考えられないようなことも問題となり、男女共学の最初ということでいろいろ新しい経験をした。

その当時は現在の正門はまだなかったので、ほとんどの学生は田町駅から三田通りに出て、一途に幻の門から登校するのが常だった。そして終戦後とはいえ、男子の学生の多くは学生服学生帽姿で通っていたので、外観からすぐどこの学生かわかったが、学生服のない女子学生の私たちが胸に塾のバッチをつけているのを見つけると、電車の中でも紳士が側に寄ってきて「塾の学生ですか」と聞き、はいと返事すると、「私は十二年の卒業でね」と話しかけてきたり、田町駅で降りてから幻の門までは多くの学生たちが列を作って登校するので、当然のことながら、他学部の学生や先生方とご一緒になるが、その度に、毎朝誰かに「どうですか大学は」などと聞かれたりした。

また、その当時の三田通りは今のようにビルが並んでいたのではなく、古い商店が多かったし、ちょうど私たちの朝の登校時間には、そのおかみさんたちがきまって店の前を箒で掃いていたり、窓ガラスを拭いていたりしていたので、毎朝顔を合わせたし、いつの間にか親しくなって、その度に挨拶をして登校するようになったりした。また、幻の門を入ると、山の上の方に男子学生が群がっていて、女子学生の登校姿を見ようと図書館（旧）の前の高台から見下ろしていたりもした。

また、大学を出たらどうしようというしっかりした考えを持っていなかった私に対して、校庭を清掃している塾の用務員さんたちからも（当時は塾僕さんと言っていた）、あなたは大学を卒業したら何になるんですかと、真剣な顔をして聞かれたりもした。

もっともそれまでは、男子学生だけの大学に急遽女子学生が入学してきたので、それを受け入れる大学もその変化について行くのが大変だったようである。それまでは女子の手洗いもなく過ごしていた大学も、急に新館の地下に一つだけ女子学生用の手洗いを設けたり、更衣室もなかったので体育会に女子学生は入れられないとしていたが、慌てて更衣室を作るなどしたようである。

また、私が教室に入ろうとすると、ちょうど担当教授が教室にお入りになる時であったので、先生がお先に入られると思って会釈したら、先生の方が私に「どうぞ」と言われて先に入れていただいて、それまで女の学校では全くこんなことはなかったので、驚いたりもした。

大学での講義は一年生から専門科目ばかりであったし、ちょうど新憲法が制定され、家族法の改正をはじめ多くの法が大改正された時だったので、旧法のできた由来を知るだけではなく、新法がどうしてこのように改正されたのか、また、そこでの学説を理解するのに夢中だった。しかし先輩も同年生も大変親切で、常に仲間に入れてくれ、履修科目や教室、先生方の学説上の立場や、参考書等も教えてくれ、大変楽しい学生時代だった。

当時の女子学生の卒業後

このようにして初めての女子学生は卒業したが、急激な変化で、その当時は社会の方はまだ大学を卒業した女子をどう受け入れるべきかその対応ができていなかったようである。男子と一緒になって司法試験や国家公務員試験を受けて職につくなら格別、男子学生と同じように、卒業後会社に就職しようと卒業期を迎えた女子学生が会社訪問をしても、「当社は学士様を雇うような会社ではございません」と門前払いを食わされたという話を何回も聞いた。

一方、大学を卒業した女子学生の方も、大学での勉強は家庭に入るための教養とか社会勉強と心得ていた者も多かったようである。大分女子学生の数も増えて来て、一旦家庭に入って後、これからは何か仕事を持ちたいとか、働きたいという人もかなり出て来て、そんな声が多くなったので、私は塾の就職部に行って、これからは塾に女子塾員を採用してくれるようにお願いしたら、早速そのようにしましょうとやり始めて下さったが、その塾員に具体的に働く日の日程を告げると、その日はお稽古で働けないとか、あるいはそんなに朝早くは家庭があるのでうかがえないという返事だったということで、逆にそんなことを言い出した私が就職部から怒られた経験もある。

慶應婦人三田会の発足

昭和三十六年（一九六一年）ごろ、文学部の女子学生の佐藤礼子さんや尾関みゆきさん（三十六年経卒）たちから、このまま卒業して皆がばらばらになってしまうよりは、女性同士で話し合ったり刺激し合える女子の同窓会を作りたいがやってくれないかと乞われた。女子の場合は男子と異なり、大学を出て家庭に入ると、後になって勉強をしたくなっても、もうその時は仲間もいないという問題もあるし、また、さらには子育てが終わって後に就職しようとしても相談する相手もいないという問題もある。また、キャリアの人も家庭と仕事をどうやって両立させるかとか、さらには退職の後に一緒に付き合える仲間も必要だと考えられる。そんなことで、婦人三田会は塾の中のたった一つの女子の同窓会として発足した。その後、この会ができたことを知らせようと、女子の塾員を勧誘して話し合ったり、一緒に読書会をしたりした。

幸い、大学もこれを大いに支援して下さって、食堂の隣に女子学生ルームを設けてくれ、しばらくはそこを婦人三田会ルームにしていたし、また、婦人三田会の研究会には今でも大学の先生方が直接参加して指導してくださっているものもあり、会合の度にキャンパス内の部屋を使わせていただいているのは、大変有難いことである。最近では大学からのお勧めもあって留学生への日本語援助の問題や、大学病院でのボランティアの問題も出てきているが、これからも社会の変動とともに、そのニーズにあった機能の充実が必要となると思われる。

ことに最近では、女子学生のほとんどが卒業後に職業を持ち、職場でも卒業年度や職場の三田会などでよき仲間を得て積極的な活動をしている人も多い。それはそれでよいが、時には同窓の先輩や後輩、あるいは他のグループや仲間たちと話したい時、新しい学問の発展や問題等を勉強したい時、さらには職場でやがて定年を迎えた時など、これからもこの会がますます発展し、会員にとって楽しい、しかも有意義なものであってほしいと念願している。

慶應義塾大学の女子学生第一号

伊丹レイ子

いたみ　れいこ　慶應義塾大学名誉教授。昭和二十年東京女子大学英文科卒業、同二十四年慶應義塾大学文学部英文科卒業、米国マウントホリヨーク大学大学院で修士号取得。留学などを経て同三十八年慶應義塾外国語学校専任講師、同四十一年慶應義塾大学商学部専任講師、助教授を経て同五十一年教授に就任。平成二年から同大学名誉教授。帝京大学教授、時事英語学会評議員等を務めた。平成十九年二月十二日逝去。

慶應婦人三田会から平成十六年（二〇〇四年）の十二月に、慶應義塾大学と私というような話題で話をするよう依頼を受けた。

私は商学部の教授として英語を教え、英米文学と英語教授法を専門としており、一九五〇年代の後半にはカナダのバンクーバーのブリティッシュ・コロンビア大学で、カナダ人に日本語を教えた教師歴を持つ。帰国後、一九八〇年代から、日英両語の比較対照講座を国際センターで担当したこともあって、バイリンガル研究の領域には深い関心がある。

うれしいことに婦人三田会の会員有志の方々とは、「言葉と発想」というゼミを月一回開いて、日英両語の諸相とその歴史的、文化的背景を比較し検索するという楽しい知的な集いを持たせていただいている。このゼミで、幾度か話題にもしたが、自分自身を言葉で表現する際に、話し言葉と書き言葉という、微妙な文体の差のあることを常に意識し、話者と聴者という関係と、筆者と読者という二つの異なる関係を樹立することによって生じる文体の差が相互に与える衝撃や印象が、どれほど違ってくるかということについて、絶えず深い関心を払わなくてはならないことを、日ごろ忘れないように心がけている。

それで私は講義・講演における無差別の録音を、原則としてお断りしている。それは会場の音響の優劣やマイクの不備などから、口頭による表現の録音をそのまま文字化することの危うさを感じるからである。特に講演中の日英両語にまたがる人名や引用が、不正確に文字化されるという危険についても、考慮しなくてはならない。

一方、講演者が、eye contact（目と目の向かい合い）もなく、書いたものを一字一句棒読みしているのを聴くことのつまらなさは、誰でも一度や二度は経験していると思う。

以上のような言葉の伝達のおこなわれる際の特質を考慮し、この原稿は、平成十六年十二月十日のＢＲＢクラブの講演をもとにしているが、文書によるご依頼を受けた際の六項目の質問にお答えする形式で記したものであることをお断りしておきたい。

1

「義塾と私」という私の回想は、遠い昔、太平洋戦争の終結のころにさかのぼる。昭和二十年（一九四五年）、米軍進駐による占領下の日本が、外圧により歴史始まって以来初めて、全国の大学が女性を受け入れることを余儀なくされた時に、私が年齢的に巡り合わせたこと、いいかえると、私は昭和二十一年に慶應義塾大学の女子学生（Co-ed）の第一号になったのである。文学部英文科に正式に三人の女子学生が入学した。経済学部に一名、文学部の他学科に数名の入学者がいたことを記憶している。塾にはそれ以前から、聴講生がいたと聞いたが、あの狂気の戦争を通り抜けた時代であったから、自分の入学以前の詳しい事情は知らない。

私自身はといえば、旧制の五年制の女学校であった青山女学院を卒業して、東京女子大学英文科に入学したのは昭和十七年（一九四二年）の三月。当時「女子の大学」と称せられた学校は正式には専門学校で、予科一年、本科三年からなり、中等および高等学校の教員免許取得を目的とした女子の最高学府であった。前年十二月の真珠湾奇襲と共に、時代は戦時色の日ごとに濃くなっていく不幸な時代の幕開けだった。

それでも第一年目は、東京女子大学英文科では、米国コロンビア大学で学ばれた音声学の第一人者北村孝先生、女子のアイビーリーグ校の中で最も創立の古い（一八三六年）、マサチューセッツ州のマウント・ホリヨーク大を卒業された天達文子先生、ギリシャ哲学専門で学長だった石原謙先生、新約聖書のギリシャ語 Koine の文法書の著者の玉川先生、担任は早稲田大学教授で Dante Gabriel Rossetti と Christina Rossetti 兄妹に傾倒されていた杉村先生、自ら米国の大学で体育学を専攻し、米国式女子バスケットボールのルールを女子大に導入され指揮された長谷川先生など、そうそうたる先生方の謦咳に接することができた。

女性が男子大学に入れないという差別の突破口として、女子大学卒の先輩方から男子大学の聴講制を活用する道のあることを知らされていた。特に東京女子大学からは仙台の東北大学（旧東北帝国大学）へ、狭き門ではあったが細い道がついていて勧められた。それと並行して、欧米の大学での留学を果たして帰国された先生方の講義の中で、折に触れて米国の大学留学中の貴重な経験を一人称により直接聞けたのは、知的な活動への誘いであった。

翻訳ではない英語書の購読のクラスは、Mrs. Iwamoto の Jack London（一八七六-一九一六）の "*The Call of the Wild*"（一九〇三）、天達先生の Jane Addams（一八六〇-一九三五）著で、シカゴの貧民街に憩いの家を建てたいきさつを述べた "*Twenty Years at Hull-House*"（一九一〇）、Jean Webster（一八七六-一九一六）著の「あしながおじさん」

"*Daddy-Long-Legs*"（一九一二）、G. K. Chesterton（一八七四–一九三六）の"*The Innocence of Father Brown*"（一九一一）などは若き日の知的渇望を充分に満たすものだった。英語力の強化には青木先生の英文法、Mrs. Oda や Mrs. Iwamoto の英文の書きの添削と口頭発表にとどめをさす充実したものだった。

しかし二年目からは、不幸にも学徒勤労動員令による工場、特に飛行機や武器の製造工場での勤労が強制され、正式発表はなくても、夜ごとの東京空襲や日常の食糧難を通じて、敗色の濃さがひしひしと迫ってくるのを感じた。五月に二度目の東京空襲があり、麻布の我が家も焼夷弾で焼け落ちた。

そして無条件降伏。女子大学では三年半で九月に繰り上げ卒業式が行われた。暗幕が撤去され、電気がついて、軽音楽が流れ、横文字がはばかりなく読めて……。変身・転向の急転直下は、我ながら信じられないほどだった。半年後には男子大学入学のための受験制度が女子にも開放され、私は女子大学で開講された六カ月の特別講義を受け、慶應義塾大学に進学する道を選んだ。

私が慶應義塾大学を選んだ理由はいくつか挙げられるが、第一に私には、読書が好きで学問に励みたい志向にまったく反対しなかった、否それどころかむしろ積極的に後押ししてくれた父がいたこと。父自身が大正十二年（一九二三年）の慶應義塾大学経済学部卒で、十八、十九世紀英国の経済学研究のため大学に残りたかったのが、祖父の家業の電線製造業を継ぐため銀行に入り、続いて自社の経営のために断念していたことが、原因と結果のあざなえる縄のように組まれていた。父の何代も前の先祖は、三重県の組み紐作りであったというのも、何かの因縁のような気さえする。ともかく物心ついたころから、私は読書する父の姿を見て「何か面白そうだ、楽しそうだ」と、直感的に感じていた。そして、今でも本のないところにはいられない習性は「三つ子の魂百まで」と、父に感謝している。

母はといえば口ぐせのように、数年しか年の違わない自分の妹たちが、津田塾や東京女子大学に入学しているのに、自分は結婚したために進学できなかったという話をして、生長する女性の行く手には分かれ道のあることを、伝えようとしているかに見えた。母には男女差別の顕著な「おんな大学」的発想や、女子大学生亡国論的な言辞には騙されるなという雰囲気があって、私はのびのびと育てられた。これも感謝である。

このように慶應義塾大学入学以前のことにかなり紙面を割いたのは、私にとっての大学選びは男女共学の学校を選ぼうかどうかということではなくて、女の専門学校しかない偏った視野に、男子大学入学への大道が忽然と生じたということを述べたいためであった。従来の女学校では小笠原流作法とか、数学教科書も男子用、女子用の別があって、女には学ばせない分野があった暗黒の時代を経てきたから、解放された学問の園に引き寄せられる力は想像以上に強く、それが大学選びの核心になっていたと言える。

慶應義塾大学を選んだ第二の理由は、私の父の通った麻布の本村小学校の同期に、神吉三郎先生という英文学の泰斗がおられたことである。神吉先生は英米文学の作家の中でも、極めて重要な人物の代表作を次々と翻訳され、私が生まれ育ち、かつ現在も住んでいる旧麻布区富士見町（現港区南麻布）と坂一つ隔てた本村町の坂の中腹に住んでおられた。私は女子大に入学する前から先生のお宅にうかがって、英語の手ほどきを受けたことが、慶應選びの伏線になっている。

先生は戦時中、陸軍大学教授で、当時入手の難しくなった煙草の補いに、手製の紙で煙草の葉を巻いた紙煙草をふかしながら、英国十八世紀の文壇の大御所「Samuel Johnson の伝記」（James Boswell 著）の翻訳を岩波文庫から出版されていた。戦後、神吉先生は慶應にも出向され、Cambridge 大卒の池田潔先生と親交があったと聞く。私はそのころ英語力強化のため先生の翻訳をお手伝いし、かつ、戦後出された「ジョンソン伝」第三巻の索引作りにも参加させていただいた。

先生は昭和二十七年（一九五二年）に惜しくも五十代の半ばで、喉頭癌で他界され、私の慶應義塾大学入学しか見ていただけなかったのは返すがえすも残念であった。特にジョンソン研究は後に私の商学部教授時代に論文のテーマの一つとして採り上げ、ジョンソンの学んだオックスフォード大学ペンブルック校の研究員として、後にサバティカル留学を果たし、現在も私の終生の研究テーマとして Boswell & Johnson の膨大な著作を座右の書としているだけに、なおさら先生との訣別は痛恨事であった。

2

私の慶應義塾における教職歴は昭和二十四年（一九四九年）の慶應義塾大学卒業と同時に文学部助手、兼、通信教育部インストラクターとして大学に残り、主として通信教育部受講生の英語の添削と教材作成、そしてスクーリングの講座の担当をした。私は天現寺に住んでいて、当時伊達坂にお住まいの普通部長、佐原六郎先生の社会学の講義に出ていて、学生時代はよく市電でご一緒した。私が女子大卒で、中・高学校の英語の教員免許状を取得していることをご存知で、教育実習生として普通部で教えるようにと誘って下さった。佐原先生が神吉先生とお親しかったのも奇縁であった。

私が英語を教えた普通部の二年生は、私が最初に教えた男子生徒たちであった。渾名をつけられたり、冷やかされたり、普通部は今でも男子校だから、伝統的に手厚いと言うより、手荒いやんちゃな行動の標的になった。それでも授業は楽しく、今でもABCD組のほとんどの生徒の名前が、苗字とファーストネームの両方を含むフルネームで出てくる。後年の私の生活において公私両面で、この人たちといろいろな縁が続いているのは、「教師冥利」に尽きると言いたい。平成十六年（二〇〇四年）にこの教え子たちが古希を祝うとあって、祝いの席に呼ばれて再会を果たした人も多かったが、今さらながら時の流れの早いのに驚くばかりである。

卒業後、慶應での駆け出しの英語教員生活は、通信教育部を軸に、普通部／中等部／女子校／外語とコマネズミのように目まぐるしいものだった。通信の夏期スクーリングでは大教室で、自分よりもずっと年長の地方出身の受講生に添削紙上だけでなく、実際に面と向かって講義したときはいささかビビったが、次第に大人数の前で話すことの恐ろしさより、楽しさを学ばせていただいた。中等部では、若いイーストレーク先生と合同授業をしたり、女子校ではオールトマン先生と友だちになり、二期と三期卒業生の在校時代には女子校の課外の英語会部会の英語劇を指導した楽しい思い出も、そのころのものだった。

3

昭和二十八年（一九五三年）に私はフルブライト留学生奨学金交付試験に合格し、旅費、学費、滞在費全額支給の奨学金を得て、私の恩師であると同時に叔母のいとこにあたる天達文子先生が大正十四年（一九二五年）に学ばれた、マサチューセッツ州の Mt. Holyoke 大学大学院入学のチャンスを手に入れた。当時の日本の大学は、旧制で予科二年、本科三年。旧制のもとでは大学院がなく、修士の取得には外国の大学院に留学するよりほかに道はなかった。

私の大学院への留学の決まった昭和二十八年には羽田空港も未だ一般に開港される以前で、戦後第一回のフルブライト留学生の集団は八月の末、氷川丸で横浜港の大桟橋から出帆した。現在は山下公園の岸壁につながれている同船を見るにつけ感慨無量である。米海軍軍人ペリー提督が艦隊を率いて浦賀に来航した嘉永六年は一八五三年であるから、私の渡航は日本が俗に言われる黒船襲来で開港を迫られた出来事からわずか百年しか経っていなかったのだ。ちなみに福澤先生を乗せた咸臨丸の渡米は万延元年、一八六〇年である。改めて、島国日本の閉鎖性を実感する。

横浜の港で私たちはテープを握り合い、それが切れて海面に落ちて、一行は二週間の太平洋横断の船旅に出た。アリューシャン沖を通ったころ、海は荒れてローリングがひどかった。船上では、日本から電信の受信が可能で、そのころ「イヨイヨ　トオシ　チチ」という電信を受け取ったときは胸が痛んだ。シアトルに入港し、八月末まで州立ワシントン大学でオリエンテーションを受けた。それから志望の大学に応じて、西海岸にそのまま残る者、中西部で汽車を降りる者と別れて、津田塾の高野フミ先生と私は東部の一番遠いマサチューセッツ州に行くため、汽車でずっとご一緒に旅行した。

当時の汽車旅では、シアトルから東部海岸側まで直通はなく、シカゴの一駅で汽車を降り、タクシーの切符をもらって、東部駅の列車の出る駅まで移動するのだった。日本の西から旅した場合、東京駅で降りて、タクシーで上野まで行かされ、そこから東北本線に乗り換えるような不便な接続なのだ。西から東へ直行できるのは、貨物列車で運ばれる家畜と貨物だけと聞いた。もっとも牛の大半はシカゴの屠殺場行きのため、シカゴで途中下車をさせられるのだった。

慶應義塾大学時代に参加した日米学生会議で知り合いになった米国側の団長、Mrs. Yeoman の好意で、私はワシントンD. C. の郊外の家に泊めてもらった。今様に言えばホームステイをさせてもらったわけだ。十日ほどの滞在の終わりごろ、ニューヨークの慶應三田会から招待状が届いた。たまたまこの年の九月、当時皇太子であった今上天皇が、英国エリザベス女王戴冠式に出席のため訪英の途次、ニューヨークに滞在されていて、ニューヨーク周辺の当時数少ない日本人留学生が、幸運にも時のダレス国務長官主催の晩餐会に招かれたのであった。皇太子一行に随行されたのが小泉信三先生で、戦災による火傷の傷はお痛ましかったが、その毅然とした、それでいて優雅な物腰に慶應関係者は特に胸を熱くした。

九月の末に待望の Mt. Holyoke 大学に着いた。マサチューセッツ州の町、Springfield から少し離れた Holyoke 市から、さらに奥まった South Hadley という college town に所在する、米国女子大学名門の中で一番古い大学である。米文学で異色の詩人 Emily Dickenson（一八三〇‐八六）が一年間だけ在学していたことでも知られている。入り口の一見廃墟とも見える蔦の生え茂った門柱と建物の壁を見て、海山をはるか越えて到着したのがこれだったのかと一瞬とまどった。しかし文字通り蔦に覆われた伝統ある名門校 ivy-league の大学の意味を知って、その真価を見いだすのに大した時間はかからなかった。

外国に我々が赴き長逗留すれば、彼の地では自分が外人になるのだという感覚はなかなかすぐには意識されないものだが、マウント・ホリヨーク大学は伝統が古く、外国人留学生を長年にわたり受け入れてきているので、私はただちに外国人留学生指導教授の温かい翼の下で旅装を解き、なんの不安もなく新しい留学生生活を始めることができた。

関係教授の方々との面接で、私はアメリカ文学を専攻したいと臆面もなく述べたところ、東部の名門校では英米文学専攻と考え、八世紀の Beowulf から始めると言われた。慶應の指導教授の一人、厨川先生の Beowulf 研究の重圧から逃げ出したつもりが、浅学の程を知らされた。その当時、米国の諸大学の英文科では、アメリカの文学は大学の外で、作家の群に身を投じて、ひたすら書くことだとも言われた。

確かにそのころ名門の Yale 大学では米国州立大学在職の英文学教育者を集めて、次第に数を増す外国、主に欧州からの米文学研究志望の研究者や学生に備えて、指導できるリーダーを養成する特別大学院が開講されたところであった。American Studies Department と銘うって、文学ばかりでなく歴史、政治、経済、言語、地誌など広い分野にわたって、アメリカ人による自己の掘り下げ、アメリカ探求とが戦後の北米大陸の静かなブームとなっていた。

同時にニューイングランドの大学交互の口座開放の動きも活発で、私の大学に一番近い Amherst 大学に滞在詩人 (poet in residence) であった Robert Frost の自作詩の朗読会などを聞きに行く幸運にも恵まれた。Yale と Mt. Holyoke 大学の教授陣の交換もあって、幸なことに私は Yale 大学の Stanley T. Williams, Pierson, Feidelson など、そうそうたる教授の講義やゼミに出ることを許された。Yale 大学の図書館で初めて James Boswell の

Private Papers を含む Boswell 関係の著作、またその原稿がここに全部収納されていることを知って感動した。

一九五四年の復活祭の休暇に、私と寮で同室だったフランスからのフルブライト給費生 Yvonne Guyomard と二人で、New Orleans まで Greyhound のバス旅に出たのは、生涯忘れられない経験だった。それは白人と黒人とを法的に区別する segregation 令が米国南部の州で実際に施行されている時代であったから、特に貴重な、しかしやりきれない体験でもあった。

一九五三年、五四年はニューイングランドの美しい自然——秋の真っ赤な紅葉、冬の膝まで埋もれる雪の上にさらに舞う粉雪で、春まで土の現れることのなかった豪雪地帯も、春となれば青い芝生と美しい果樹の花が百花繚乱——その美しい自然を楽しむ暇もなく、私は必修課目の課する書籍の山に囲まれて、寝てもさめても、英米文学作品の山野を駈け巡っていたというのが実感であった。

一年目で Teaching English Certificate を、二年間の修業で修士号を取得した。論文は Williams 教授の示唆と指導を受け、Washington Irving 研究に関するものであった。テーマは特に Washington Irving の "*History of New York*"——'From the Beginning of the World to the End of the Dutch Dynasty, by Diedrich Knickerbocker' といういさ

さかふざけた副題のついている戯作（burlesque）の初版（一八〇九年）と全集版（一八四八年）とのテキストの照合をもとにした比較による Irving の作品及び作者の全容の解明であった。

このような研鑽と資格を土台にして、私の職業歴は多岐にわたって拡がり今日に至るのであるが、その原動力は、かつて熱望した女人禁止の大学に入れたこと、その過程でこの紙面では書きつくせない多くのすぐれた教育者に巡り会えて、じきじきに教えを受けたことが根底にある。馬を川辺に連れて行っていくら水を飲ませようとしても、飲もうとしない馬に水を飲ませることはできないという諺がある。もし反対に飲みたがっている馬を見つけたら、どうしても水ぎわに誘いたいのが私の性分のようだ。いささか失礼な喩えのようではあるが、昔も今も、教えている時に飲みたくなるように努力して、お膳立てをすることが大切だと思う。

特に英語を教える時、英語を嫌いにさせたらおしまいだという思いは強い。私が教授法に惹かれるのは、出会い、対局、交歓の喜びという図式が引けるからだ。五十年も六十年も前に教えた人たちが、現在英語を駆使して子育てや孫育てを楽しみ、国内や海外で活躍しているのを目の当たりにするのは、まことに快いことだ。この点で、幼児教育や、若い人々や non-Japanese の人々に最も適切と思われる言葉を駆使して、最も価値あること、真実を伝える努力をすることは、私にとっての生涯のやり甲斐のある仕事だと確信している。

4

慶應義塾大学はその歴史をひもとけば、創立は安政五年（一八五八年）である。英国オックスフォード大学の中でも最も古いと言われる Merton College（一二六四年）、ケンブリッジ大学で古いのは Peterhouse（一二八四年）だから、おおよそ十三、十四世紀の建立にまでさかのぼる。また米国が母国英国の植民地時代にすでに建てられた Harvard（一六三六年）は、大学としては一七八〇年開校、Yale 大学は一七〇一年に創立とされているし、女子大学の草分け Mary Lyon's Female Seminary（後に Mt. Holyoke College）が一八三六年の創設だから、日本で一番古いと称せられる慶應義塾といえども、長い時の濾過を経ている欧米の大学とは比べ物にならない。それだけにわが国の教育機関は、創立者の信念や理想がその運営の大きな推進力になっているはずである。

慶應義塾大学が福澤諭吉という発言力の強い推進者を得て、封建体制から文明開化、近代化への脱皮をはかり、創立者のエネルギーを若い塾生の教育に絞られたことは特筆すべきだと思う。縦社会、上下の関係しか見られなかった時代に、水平思考を導入された見識と強烈な実行力は、例えば官職を断り、平服を愛し、ものの理を説き、スピーチを奨励した先見の明が時代を先取りしていたことは明らかである。

当時の言葉でいう「新政府の御用召」を断った話や、国家に尽くしたということで、福澤先生の功を誉めたいという意向を伝えにきた友人に、「人間が当前《あたりまえ》の仕事をして居るに何も不思議はない、車屋は車を挽《ひ》き豆腐屋は豆腐を拵《こしら》えて書生は書を読むと云うのは人間当前の仕事として居るのだ、その仕事をして居るのを政府が誉めると云うなら、先ず隣の豆腐屋から誉めて貰《もら》わなければならぬ、ソンな事は一切止《いっさいよ》しなさいと云《いっ》て断《ことわっ》たことがある」というくだり（福澤諭吉著作集第十二巻　福翁自伝二四七頁）は、「天は人の上に人を造らず」のもっとも具体的で説得力のある主張の実践論で、私が島国日本の外に住んでいた時、このような地球人的思考の人にたくさん出会ったことを思い出す。「野にあって官におもねらず」という人々と共鳴して今でも友人として交際している人も多い。これは慶應在学中に校風として肌で学び取ったからであろう。

もっとも福澤先生はこの話の終わりに、「是れも随分暴論である」と若干修正して締めくくっておられるが、これが慶應流の人間臭さで、好もしくさえ思う。いうなれば極度の主知主義とか唯我独尊に流れがちな象牙の塔の学問思考と、そこで結ばれる師弟の垂直型だけの関係とは全く異なる「学問のすゝめ」の理念に接することができたのは私が慶應義塾大学から受けた貴重な恩恵の一つである。

5

私の専攻する文学の分野では、なんといっても学生時代に、たまたま戦後の平和の到来に自由に翼を広げて、世界を飛翔されているかに見えた西脇順三郎先生の少人数の講義に、三年間出席できたことであった。現在もあまり変わっていない裏門から登る石畳の坂道の傍らの、背丈の高い草むらの中に牧羊神がたたずんでいたり、この坂の中腹にあった山食のピンク色のミルクの上をトンビが舞ったり、「晴れた五月の朝」、教会の丸天井のような空の青は抜けるように青く、西脇先生のギリシャ古典への連想は果てしなく広がっていった。先生が愛された野草の、逞しいがひっそりとした存在は、英国の野原と多摩川の土手堤の間を自由に行き交うのだった。

学期が始まった最初の日だったか、先生がちょっとテレながら「クラスに女がいると困るんだ。猥談ができないから」と男子学生を笑わせた。本当は英国紳士なのにワルのようなふりをなさるのは、女子大では味わえなかった斜めにものを切る男の、否、大人の刃の切れ味だった。

天現寺の市電の車庫の裏にお住まいのころ、三田まで歩いてお供した。散歩の途中含蓄のあることばをぽつりぽつりと聞かせてくださった。先生は非常に古いものと、非常に新しいものが好きで、「真ん中の時代はどうも……」と言われた。私は十八世紀に取り付かれていたから縮こまっていたが、「女でジョンソンをやりたいというのは珍しいな」と独り言のように言われた。ジョンソン自身のことは辞典編纂者、英語の使い手としては先生は高く評価されていた。

クラスでは、芸術の美しさとは例えばバラのように本来美しいからよいというのではなくて、「おいもの皮」を美しくさせることだとか、非常に近い二つのものや事柄をできる限り離し、最も遠い二つをできる限り近づけるのが芸術の望ましい表現法だとも言われた。先生の授業では脳細胞が熱気を帯びたマッサージを受けもみくちゃになり、それでいて得体の知れない快感を覚えるのが醍醐味だった。

晩年の先生の漢字とラテン語の接近論も面白かった。英語の aquaculture, aquarium, aqueduct, aqualung, aquamarine, aquaplane, Aquarius などの aqua はラテン語の語源の「水」ですべて水に関係する。ここまでは英語とラテン語の関わり合いだが、梵語を媒介として、仏教と共に閼伽《あか》の水が日本語に入り、意味的には「水」の「水」と重複語になったことを指摘された。他にも lac, lactis というラテン語は milk の語源で、これから lactation, lactose, lactic など牛乳に関する英語の改まった単語が出てくるが、日本語の酪農の「らく」は lac の当て字と考えられると説明された。ともかく西脇先生の詩の世界を支えている語彙の多様性と、古典からの引用の深さには目を見張り、耳をそばだてずにはいられなかった。

詩人としての先生の魅力のほかに、教師として意外に几帳面で休講が少なかった。私は小学校から戦災で家が焼けるまで、ほとんど無遅刻無欠席の習慣を持っていたので、先生の講義は全部出席したと思う。語学の教師たるものの範を示されたわけで、私は後年大学での語学教師として、予告なしに休講したことはないし、特に言語、なかんずく外国語の習得にあたっては、「継続は力なり」と確信している。

学生時代にもう一つ私が熱を入れたのは、部活動として、Keio English Speaking Society (KESS) 英語会に入部したことであった。入学した昭和二十一年には部室もなく、荒れたままになっていた演説館の二階から昇っていく屋根裏部屋が、仮の部活の部屋であった。勧誘されて新入会員として、先輩の踵を見ながら薄暗い木のきしむ階段を昇っていくと、不安がかすめる入会の第一日目だった。終戦の翌年、世はあげて英語熱が高まり、英語会の活動は、文字通り今日よりも実際の英語の会話が飛び交う活発なものであった。というのも英語がすでに使える先輩学生がメンバーにいたし、教育関係者の外国からの訪問者も多かったし、軍関係から復員した二世や三世の英語使用者も自由に出入りして、親交をあたためながら戦争で空白の生じた時を取り返そうと、全回転を開始したからである。

私は後年、職業的に塾の商学部の教授になり、名誉教授にもなって、現在（平成十七年）もKESSの顧問を勤めさせていただいているので言えることだが、当時は今のように地域や活動によっての区分がなく、三田の山でspeech, debate, dramaはもとより、対外的に他校との交流、高松宮杯のspeech contest, 四大学で競うdramaのcontestから日米学生会議の代表派遣から、Mita Campusの発行まで手を広げていた。英語会は「慶應義塾大学英語会史1893-1993」を、百年祭を記念して発刊している。部としては大学の内部でも非常に古く、名門クラブと言えよう。部長は福澤先生の外孫の清岡暎一先生、Mrs. Kiyookaは福澤先生の孫のChiyono夫人。いつも和服姿で、一見昔風の日本女性風だが、口を開けば英語が溢れ出るアメリカ育ちの方だった。暎一先生のことを“Eiichi, Eiichi”と呼んでおられた口調が今でも耳に残っている。

私はこの会の部活動のすべての部門に参加したから、所属の文学部英文科の枠を超えて、他学部からの部員、先輩、後輩と広く付き合うことができた。戦争の名残の物資不足の世の中で質素ではあったが、元気はつらつのメンバーたちと、三田の近くの芝園館とか日比谷映画劇場へも足を伸ばして、英語の勉強と称して次第に輸入され始めた洋画を見に行ったり、夏は鎌倉の海や千葉県の保田海岸へ、グループで日帰り旅行を楽しんだりした。戦争で押しつぶされた青春を、遅ればせながら取り戻せる楽しい学生生活だった。

学部二年の時、元藤原工業大学から経済学部に転科した学生が入会して、昭和二十三年に英語会の chairman（学生委員長）になった。彼とは幼稚舎、普通部出身で「海が大好き」という共通の趣味から、積極的で人のつきあいを好み、英語好き、そのうえ戦時中、鳥籠の中の鳥のように閉じ込められた日本島から海のかなたへと、慶應義塾大学創立者の唱えた「尊皇攘夷を排して、開国論を」というスローガンを身を持って実現した福澤精神にも意気投合し、共に戦後の英語会の復活のために行事を企てて、実行した。

私は昭和二十四年（一九四九年）に卒業し、この友人は転学部の回り路のために一年遅れて卒業した。運命のめぐり合わせというか、私たちは昭和二十五年に結婚し、お仲人に清岡暎一教授夫妻をお願いした。ささやかな結婚式だったが、西脇先生も出席してくださった。

清岡先生の白金のお家へはよくお邪魔して、戦災に遭われなかったお蔵の中の珍しい調度品やら、千代乃夫人蒐集の写真集を見せていただくことが多かった。清岡先生に関する新聞記事をすべて切り抜き、アルバムはそのころ大学を訪れた教育、外交、大学関係の著名人の写真で埋まっていた。

先生は慶應の当時の外部へ開かれた窓口として、ＧＨＱといった占領軍との接触をはじめとして、教育上の例えばハワイ大学、イーストウェストセンター留学生受け入れ、プナホー高校への高校生派遣プログラム等、終戦直後の大学の国際的発展に、また国際センター所長としては、塾の留学生のための日本語教育に、国際交流に、外国留学生の援助に、数々の功績を残された。奥様を亡くされた晩年の先生は、大好きなハワイにたびたび行かれ、白金三光坂あたりを粋な米風のスニーカ靴でお散歩された。時には先生と合流して三田から麻布白金界隈の思い出話をうかがったものだ。

6

結婚の一年前に、私は教員のはしくれとして慶應に奉職していて、現在も朝日カルチャーセンター横浜と新宿で「英米文学散歩」とか「英文新聞記事の読み方」、「Improve your English」の三クラスを担当している現役なので、専業主婦になったことがない。女が家庭と職業を持つと「二足のワラジ」を履いてという句を使うが、私はその感覚は持っていない。それは二つの異種の職業を保持しているときに使う表現だと思っているからだ。さもないと、大方の男性は「二足のワラジ着用者」になってしまうと思う。要は必要とか、意欲とか、偶然とかの理由でどちら側に立ってもよし、両立させてもよし。選択肢の問題だと思う。

基本的に理由のない男女の差別は嫌うが、俗にいう women's lib の旗手的発想は持っていない。自然界に生息する植物動物の生態を観察すれば、オスとメスの関係があって、種の保存や継続に努めている。最近は両性同棲・結婚も認知の複雑な問題を抱えており、単細胞的なものの見方は是正されなければならない。女は何歳で結婚という説は納得しかねる。結婚とは砦のようなもので、砦の外にいる者は入りたがり、中にいる者は出たがるものだと看破した諺を読んだが、要は入る決心をしたら中にいることを享受し、外にいるならばそれを楽しむということが大切のようだ。

男女の問題は、頭脳（mind）の問題、魂（soul）の問題、同時に肉（flesh）の事柄でもあるので、男女の区別だけで優先権をつけるのはいかがなものだろうか。一番平等なのは、人間が有機体であって、それに必ず訪れる終焉、すなわち死が訪れるということであろう。だから生あるうちに精一杯生きること、social animals とも言われる人間の営みに欠かせない集団との平衡感を持って共存を図ることのようだ。私が常に自戒しているのは、男女を問わず、自分が有利な座を占めると他人が見えなくなる人、または後輩が昇ってこないように梯子《はしご》を外したがる了見の狭い、言いかえれば偏見を利用する人にならないようにすることだ。実りの多い稲穂は頭を下げるという例を出すまでもなく、謙遜の美徳を忘れたくない。

近代技術の進歩した欧米で、古くからキリスト教では最も重い罪を Seven Deadly Sins

（七つの大罪）と呼んだ。その中で一番重いのは大方の日本人の予想に反して、pride（自分を一番偉いと思うこと）の罪だという。不遜な人間が神のように全知全能たらんとすれば、楽園喪失である。ファウスト博士が己の魂を売った話のテーマでもある。「おれ」「おれ」――今日の日本では詐欺の代名詞に成り下がっているが――の意識の強い高度の技術社会では、「へりくだり」の精神は必要なのだ。近代化を志向するなら、それだけキリスト教が果たして来ている「解毒剤」の中身を吟味すべきである。

卑近な例で、「私は一度も事故を起こしたことがない」とか「風邪をひいたことがない」とか「落第点Dを取ったことはない」と豪語すると、その罪により、たちどころにそれが実際に起こるという俗間信仰は古くから存在する。その罪を贖うために、樹木に宿る木の精のいやしの力を借りるとよいという。特にアイルランド系の人たちの間で根強く、これがKnock on wood（米）、Touch wood（英）のまじない表現になったのだ。すなわち手で木製（プラスチックは不可）のものをたたきながらこの呪文を唱えるのだ。自我を強調するあまり自己中心的日本人は、米国の技術面だけの移入では危ないことを知るべきだと思う。

一方よい意味での謙遜を卑屈ととり違え、福澤先生の「独立自尊」を「不遜」や「尊大」「自己肥大症」と混同する人が多い。“Heaven creates no man above men”（天は人の上に人を造らず）は先生の「門閥制度は親の敵《かたき》で御座る」に通じる人道的人間愛の発露と受け止めたい。ふり返ってみれば、私が学び且つ教えた慶應義塾大学から多くのことを私の生き方の指針としていただいた。特に最近痛感するのは、異質なものとの共生の精神の大切なことである。英語で"symbiosis"(共存)といい、異質なものが互いに異質であるが故に助け合う関係のことを"symbiotic relations"と呼ぶ。この現象の利点は異種を排除することなく、助け合いプラスの事象を産む。さらにそこでは寛容という美徳が生まれる。

私の好きな英国の哲学者 Francis Bacon (一五六一-一六二六)が随筆の中で述べている"If a man be gracious and courteous to strangers, it shows he is a citizen of the world."の句が好きである。「知らない人、身内でないもの、異種の人に対して優雅にふるまえる、礼を尽くすことのできる人は、世界の市民である。」

十六~十七世紀にすでに国際人の素質を看破したベーコンの炯眼を評価するとともに、異種、異国、異文化、異民とすべてに異をつけて差別し排除しようとする人間の狭量を広い心に拡大するには、我田引水かもしれないが、真の教育の使命と観じる次第である。福澤先生が、名著『学問のすゝめ』の最後を締めくくられた「人にして人を毛嫌いするなかれ」の句を私は座右の銘にしている。

福澤諭吉の女性論に学ぶ

――男女同権のゆくえ

西沢直子

にしざわ　なおこ　慶應義塾福澤諭吉研究センター准教授。昭和五十八年慶應義塾大学文学部史学科卒業、同大学院文学研究科修士課程修了。六十一年慶應義塾福澤研究センター嘱託、六十三年出産のため退職、平成六年慶應義塾福澤研究センター教員系嘱託として復職し十七年助教授に就任、現在に至る。共編『ふだん着の福澤諭吉』、編書『福澤諭吉著作集10「日本婦人論　日本男子論」（慶應義塾大学出版会）。

はじめに

今日はお招きいただきまして誠にありがとうございます。私は、慶應義塾福澤研究センターに勤務いたしております西沢と申します。昭和五十八年（一九八三年）の文学部の卒業です。ちょうどその年は慶應義塾が創立一二五年を迎え、それまで塾史資料室といっておりました機関が、発展的に改組されて福澤研究センターに変わり、私は指導教授のご縁でお手伝いをすることになりました。福澤研究センターという名称は少し誤解を生みやすく、本来は英文名である Fukuzawa memorial center for modern Japanese studies が示すように、福澤を記念した近代日本研究センターになります。

福澤研究センターは研究機関であると同時に、前身は資料室でしたから、歴史資料を保存し利用する、いわゆるアーカイブスの役割も持っています。所蔵資料の中心は、福澤家から寄贈された福澤先生の遺品や原稿類、遺墨などや、慶應義塾創立百年を記念して『慶應義塾百年史』を編纂した際に収集された慶應義塾関係の資料になります。これらの資料を基幹として、その後、年々福澤関係や慶應義塾関係の資料が関係各位から寄贈あるいは移管され、時には市場に出たものを購入して所蔵資料は充実してきています。

私の業務は、そうした資料を整理し保存するとともに、整理した資料を使って福澤や慶應義塾について調査研究することです。現在は皆様もご存知のように、慶應義塾が平成二十年（二〇〇八年）に創立一五〇年を迎えますので、その記念刊行物の編纂作業が始まり、かなり忙しくなってまいりました。

また福澤研究センターは設置講座も持っておりまして、私は「近代日本研究」という半期の授業と、「明治期日本女性論と福澤諭吉」という半期二回、つまり通年になりますが、その二つを担当しております。「近代日本研究」という講義では、独立自尊とは何かについて、主に士族社会との関わりを中心に考え、「明治期日本女性論と福澤諭吉」では森有礼や加藤弘之といった明六社の人々や植木枝盛など自由民権家、また女性活動家岸田俊子・福田英子といった、福澤と同時代のさまざまな人々の女性論と福澤の考えを比較しながら、福澤が描いた男女の同権や家族像について学生と一緒に学んでいます。本日はその福澤の女性論に学ぶということをテーマにお話させていただくことになりました。大変緊張いたしておりまして、上手にお話しできるか心配なのですが、よろしくお願いいたします。

福澤諭吉が指摘する今日的課題

本日のタイトルは「福澤諭吉の女性論に学ぶ—男女同権のゆくえ」としました。福澤諭吉の著作の中では『西洋事情』『学問のすゝめ』『文明論之概略』、それから元々は口述筆記ですが福澤がかなり手直しをしている『福翁自伝』などが有名ですが、福澤は女性論や家族論についてもたいへん多くの著作を残しています。もっとも古く言及しているものは、慶応四年（一八六八年）の『西洋事情外編』の中で、西洋における家族とは何かについて説明しているところではないかと思われますが、福澤自身の女性論としては、明治三年（一八七〇年）『中津留別之書』あたりに始まり、明治十八年には、『日本婦人論』『日本婦人論後編』『品行論』、十九年に『男女交際論』『男女交際余論』、二十一年には『日本男子論』と立て続けに著し、最後のまとまった著作は明治三十二年に発表された『女大学評論・新女大学』になります。

そしてその女性論・家族論は、多くの人々に影響を与え続けてきました。たとえば、有名な女性民権運動家で大阪事件によって投獄もされた福田英子は、回想記の中で自分の演説を振り返り、「次ぎはいよ〳〵私の演題『人間平等論』で福澤諭吉先生の著『学問の勧め』といふ本の受け売りで、男女同権論を主張したところ、聴衆は拍手喝采して、ヒヤ〳〵の声湧くが如く、私も生来嘗て覚えぬ誇りを抱いて降壇しました」（市川房枝編『日本婦人問題資料集成』第二巻政治、ドメス出版、一九九七年）と述べています。また社会主義者として活躍し初代労働省婦人少年局長を務めた山川菊栄は『おんな二代の記』の中で、福澤の著作に「胸の晴れる思いをしました」（平凡社東洋文庫二〇三、一九七二年）という感想を記しました。

さらに平民新聞を創刊し日本共産党初代委員長も務めた堺利彦は、自身が編集する『家庭雑誌』第一号（明治三十六年四月三日発行）で「家庭に関する我輩の意見は、多くの点において福澤先生の感化を受けて居る」と述べています。

明治期だけでなく、与謝野晶子は「（感傷主義がいけないという点は）十数年の昔に福澤諭吉先生が既に警告せられた所であるのですが、私は今に到って先生の卓見にしみじみと同感を禁じ得ないのです。我国に於いて最も早く男女同権説を唱へて婦人の独立を激励せられた偉人は福澤先生でした」（『定本与謝野晶子全集』第15巻、講談社、一九八〇年、初出は一九一六年）と述べていますし、一条忠衛や本間久雄は『婦人問題より観たる女大学批評』（大同館書店、一九一八年）・『現代之婦人問題』（天佑社、一九一九年）といった著作の中で、福澤の先進性を論じています。

昭和に入ってからですら、のちに全国地域婦人団体連絡協議会、いわゆる地婦連の会長を務めた山高しげりは、昭和九年（一九三四年）の著書『婦人問題の知識』の中で、「（福澤の女性論は）明治の婦人論として、否日本の婦人論として、今日尚その名著たるを失はず」（『近代婦人問題名著選集』第九巻、日本図書センター、一九八二年）と述べています。

ところが一方で、福澤の女性論・家族論に対する反論も多く綴られました。同時代では徳富蘇峰や『女学雑誌』の巌本善治、東京帝国大学文科大学長井上哲次郎、三輪田学園三輪田元道らたくさんのジャーナリストや教育者が批判しています。

批判は福澤の歿後も続き、四半世紀、二十四年もたってから出版された『女大学新旧問答』という本の中でも、「御話の学者（福澤のこと）の論は極めて不親切なる、利己主義の僻説で有りまして、家庭を掻き乱し、波瀾を起さすに止まり、家を治め、身を保護する手段では有りません。此頃の学者は往々此様な奇抜な論を出し、若い婦人や娘の歓心を迎へ、評判を取らんと致しますから、御用心が肝要で有ります」（川谷致秀著、天野利三郎発行、一九二五年）と書かれています。この本の著者は「新進学者」という表現も使っていて、福澤の主張に依然影響力があった証左であるといえます。

賛同にせよ批判であるにせよ、大正・昭和と時代を超えて、福澤の著作が読まれ批評され続けるのは何故なのでしょうか。私は、福澤の女性論や家族論が、常にまだ解決されていない今日的課題を提示し続けているからだと思います。いつの時代に読んでも、その時代における今日的課題を示唆するものが存在しているから、だからこそ、先ほどご紹介した山高しげりの「今日尚その名著たるを失はず」の言葉のように、読み継がれたのではないかと思います。

ただいくら福澤先生といえども、もう百年以上前の女性論・家族論ですから、いまこの平成の日本では、もう何かを問題提起をすることなど無理ではないかというご意見もあると思います。いくらなんでも、今、まだ今日的であれば、この百年の間に私たちは何をしてきたのかということになりますから。

しかし、たとえば今日いまだに解決されていない夫婦別姓の問題に対して、その根本にある「夫婦はかならずどちらか一方の姓を名乗らなければならない」という考えについて、福澤はこんなことを述べています。「子が長じて婚すれば又新に一家族を創立すべし（中略）即ち二家族の所出一に合して一新家族を作りたるものなればなり。この点より考うれば人の血統を尋ねて誰れの子孫と称するに、男祖を挙げて女祖を言はざるは理に戻るものゝ如し」

（「日本婦人論」『福澤諭吉著作集』、慶應義塾大学出版会、二〇〇二―二〇〇三年、第10巻 ＊以下『福澤諭吉著作集』と巻数は「著10」のように略します）。つまり結婚というものは、ひとりの男性とひとりの女性が新しくひとつの家族をつくるものなのだから、その名前として男性の方の姓をつけるのも、女性の方の姓をつけるのもおかしいというわけです。

ではどうしたらいいといっているかといえば、とても面白いのですが、双方の姓から一文字ずつとって新しい姓を作ればいいというのです。たとえば畠山と梶原が結婚したらば山原と名乗り、その山原が伊東と結婚するなら山東と名乗ればいいという例を挙げています。「即案なれども、事の実を表し出すの一法ならん」、そうした姓こそが、新しい家族は男女ふたりの共同で作り上げられるものであることを最もよく表すというわけです。

またやはり今日いまだに深刻な問題であるDV、ドメスティックバイオレンスについても、「単に夫なればとて訳も分らぬ無法の事を下知せられて之に盲従するは妻たる者の道に非ず。況してその夫が立腹癇癪など起して乱暴するときに於てをや。」（「女大学評論」著10）と述べ、夫が暴力的支配を行う不当性を繰り返し説いています。

当時は儒教思想に基づく三従の教えというものがあり、女性はまず父親に従い、結婚したならば夫に従い、老いては息子に従うことがよしとされてきました。夫には絶対的に服従すべきで、夫の怒りをかうようなことがあってはならないし、もし怒りをかってしまった場合にはひたすら謝るべきであると教えられました。福澤はそんな理屈があるはずはなく、夫であっても間違っていることを主張されたときに従うのは、妻としての努めではない、ましてや暴力をふるうのであれば、それに屈することはないというわけです。

このDVの問題は、もちろん加害者が暴力に頼ることが悪いのは当たり前ですが、単純な暴力の問題では片付けることができない面があります。暴力をふるう夫の中には、自分でも悪いことであると十分理解していて、でもどうしても止めることができずに悩んでいる人々がいます。その一因として、「男はこうあらねばならない」という意識に強く束縛されてしまっていることがあります。妻に四の五の言わさずについてこさせるのが、夫として立派であるといったような潜在的な意識です。

また近年では妻の夫に対する暴力というものも問題になっているそうです。話し合うことをせずに灰皿を投げるといった行動にでる妻の場合、夫は怪我をしてもなかなか妻にやられたとは言いにくい、妻の尻にしかれているような男に部下が管理できるかといった評価にまで発展しかねないからだそうです。こうした潜在的な意識の存在は大きな問題です。この点についても、福澤は非常にわかりやすい表現を使って、次のように述べています。

「儒者の流儀の学者が婦人を見て、何となく之を侮り何となく男子より劣りたる様に思込み、例の如く陰性として己が脳中にある陰の帳面に記したるものなり」（『日本婦人論後編』著10）。

これは儒学を学んだ者が、「何となく」すなわち明確な理由があるわけではないのに、男は陽であり女は陰であるという考えから、女性は劣っていると考え、「己が脳中にある陰の帳面」に書き込んでしまうことを問題視しています。さきほど三従の教えをご紹介いたしましたが、子を産めない女性は離婚されても仕方ないといった「七去の教え」など、儒教思想には女性を男性より劣った存在と考える一面があり、そういった考えが「何となく」すなわち理由なく、頭の中にある陰の帳面、つまり勉学によって知識を書き込んでいく帳面ではなく、陰の帳面に書き込まれていくことが問題だというわけなのです。まさにジェンダー・バイアスについて言っているわけです。

近年ジェンダーという言葉については、使うべきではないという意見が出て、バッシングの対象になっています。確かにジェンダーという言葉は人によって概念が異なり、わかりやすい表現を使うべきだとは思いますが、社会的に作り出される性差別の存在そのものは、女性が社会の中で生きていくうえで誰しもが感じているのではないかと思います。ジェンダーフリーの行き先が、反対派が主張するようなひな祭りの否定であり、高校生の男女が修学旅行で同じ部屋に泊まるなどといったものであるわけがないのです。男らしさや女らしさはその人その人によって感じ方が異なるものであり、問題であるのは「何となく」理由のないものを「陰の帳面」に書き込むこと、また書き込ませることではないかと思います。この点でも福澤は非常に示唆的であると思います。

さらに福澤はもっと具体的にわかりやすいことも言っています。夫が妻の子育てに協力するのは当たり前のことであるのに、「世間或は人目を憚りて態と妻を顧みず、又或は内実これを顧みても、表面に疎外の風を装ふ者あり。たわいもなき挙動なり。夫が妻の辛苦を余処に見て安閑たるこそ人倫の罪にして恥ずべきのみならず、その表面を装うが如きは勇気なき痴漢《ばかもの》と云うべし」（「女大学」著10）。

妻が大変であることを顧みないのは、人間として恥ずかしい行為である。ましてや大変なことがわかり心の中では気にしていても、世間体を考えて気にしていない振りをする、たとえば会社の中で仕事より家庭が優先であると思われたくない、妻の尻にしかれているとは思われたくないというような考えから、表面上はなんとも思っていないように装うのは「勇気なき痴漢」であると言うわけです。この点は若い世代や東京などの都市部では近年だいぶ変化したと思いますが、それでもまだ意識として残っているとは思いますし、「本来妻のやるべきことを手伝ってやっている」という意識の方も多いのではないかと思っています。

以上のように福澤の女性論・家族論は、いまだに現代社会に対するいくつもの問題提起を含んでいます。何故福澤の女性論・家族論が今日的であり続けるのか、それは福澤が提示した問題が、日本の近代化の中で解決されずに来てしまったからではないかと思います。

さきほど触れた福澤への評価を振り返っていただければ、福澤への高い評価は反政府的立場の人、そして徹底的な反論は政府側の立場の人から行われたことに気づかれると思います。福澤の指摘は日本の近代化の中で――私は意識的にだと思うのですが――疎外されてきた、あるいは国家によって逆方向に解決されてきてしまったのだと思います。

今日少子化に拍車がかかり、平成十七年（二〇〇五年）の合計特殊出生率、つまりひとりの女性が生涯で産む子どもの数は、一・二六にまで減りました（一八年は少しもち直していま す）。少子高齢化社会の到来に、二十一世紀の家族はどうなっていってしまうのか、女性たちがどう生きるべきか、盛んに議論がなされています。女性が社会進出し家庭を顧みなくなったことに原因があるという説も、本気で主張されるようになってきました。森喜朗元首相も、自らの政権下で行った「男女共同参画社会基本計画」を失敗であったとし、「男女共同家族社会」にすべきだったと述べています。

こうした中で私たちはどんな家族像を描いていけばよいのか、福澤諭吉の女性論が提起した課題が解決されずに来たとすれば、それらを再び検討することは意味のあることではないかと思います。もちろん冒頭で述べたように、そっくりそのまま福澤の主張が生きるのであれば、この百年以上の間一つも進歩がなかったことになってしまいます。現代にそのまま移行できるものではないことは当たり前ですが、それでも福澤の示唆は再び検討すべきものなのではないかと思います。

近代化のために重要なものは何か?——福澤諭吉が描く女性像

前置きが非常に長くなってしまいましたが、それでは福澤が考えた女性論・家族論とはどのようなものであったかについて考えてみたいと思います。その際非常に重要な福澤の著作は「中津留別之書」(著10所収)だと思います。明治三年に書かれたこの書は、中津に住んでいた母や姪たちを東京に引き取ることになり、福澤が中津まで迎えに行った際、いよいよ中津の人々と別れる時に、新しい時代に中津の人々はどのように生きればよいのか、福澤の考えをしたためたものです。私はこの「中津留別之書」の中に、福澤が一生をかけた命題の本質が語られていると思っています。

福澤はこの中で「一身」の「独立」ということを説いています。明治維新後の福澤は繰り返し、一身独立してこそ一家独立し、一国独立するということを述べています。私は明治維新の変革の一面は、封建制度のもとで何事も型にはめられていた時代から、枠組みがはずれて生き方を自由に選択できるようになった時代として捉えることができると思っています。もちろん実際にはさまざまな制約があって、人々が自由になったわけではありませんが、とにかく維新の第一歩は封建制度からの解放であると考えます。

しかし自由に選べるということは、反面きちんと自己決定できる力を備えていないと大変怖いことでもあります。自己判断力を養い自己決定する力がなければ、枠組みの保障がないわけですから、枠組みの中でのささやかな自由すらなくなっていく、人々はそのような局面に立たされたのだと思います。そこで福澤は、一国独立のために一身独立・一家独立ということを強く主張したのではないでしょうか。

福澤のいう「一身独立」とは何か。ひとつには精神的自立であると思います。学問をすることによって、既存の前近代的思惟体系に依存しない、自己の中に判断の基準となるものを確立すること。そしてもうひとつは経済的な自立です。福澤は自ら労して自ら食らうということを盛んに言いますが、経済的に他者に依存していれば、精神的な自立はありえないわけです。前近代的な「家」に依存して生活していながら、思惟体系のみ近代化することは当然不可能です。

そして非常に重要なことは、この一身独立すべき存在に、女性が含まれるか否かということとです。さきほどの「中津留別之書」を見てみたいと思います。福澤は「男といい女といい、等しく天地間の一人にて軽重の別あるべき理なし」（著10）と述べています。福澤の考えでは、男性も女性も等しい存在であるのです。福澤は明治七年（一八七四年）に出た『学問のすゝめ』第八編の中でも次のように述べています。

抑《そもそ》も世に生まれたる者は、男も人なり女も人なり。この世に欠くべからざる用を為す所を以て云えば、天下一日も男なかるべからず又女なかるべからず（著3）

当時「人」といえば男性を指していた中で「男も人なり女も人なり」といい、「男なかるべからず」と「女なかるべからず」を同等に記す考えは、特筆すべきものだと思います。そして、福澤にとって男女は同等なのですから、女性も当然「一身独立」すべき存在なのです。福澤は女性も学問をすべきだと考えますし、経済的な自立も必要であると考えます。

たとえば学校について、今まで慶應義塾では新制大学になるまで女子教育は行われなかったと考えられてきました。しかし明治六年十月十一日付の旧三田藩主九鬼隆義にあてた書簡の中に、義塾内に「女学所」を開いたという記述がでてきます（『福澤諭吉書簡集』、岩波書店、二〇〇一―二〇〇三年、第1巻　＊以下『福澤諭吉書簡集』と巻数も書1のように略します）。そして明治十二、三年には、幼稚舎に女子生徒が在籍していたことが記録に残っています（幼稚舎勤惰表、『マイクロフィルム版福澤関係文書』所収、雄松堂フィルム出版、一九九一年）。

また明治二十一年ごろの書簡では、慶應義塾に女学校を建設するにはどのくらいの費用が必要か調査させていますし（八月十九日付浜野定四郎・益田英次宛、書6）、実際明治二十二、三年ごろには慶應義塾内に場所を設け、ミセス・ファンフォーレットに福澤家の娘たちをはじめ十名程度が英語やピアノなどを習っています（四月二十一日付益田英次宛、書6）。

経済的自立の面でも、明治五年には慶應義塾衣服仕立局というものを作り、その開業の引き札には次のように書かれています。

凡そ人たる者は男女の差別なく生涯他人に厄介にならぬやう心掛るべき筈なるに、世の人或は此義を知らず、殊に都会繁華の地に住居する婦人女子などは、田舎暮しの艱苦をば見しこともなくして柔弱に生ひ育ち、ひたすら男子に依頼して衣食を求め、其身は却て我侭を恣にする者多し。（中略）畢竟婦人に相当すべき職業なきゆゑ此悪弊をも致すなり。抑も世間の事は患るに遑あらず、せめて我慶應義塾の社中丈けには一人として斯る無頼の婦人あるべからず、仮令ひこれあらんとするもこれを防がざるべからず。（『福澤諭吉全集』第19巻、岩波書店、一九七一年）

つまり女性であっても、経済的に自立することは重要なのに「ひたすら男子に依頼」するような生活をしてしまう、その大きな理由は女性に適切な職業がないためであり、ゆえに女性に適切な働き口をあたえる目的で衣服の仕立局を開業するというわけです。この仕立局では将来的には読み書きソロバンの稽古をするとなっていて、教育施設も兼ね備えたものが構想されていたことがわかります。また他にも経済的自立について、「男女交際余論」の中では、「自今以後は婦人とても何か職業を求めて、如何なる場合に迫るも一身の生計には困ることなきの工風専一なるべし」（著10）「夫婦の間は夫婦なるも、私有の一点に至りては特別の約束あるにあらざれば之を混合すべからず。即ち婦人の生計の独立するものなり」（同）と述べるなど、女性も経済的に自立すべきことを主張しています。

新しい家族はどうあるべきか――福澤諭吉が描く家族像

それでは一身独立した男女が形成する独立した一家、福澤が考える家族とは、どのような姿なのでしょうか。

「中津留別之書」に戻ると、福澤はそこで「人倫の大本は夫婦なり」「夫婦別あり」（著10）と一夫一婦であるべきことを主張します。人倫の大本、すなわち人間関係・社会の根本は夫婦にあり、そしてその夫婦は「夫婦別あり」、この「夫婦別あり」の本来の意味は夫と妻には区別がある、夫が上で妻が下であるという意味なのですが、福澤は異なった解釈をして、この夫婦とあの夫婦は別である、夫婦は二人一組でそれぞれ独立している、つまり一夫一婦であるべきだという意味に使っています。当時の男性にとって女性を囲うことは問題ではありませんでした。いわゆる妾がいることは常識内でのことであったわけですが、しかし福澤は一夫一婦であるべきだと主張したわけです。

男女は対等で、一人の男性と一人の女性がひとつの家族をつくる。それではその結びつきは何であるのか。福澤はこの絆を、愛・敬・恕であると主張しています。愛、ひとを愛しいと思い、愛することが重要であるのは間違いないですが、福澤は愛するという感情だけなら、それは動物すべてにある感情だといいます。人間はただ愛するだけではなく、お互いに尊敬しあうことができる。お互いに敬という気持ちを持つことが大切であると言うのです。さらに恕というのは、お互いが相手の立場になって考え、許しあうという気持ちです。福澤は、夫婦がお互いにこの愛・敬・恕という気持ちを持つことが大切であると考えています。たとえば『日本婦人論後編』や『日本男子論』にはこうした福澤の考えが説かれています。

さらに福澤は、繰り返し家族団欒の大切さを主張します。福澤の手紙には、自身が家族団欒を楽しみにしている様子がよく出てきますし、また社会を引っ張っていくリーダーとして期待していた地方名望家たちにも、まず人々の手本として「家族団欒之ホーム」を成すことを求めています（明治二十五年十月十六日付福島作次郎宛書簡、書7）。

また福澤には九人の子どもがいたのですが、家族旅行にもよく出掛けています。中でも明治二十二年（一八八九年）の旅行は大旅行で、総勢二十名ほどで、神戸・大阪・奈良・京都・近江八景・名古屋・熱田などをまわりました。当時次男が神戸で勤務していたので、その次男を訪ね家族団欒を持つことを楽しみにしていて、仕事に邪魔されないように、また行き先でも歓迎会などが開かれて家族団欒の邪魔をされることがないように、「ぬけ参り」、これは江戸時代主人に無断で伊勢参りをしても咎められなかったことを言うのですが、そのぬけ参りをするとまで言っています（九月七日付福澤捨次郎宛書簡、書6）。

こうした家族団欒の中で、福澤は男女の役割をどのように考えていたかと言えば、やはり夫が対外的に稼ぎ、妻は家事をきちんとこなすという、いわゆる性別役割分担の側面があることは否めません。たとえば福澤は自身の家庭のイメージを「小生之身は固より勉強、妻は家事を理し、母も亦子供の世話などいたし」（明治二年六月十九日付簗紀平宛書簡、書1）と述べていますし、夫婦の姿として「夫は外より帰りて当日聞得たる雑話を話し、婦は終日留主中之奇談珍事を語り、相互に談笑する間に無限の情を生すべし」（明治二十二年十一月七日付近藤良薫宛書簡、書6）と述べています。

こうした一面が取り上げられて、福澤の家族論は男女の性別役割分担に基づいたものであるという批判を受けることがままあります。また福澤は女性の参政権獲得の是非を語っておらず、『日本婦人論』などで婦人参政権運動が起こっていることを語っていても（著10）、それを日本の女性の問題とすることはなく、結局福澤の女性論の根底には女性を劣ったものと考える蔑視観があると批判されることもあります。

確かに福澤の女性論の一面には、これらの批判を受ける面もあります。しかし、たとえば参政権については、男性においても普通選挙権を主張したわけではありませんから、女性にも参政権をあたえるべきだと主張しなかったことが、すなわち蔑視であるとは決定づけられませんし、性別役割分担については、『民間経済録』の中で「男子は外を勉め婦人は内を治む」といった分業は弊害を生じ「男女老少成るべき丈け業を分たずして相共に勉強して、まめに働くべきなり」（著6）と述べています。単純な性別役割分業論と決定づけることはできないと思います。

福澤諭吉の「女大学」批判——自己犠牲精神の是非

福澤の女性論で重要視すべきことは、男女の関係を対等に考えていることです。男女ともに「一身独立」することを求め、一身独立した一人の男性と一人の女性が愛・敬・恕で結びついて一家をなし、それが国家の基礎となると考える。福澤にとって、女性は男性と対等な存在であり、『日本婦人論後編』にあるように、日本は「男女共有寄合の国」（著10）であると考えるわけです。

また男女の関係について福澤は、肉体の交わりである肉交と情感の交わりである情交が存在し、どちらも不可欠なものではあるが、男女の情交は肉交に離れて独立すべきであると「男女交際論」などで主張します。男女の関係はすぐに肉交に結びつき、貞か婬かという話になるが、情交というものは濃やかなものであり、貞と婬の「中間その広きこと無限の際に無限の妙処」(「男女交際論」著10)があるといいます。そして男女は互いに「知らず識らずの際に女は男に学び男は女に教えられて、有形に知見を増し無形に徳義を進め、居家処世の百事、予期せざる処に大利益ある」(同前)存在であると主張します。

こうした福澤の主張は、しかし先に述べましたように、政府側からは常に反発をうけました。後進国であった日本の近代化の上で、福澤の女性論は何が反発を受けたのでしょうか。私はその鍵は「女大学」にあると思います。「女大学」とは江戸時代に広まった女訓書、つまり女性に対する教訓書で、明治期には貝原益軒が書いたといわれていました。

福澤はこの書に早くから関心をよせ、明治三年二月十五日付の九鬼隆義に宛てた書簡の中では、「世間に女大学と申書有之、婦人のみを罪人のよふに視做し、これを責ること甚しけれども、私の考には婦人え対しあまり気之毒に御座候。何卒男大学と申ものを著し、男子を責候様いたし度」(書1)と述べています。そして『学問のすゝめ』においてもまた『日本婦人論後編』などにおいても、「女大学」を厳しく非難しています。その集大成が、最晩年の著作『女大学評論・新女大学』になります。

福澤のこの「女大学」批判は、福澤に対する大きな批判を呼び起こしました。発表された当時の新聞雑誌各誌の批判に留まらず、明治四十二年（一九〇九年）に東亜協会主催で開かれた「女大学」研究会の席上では、発表されて十年がたち福澤当人も亡くなっているにもかかわらず、福澤の「女大学」への評論に対して徹底的な批判が行われました。

この会の参加者は東京帝国大学文科大学長井上哲次郎、三輪田高等女学校教頭三輪田元道をはじめ、東京女子高等師範学校教授吉田熊次、同下田次郎や同宮川寿美子らでしたが、彼らの意見は「女大学の旨意を以て直ちに現代の女子を律せんとするは不可能事に属す」（『女大学の研究』、弘道館）けれども、女性も「主君」を戴く日本国民であり（有馬祐政の意見）、その職分は「日本の臣民となる所の吾々の子供」を育てることにある（中島力造）。国のために死ねる子を育てるためには「何処迄も謙遜柔順と云ふ女徳」（井上）を示して、我慢や自己犠牲の精神を芽生えさせなければいけない。そのためには「今日の社会状態に、尚ほ女大学の如きものが活きて働いて居って貰はなければならぬ」（三輪田）というものでした。

とにかく当時の日本に必要なのは国のために死ねる子で、そうした子を育てるためには母親が父親に対して「何処迄も謙遜柔順と云ふ女徳」を示すことが重要であり、そのためにはなお「女大学の如きもの」が働いていく必要があるとされたのです。「女大学」は当時でもう二〇〇年はたとうかという古い規範でした。そのため福澤が批判したことに対して、そんな古臭い女訓書を批判することに何の意味があるのだという非難さえ起こりました。しかしその事実認識は誤りで、「女大学」は依然目に見えない規範となって、女性たちの生き方を束縛していました。むしろ明治になって、以前よりは束縛が強くなったといえるかもしれません。「女大学」は本来ある一定クラス以上の生活をしている人たちを対象にしていたと思われます。なぜなら下女の使い方などが出てくるからです。しかし明治になって、教育の機会が平等となり、さまざまな面で均一化がはかられていくと、階層をこえて全体的に広がっていくことになりました。福澤も『日本婦人論後編』の中で、士族の風俗が一般の人々の間に広まっていき婦人を粗末にするようになっていると心配しています（著10）。そしてその傾向が続いていくことは、冒頭でご紹介した一条忠衛や本間久雄が、「女大学」なんて陳腐だと言っているような女性たちの中に「女大学」的規範が無意識のうちに社会性になっており、意識的に「女大学」から抜け出さなくてはいけないと指摘していることからも明らかです。福澤はその見えない束縛から女性を解放せねばならないと考えたわけです。

つまりは福澤の考える女性像と明治国家が描いた女性像の決定的な差異は、儒教主義に基づく「女大学」を規範とするか否かにあったと考えられます。そして「女大学」的規範が女性たちに求めたものは「何処迄も謙遜柔順と云ふ女徳」でした。それを示すことによってこそ、臣民としてお国のために命をなげうつことを惜しまない子を育てることができる、つねに男性に対して従順でいるというのは、日本女性がもつ美徳であり、これこそが欧米を追い抜く鍵となると考えられたわけです。明治国家側の理想とするそうした女性像からいうと、福澤の提唱する女性像は、女性に自立を促すような甘いことを言って、特に若い女性をたぶらかし、結局はわがままな女性を育てるという批判を蒙ることになります。たとえば『女学雑誌』明治三十二年（一八九九年）五月十日号では、福澤は「女子の惰性の真相」を理解していないと批判されますし、福澤は女性が規範に縛られているというけれども、男性の方がより多くの規範にしばられているといった非難はよくなされます。

「女大学」的規範を是とするか否とするかは、女性に一身独立を求めるか、どこまでも従順であることを求めるかに分岐点があると思います。一身独立するということは、決して我儘をしていいというわけではなく、むしろ一身独立を保つためには、自分の中に確固たる規範、モラルをもたなければならないわけです。逆にどこまでも従順ということは他に依存することであり、善悪の判断を自分で行わないということです。女性の自己犠牲を美徳とした結果、日本がどのような道を歩んできたか、明白にわかることだと思います。

おわりに

そして今、少子高齢化社会がさも女性たちの我儘によって加速されているような報道も耳にします。家族の大切さを再考する時期にきていることは確かだと思いますが、男女ともに「一身独立」したうえでの家族でなければ意味がないと思います。福澤が示唆するように、基本には「一身独立」した上での対等な男女関係が存在すべきだと思います。そしてそれは、社会にでて働く女性が是であり専業主婦が前近代的だということではありません。専業主婦の場合は夫婦の合意のもとに専業的に家事を行っているわけですから、専業主婦であっても自らの意思によって経済的自立ができるように保障されるべきだと思います。

福澤が表面を装うのは「痴漢」であるといったように、自らのライフスタイルを決めるのに、世間体やステレオタイプな家族像は必要ないと思います。それぞれが自分たちの形に合った関係を持つ自由が保障されるべきだと思います。その前提として、私たち自身が「一身独立」のための意識改革をすべきなのではないでしょうか。

＊資料の文字使いは、読みやすく改めました。

第II章 女性の生き方

〔国際篇〕〔日本篇〕

三田キャンパス・図書館旧館前の福澤諭吉像

国際篇

インタビュー

タイ中央銀行総裁への道

タリサ・ワタナゲス

タリサ　ワタナゲス　タイ中央銀行総裁。一九七三年慶應義塾大学経済学部卒業、続いて同大学院経済研究科で修士学位取得。九七年にタイ七五年タイ中央銀行に入り、九七年にタイ中央銀行財政制度制作局長、二〇〇六年十一月タイ中央銀行総裁に任命され、現在に至る。その間、一九八八年ワシントン大学で経済学博士号取得。二〇〇二年ハーヴァード大学の上級経営プログラムに参加。〇七年慶應義塾大学名誉博士号を授受。

総裁　日本からわざわざいらしてくださってありがとうございました。

——お忙しい総裁の貴重な時間をいただきまして、本当にありがとうございます。

総裁　いいえ、光栄です。

——タイ国を訪れることができまして大変喜んでおります。慶應義塾大学を卒業された女性たちの活躍の記録を集め、次代に残そうという私たちの主旨にご賛同くださり、ありがとうございます。総裁がインタビューを受けてくださることを、安西祐一郎塾長もとても喜んでいらっしゃいました。

総裁　安西先生によろしくお伝えください。

——総裁にお入りいただくことで、この企画も、よりインターナショナルになり、一同大変感激いたしております。

総裁　（資料をご覧になりながら、インタビュアーの大学卒業年度に目を止められて）皆様大先輩ですね。まあ「先輩」にしましょう、「大先輩」ではなく……（笑）。どのようにお話ししましょうか。

——ではひとつずつおうかがいします。まず最初に、タイ国が若い人の能力を開発したりそれを活用したりするのに努力され、男女を問わず機会を均等になさっているようにお見受けしました。その現状をうかがいたいのですが。

総裁　そうですね。たとえばアジアのほかの国に比べても、わりに男女平等という感じがしますね。ただ私の時代、一九七五年に銀行に入ったのですけれども、もう三十年、四十年近く前になりますが、当時は今ほどに平等ではなかったですね。よいほうに考えると、差別があるからではなくて、ただ人材強化のシステムが十分にできていなかった。

たとえば何かプロモーションを考えるときにはどうしても自分に近い人を見るでしょう。男性はいつも男性同士で行動するし、お昼は一緒にご飯を食べるし、日曜日はゴルフに出かけるとか。そういう意味ではどうしても男性同士が親しくなるわけです。ですから、昔は女性が仕事で認められるには、やはり男性以上に働かなければならなかったという感じがします。でも、だんだん人を評価するシステムができてきまして、客観的に人材の評価をすることができるようになってきたことも、女性の社会進出に大きな影響があったと思います。

——日本では能力のある人でも、下からたたき上げると言いますか、そういうふうにしながら、だんだん力を養ってトップに上っていくことが多いと思います。考えようによっては下の積み重ねというのは無駄になることもあるわけですが、タイ国では初めからエリートとして養成なさっているのでしょうか？

総裁　公的機関と民間企業では違うと思います。公的機関はだいたいジュニアスタッフの段階から、例えば中央銀行でも官庁でも、そこに入って経験を積み重ねながらだんだん登っていくようなケースが多いのではないかと思います。ただ特別なポジションなどでは特別な場合もあります。でも、少ないですし、例外的な場合だけです。

民間企業では結局、コマーシャルベースですから、どこかによくできる人がいるという評判が出ればどんどん採っていく。そういうことは公的機関より、多いと思います。中央銀行の場合は、先ほど申し上げたように、今では評価のシステムができましたが、それだけではなく人材のアイデンティフィケーションと養成もとても大事なことです。結局、マネジメントの役割は後継者を前もって見極めて養成していかないと、ある時期になったら断層ができてしまうのですね。これも現代的な人事の運営の仕方なので、今ではきちんとシステムができています。

現在（二〇〇七年七月）、職員は四一〇三名ですが、各部門の中にいるスターみたいな優秀な人を見極めます。例えば部長はその部門の中の人を見極めて、部長まで上って行けそうな人がいればそのリストを作り、総裁と副総裁は、副総裁にまで行けそうな人材の見極めをしてリストを作ります。要するにランクによって、違った眼でもってそのリストを作るのです。そのリストができたら、その人に必要なトレーニングを人事部長と話し合いをして組み立てます。

人によってはもっとテクニカルなことを勉強させるか、あるいはソフト・スキル、つまり人材に関係するようなスキルを勉強させる場合もあります。それはインディヴィジュアル・デヴェロプメント・プランと言って、各職員に合った人材養成のプランを組み立てます。四千人もの計画を立てることはできませんから、どうしてもスター、つまり優秀な人を見分けて、その人たちをターゲットに特殊なトレーニングを与えることになります。

――そういうスターを選んで特殊なトレーニングをするとき、その見極め方は男女を問わず、力のある人を選んでなさっているのでしょうか？

総裁　そうです。今はもう全く男女の差別はありません。

――日本より、進んでいますね。では次の質問の、女性幹部が何パーセントかというのは愚問ですね。

総裁　中央銀行の職員四千余人の男女比は男性四六％、女性五四％です。この中で幹部は全部合わせると男性が一七名、女性が一五名ですから、もう、ほんとに近い数ですね。

――これはタイ中央銀行だけでなく、タイの一般企業は大体そのような傾向にあるのですか？

総裁　企業の考え方によって多少の違いはあるのではないかと思います。ただ意識的に男女の差別をするところは少ないのではないかと思います。

――すばらしいですね。いつごろからそうなったのですか？

総裁　そうですね。例えば外務省などでも女性の大使も何人かいまして……。三十年前に初めて女性の大使が出ました。今は数としてはまだ少ないですけれど、でも十名くらいおられます。

――日本でも女性の大使というのはボツボツと出てきましたが……。

総裁　そうでしょう。民間企業でも、たとえば銀行業だけを見ても最初の女性CEOは七、八年前に出ていまして、その方はもう退職なさいましたが、その後継者も女性です。これは四番目の大手銀行のCEOです。ですから女性が総裁になるということに関しては、中央銀行は民間の銀行より遅かったということですね。

――日本ではたとえ民間銀行でも女性のトップはまだ当分出ないと思います。今のように女性がまったく平等に扱われるということは、女性はどうしても出産や子育てがありますけれども、タイ国ではどのように対応しているのでしょうか？

総裁　忘れないうちに申し上げますが、肉体労働の場合は男女差があります。例えば建築業の場合、男性のほうがどうしても給料が高いのです。それは体力を使いますからその差が出るということでしょう。

子供のことですが、タイの場合、一般的に二つの道があります。結婚しない人もいます。結婚したら家庭からのサポートに頼ることになります。私の場合、結婚したのが遅く四十歳のときでした。結婚して娘が一人できました。昼間は姉が面倒を見てくれ、夜は、とくに小さいころは私が面倒を見ました。

一九九七年のアジア危機のときにすごく仕事が忙しくなり、危機一ヵ月後に銀行監督部に部署替えになりました。膨大な不良債権が出ましたのでその解決にあたるとか、規制を厳しくして銀行の運営がよくなるようにいろいろな改革をやらなければならなかったので、そのときは本当に大変でした。

当時、娘は八歳くらいだったのですが、もう学校に行っていましたので、その点では常に面倒を見なければならないということではありませんでしたが、やはりそのくらいの子は親がいないとさびしいでしょ。運よく主人はコンサルタントの仕事ですから融通が利きますので、代わりに面倒を見てくれました。そういう点では主人が前々から大変よくサポートしてくれまして、ありがたく思っています。結婚して娘ができ、主人はゴルフもやめました。ゴルフよりも娘と遊んだほうが楽しいということで……。私は大変ラッキーだと思っています。話を聞くと先ほど例に出した商業銀行のCEOの方も同じようなことです。その方のご主人はNGOのようなことをしていらして、その方が仕事をしやすいようにすごくサポートなさったようです。このようなサポートがあると、とても心理的な負担が減ります。そうでないと本当に自分に対して、母親として責任不足ではないかと、罪悪感を感じてしまうでしょう。

――日本はそのあたりのことがうまくいっていませんので、結婚しない女性や子供を産まない女性が増え、少子化がすすみ、離婚が多いなど、それらの問題に苦しんでおります。理想的ですね。

総裁　タイでも、今おっしゃったようなことはかなり見受けられます。あまり家庭的なサポートを得られなくて、仕事はうまくいっているけれど、家庭のほうに問題が起こっていることもあります。これは男女を問わずサポートし合うということが大切ですね。

――家の働き手が男性だけでなく女性もということになりますと、いろいろな問題が起きてきますけれども、お話をうかがうとタイの国は社会システムが進んでいることがよくわかります。日本のお手本です。うらやましい環境ですね。私たちを案内してくれているガイドさんの話では、子供は実の母親に預け、夫は自分の家に入り、お婿さんのような形だということです。そのほうがうまくいくのでしょう。こちらでビジネスをしている友人に聞いたのですが、働いている母親が仕事場の脇に子供を連れて来て、仕事をするときも一緒にいるのが当たり前だそうですね。それは子供にとって心が落ち着くことでしょう。

総裁　そうですね。親にとっても心配することがそれだけ少なくなることですから。中央銀行でも女性が五四％ですから、一部は未婚でしょうが、結婚している方は、普段子供が学校に行っているときはそれでいいのですが、夏休みのときが心配ですよね。小さな子供でなくても学齢期ですし家庭に放っておくこともできませんから、ここも銀行でサマーデイ・キャンプを作って、向《むか》い側の建物を利用していますけれど、そこに朝は親と来て帰りも一緒、その間は先生になるための大学の学生さんを雇用して子供の面倒を見てもらうようにしています。

――すばらしいことですね。

総裁　申し上げたいことは、結局、親、社会的環境、価値観が大事ということです。たとえば私が日本に行ったときに聞いた話ですが、日本は昔から女性の方々が大学に行っても、学問を身につけて社会に出て立派な仕事をやってほしいという価値観ではなく、まず結婚が前提みたいなことをうかがったのです。今はだんだん変わっていっているのではないかと思いますけれど、昔はおそらくそういう社会通念が優勢で、仕事より結婚を選ぶのが当たり前になっていたのではないかと思います。ですから、そこから変えなければならないと思います。タイの場合そういうことは全然ないですね。小さいときから女性ならではのお稽古などをして、将来いいお嫁さんになるという、大昔、たとえば明治時代に相当する時代だったらそういう価値観があったかもしれませんが、今はありませんね。ですから別に大学に入っても、ただ学校に行って、終わったら結婚して家庭に入るとか、そういうことではないですね。あるいは結局、国があまり豊かではないから、男女ともに働かなければやっていけないという必要性があるかも、そこに原因があるかもしれませんが、やはり価値観ということも大事ではないかと思います。

――日本も少しずつ変わってきて、女性が大学を卒業して働くのが当然というふうになってきていますが、社会制度がきちんと構築されていませんから、結婚後子供が産まれると、たとえば保育園が整っていないとか、どうしても十分でないところがあるので、子育てになったら仕事を退くという人もいるようです。日本もだんだん男女ともに働くようになってきましたが、親の世代はそうではなかったので、早く娘に結婚してほしいというような親のプレッシャーがあります。総裁のお話をうかがって、タイ国では大家族の絆が強く生きていると思いました。子供たちもその大家族の中で育っていくのが当然という価値観が女性に働く余裕を与え、仕事に従事しやすくしていると感じました。

総裁　はい、そうです。いまだに絆がありますね。そしてそのシステムはお年寄りにとっても、子供にとってもよいですね。

――総裁はこれからのタイ国を背負ってゆく、また国際社会を背負っていく次代の若者に、どのようなことを望まれるのでしょうか、まず教育についてのお考えをうかがいたいと思います。

総裁　教育の話ですが、タイの教育にはまだいろいろな弱点がありますね。私は、タイでは高校まで行って、そのあとずっと海外で教育を受けたのです。慶應には十八歳で入りましたが、実は高校卒業後に医学大学に進み、半年ほどで中央銀行の奨学金の試験に受かったので医学大学をやめて留学したのです。

海外の教育を見てきたのですが、子供ができて、タイの教育を親の目で再び見てみると、やはり弱点があります。あまりにも競争が激しくて、勉強は試験を受けるための勉強という感じが大きいですね。わたしの娘は英国系のインターナショナル・スクールに小さいときから行っていますが、結局、いろいろ調べるとやはりタイの教育システムにはまだ弱点があるということに気づいて、それでそういう決心をしたのです。タイは日本の教育制度に近いと思います。よい学校に行きたければ、小さいときから塾に行って受験勉強をして、小学校が終わったら有名中学・高校、有名大学へ行って……、それも受験が目的で本当の勉強ではないと思います。すべてが競争です。

それで、このインターナショナル・スクールはイギリスの形態ですが、その制度を見ると感心します。発想がまったく違います。どんどん競争し合うというのではなく、試験をしてもランキングなどつけない、小さいときは試験などなくて、むしろ子供たちの協調性を養成することに重点が置かれ、小学一年生のときには特にそういう指導が目立ちました。

たとえばクラスで誰かがよいことをやって褒められたときは、クラス全員がマーブル一個をもらえるとか、全員がよいことをし合って全部でマーブル二〇〇個になったら金曜日の午後はパーティになるとか、二五〇個もらえたらノーユニフォーム・デイになるとか、そういうインセンティヴを作ってあるのです。

お金を出して品物を買って子供に与えるのではなく、たとえばノーユニフォーム・デイなんてとてもいい考えです。普段はユニフォームを着て学校に行きますから、その日だけユニフォームではなく好きな服装で行くのですから、これは子供も喜ぶし、ほかのクラスへの見本にもなるわけです。本当に協力の意識を高めるためにすごくよいシステムだと感じました。

ほかのインターナショナル・スクールがそういう方法でやっているかどうか分かりません

が、この学校のやり方を見ると、やはり、タイの教育も考え方も基本のところから取り替えなければなりませんね。いつも競争し合って、それだけプレッシャーがあって子供もかわいそうですし、最終的には受験が人生みたいになっています。

――日本も同じような状況です。

総裁　タイの教育も毎年あちこち改革をしてきてよいほうに向かっていますが、まだまだやることはいっぱいあります。

――日本でも教育改革については重要な問題として検討され、いろいろ試みてはいるようですが、まだまだ時間がかかるように思います。今、お嬢様はおいくつですか？

総裁　来週十七歳、来年で高校を卒業します。私も子供ができたのが四十二歳で、親としてかなり年取っていましたから、わりに安定的に、子供と話し合いをしながら育てていくという家庭です。ほんとに小さいときから話し合いをして、たとえばお金の使い方も自分で判断できるように教え込むのです。子供がものを買いたいというときに、買う前にまず自分自身に聞いてみなさいと。

“Is this something you want?” なのか “Is this something you need?” なのか。

――want と need の違いを確かめて、need ならば必要ですから問題なし。そのことにお金を使っていいのですが、want ということになるとこれはもうきりがないですね。ですから買う前にそのひとつの質問だけで十分です。今でもお金を使う前にその質問を自分に聞いているみたいですね。

彼女の友だちは五、六年前から携帯電話を新しいものにどんどん取り換えて使っているようでしたが、彼女は全然欲しいと言いませんでした。買ってあげましょうか？　と、こちらから言っても「いらない」と答えるのです。ようやく去年、買い与えたのですが、連絡など取らなくてはならない場合があるので、あったほうが便利だ、ということで、むしろこちらから説得して買ったのです。これは結局、親がいちいち判断して、「こうしていい、ああしてはいけない」ではなく、あるひとつの原則、子供自身が使っていけるような原則を与えたほうがいいのではないか、ということです。

――すばらしいお話です。want と need を早速、家族に伝えたいと思います。総裁になられて一番印象に残られるご苦労、やりがいを感じられたことなどお聞かせいただきたいのですが。

総裁　去年の十月のはじめ、前の総裁がおやめになって、私が就任しました。正式の就任は十一月ですが。このころ、第四四半期ごろから通貨が大変上昇して、いろいろな伝統的な政策で手を打っても効き目がなかったので、非伝統的な手を打ちました。すなわち「外資が入ってくるときに三〇パーセントのリザーブを取ります」ということをやったのです。これはあまりにも非伝統的なことだったので、さまざまな反響が出ました。結局、よいほうに受け取ってくれた人もいるし、悪いほうに受け取った人もいます。

そのときは、いろいろと大変な目に遭いました。通貨の上昇率が一九パーセントにもなり、それに対してアジアの平均上昇率が六〜七パーセントですから、そのまま放って置くともちろん輸出関係のほうも影響が出るし、本当は輸出だけでなく輸入のほうも影響が出るのです。輸入がそれだけ安くなるので、現地のサプライヤーから物品を買わないで輸入品を買って生産する人も出て来たのです。輸出関係の企業の不良債権もぼちぼち出始めました。影響が大きくなりそうでしたからこの政策を出したのです。

結局、今、上昇率は、今年初めから五パーセント前後で他の国と比べて真ん中ぐらい。もちろんもっと上昇している通貨もあるし、例えばインド、フィリピン、ニュージーランド、上昇率の小さい、弱くなっている通貨もあります、インドネシアだとか、日本は、もう、円がすごく安くなっています。通貨は真ん中あたりで他の国と一緒に動いていけば、これは安心なのです。競争力を失うという心配がなくなるわけですから。今のところわりに安定しています。

ですから今になってようやく、より多くの人がこの政策にプラスの意見を出してきていますが、最初はそうではありませんでした。もちろん、輸出に関係する人はこの政策を大歓迎でしたが、それ以外にはだいぶいろいろな批判を受けました。そのときは大変でした。結局、私はその手を打ってからいろいろな場、海外の国際的な場、国内にも出て説明をしたのです。忙しくてかなり大変でした。それが本当に苦労した、という感じです。総裁になった早々で……。

でも海外では、むしろ国内よりこの政策に対する評判はよかったのです。タイは小さい国で、すごく開放的な経済ですから、今の環境では普通の伝統的な政策はなかなか効き目がないでしょう、国際的にはそのような評価が主です。この政策で、まず影響を受けたのが株式市場ですから、損をした人がひどいメールを送ってきました。ひどいことばも浴びせられましたし、一時はどこに行くにもボディガードをつけていました。二ヵ月くらいでしたか。もう今は平常に戻りましたけれども……。

——日銀の前の総裁が「海図のない航海」という本をお書きになっていますが、政策に対してワタナゲス総裁もいかにたいへんな海図のない航海をなさっているのか、ただいまのお話をうかがって、なるほどと感心いたしました。

総裁　総裁になりますと、決断しなければならないことをしないと問題になります。すべて政策に関することはプラスもマイナスもありますから両方を考えて、自分の理屈をきちんとして自分自身を説得できたら、もう決断して実行していくことですね。

――日本を留学先に選ばれ、慶應義塾を選ばれたのはどのような理由ですか？

総裁　日本に行ったのは私の選択ではなく中央銀行の奨学金を受けて、その時代はあちこち年に二、三名奨学金を出していまして、その年は、たまたま日本とニュージーランドに行く奨学金を設けていたわけで、もう一人の受かった男性のほうをニュージーランドに行かせて、私は「日本に行ってください」ということで日本に行きました。でも日本に留学してすごくよかったと思います。というのは、海外に行くのはもちろん学問の追求ということが主ですけれど、そのほかにその行った先の国の習慣だとか価値観だとかそういうことを身に着けてですね、住んでいるうちに自分の一部になっていくような感じなのです。ですから日本に行って、その点が大変よかったと思います。

私はのちにアメリカにも博士号の勉強に行ったのですが、価値観も教育制度もまったく日本と違いましたね。教育制度は日本に比べてしっかりしていると思います。日本の場合は大学の受験がすごくたいへんで、大学に入ったらもう楽になってしまう感じですが、アメリカの場合は、毎週クイズやテストがあって、常に勉強しなくてはならないというプレッシャーがある、そういうシステムなのです。それはいいですけれど、価値観はまったく日本と違いますね。アメリカは完全な個人主義でマテリアリズム、物質的なことを追求するような価値観がとてもはっきりしています、日本と違って。

日本は人間としての価値、――金銭的な価値ではなく、例えば働き者であるとか、他の人への遠慮とか、アジアだからそういう価値観があるのかもしれないのですが、それはとてもはっきりしていました。そういう価値観はとてもよいもので、日本へ行って知らないうちに吸収して自分の一部になったような感じがします。それがとてもいいことだったと思います。

――ありがとうございます。慶應の学生、卒業したばかりの人たちへのアドヴァイスをうかがえますか？

総裁　私は、ある意味で古風ですね。せっかく生まれてきたのですから、よいことをして何か残したい、という感じなのです。何かを残す、というのは何でもいいのです。別に仕事をどんどんやっていくのではなくても、自分の好きなこと、これをやりたいなというものをやってほしいのです。

さっき申し上げたように、昔は私もいろいろやりました。ある時期は男性のほうが先へ先へと出世していったのですが、それにもかかわらずもういやだ、やりたくない、という考えはしませんでした。やはり自分がすごくやりがいをもってやっていたので、そういう外部から評価されるということがなくても、自分自身に対しての満足感が大変あったと思います。

そういう意味では好きなことを何か見つけて、周りの人に認められようと認められまいと全然関係なく、自分に忠実にどんどんやっていけば、そのうちに認められると思います。仮に認められなくても自分の自尊心に対してとても満足感があります。ですから何か好きなことを探し出して、それを生きがいとしてやってほしいのです。目的感を持って。

——本当に心に響くいいお話をうかがいました。ありがとうございました。

インタビュー

魂そのものを芸術的観点から磨いてゆく

千住真理子

せんじゅ　まりこ　バイオリニスト。二歳半より鷲見三郎氏に、十一歳から江藤俊哉氏に師事、十二歳でN響と共演してプロデビュー。第四十六回日本音楽コンクールに最年少十五歳で優勝、レウカディア賞受賞。パガニーニ国際コンクールに最年少で入賞。慶應義塾大学卒業後、指揮者故ジュゼッペ・シノーポリに認められ、ロンドン、ローマデビュー。二〇〇二年、幻の名器ストラディヴァリウス「デュランティ」と運命的な出会いを果たす。

――大学時代のことからおうかがいしたいと思います。専攻は、哲学科の美学でいらっしゃいましたね。『ふだん着でトーク』（一九八九年　音楽之友社）はとても新鮮で本当に好きな本でした。

千住　ありがとうございます。

――その中で大学時代のことが書かれていますが、大学時代に学ばれたことで今でも役に立っていることはありますか。

千住　大学に行くまでは、私自身すでにバイオリニストとして活躍していましたので、大学に行くことに対して、関係者の方々からずいぶん反対を受けました。バイオリニストなのになぜ音楽学校に行かないのかと、果ては「とても残念である、ずっとバイオリンを続けると思ったのに……」というような思わぬ反応がたくさんありまして、私自身そのことにショックを感じてしまいました。

しかし大学に進んだ時点で私はとても学びたいことがありました。その一つが、哲学の中の美学でした。人は、なぜこの音を美しいと思うのだろう、なぜ感動するのだろう、ということに興味を持ったのです。十二歳からバイオリンを弾いていたことが音楽の本質を分からなくしていて、なぜ私に拍手を送るのだろうということまで分からなくなってきたのです。速いところをものすごく速く弾いて見せることが皆の喜ぶことなのか、それとも、たとえ間違えたとしても感動の生まれるような何かがあるのだろうか。そのようなことをものすごく知りたくて大学に行きました。

大学に行ったら、たいへんすばらしい講義が、選びようがないほどたくさんありました。その一つ一つを覗いて講義を受けてみると、先生方のおっしゃることは、すべて哲学的なのですね。たとえば物理学の講義は、日常からかけ離れたように思えても、非常に人間に即した哲学的な意義が先生のお言葉の中にありました。

とくに山岸健先生のお言葉が残っています。たとえばこのカセットテープ・レコーダーを前から見たときと、後ろから見たときで全く違う部分が見えるように、同じものを見ても人の価値観は違うものであると。これが感性であり、物の見方のメジャーなのだとおっしゃいました。それがすべて分かったうえで、人は言葉を使って分かり合おうとするが、分かり合えない。それは、すでにそこで同じものを見ていても、違うものに映っているからであると教わりました。

この山岸先生のお言葉にとても感動を覚えました。私は、ただ音を弾けばいいのではないことがわかりました。たとえばベートーヴェンを音符どおりに弾くことではなく、その裏にあるものをどのように見るのかなど、先生方の講義の中からヒントがたくさん沸いて出て、音楽は私が考えている以上にすばらしく、もっともっと深いものであることを知りました。そして、大学を卒業したあとに、私たち音楽家はもっと勉強をしなければいけないと思いました。学んだというより、学ぶことがもっとあるのだと気がついたのです。

――そうしますと、音楽に対する考え方は今でも哲学が礎になっているのですね。

千住 はい。学ぶことを一つ一つ、音楽を通して見つけていくということですね。

――千住さんの本『聞いて、バイオリンの詩』は平成十二年（二〇〇〇年 時事通信社）に初刊されていますが、私は読んでいて時折涙が出ました。〝音に心を入れた時〟のページからは、目が離せませんでした。心を込めて書かれたことと思います。このときの心境をお聞かせいただけますか。

千住 書くまでの三年間はものすごく悩むことが多く、人に相談しても答えは見つからず、また相談できないこともありました。そこで私は、自問自答してはそれをメモにとっていました。それをあらためて見直してまとめたものがその本です。

――たいへん苦しい時期にあって、ご自分の中で葛藤され、それを著書になさることで一つ乗り越えられたのですね。それで今がおありなのですね。

千住　そうですね。

――千住さんご自身の人生観、結婚観などお聞かせいただけますか。

千住　基本的に女性としての結婚、主婦、母親像には、どうしても私の母親の姿がありますね。母は、子育てに一生懸命になってくれた人で、今でもそうなのですが、あまりにひたすらに私たちを育ててくれたので、母というイメージがそのように沁みついていました。結婚したあとに、子供を産んで育てること、また子供は関係なくても、たとえば主人となった人に対するケアも、母を見ていると、とことん尽くす人だったので、それが本当の姿であるというインプットが結婚の始まりにありました。

他の方と考え方は違うと思いますが、私は結婚というものはとても重要なことと考えていました。子供を産んで育てることもすばらしいことであり、命を預かるすごい仕事である。主人のケアを含め、二人が一つになって家庭を育む中で、バイオリンをどのように位置づけたらよいのかをずいぶん悩みました。実際にやってみて、どんどんパニックを起こしていって、両立がどうしてもできなかったのです。

学校との両立ができたのに、なぜバイオリンとの両立ができないのかというと、両方とも心の問題だったからだと思います。勉強は頭を使いますが、家庭は愛情、バイオリンも心で弾きます。家庭とバイオリンのどちらかが希薄になるのが分かってきました。私は母の姿をみているので、自分の中で家庭を疎かにするということはできないことでした。そうなってくると、バイオリンは心を入れすぎずに適当にするという覚悟をしないと両立できないと思うようになりましたが、どうも要領よくはできませんでした。

——千住さんやお母様のいろいろなご本を読ませていただきましたが、お母様は家庭にお尽くしになられた方ですから、千住さんが家庭とバイオリンにおいて葛藤なさったというお気持ちと悩みはたいへんでいらっしゃいましたね。そしてバイオリンの道をお選びになられましたね。

千住　決心したという自覚、つまり重大な決心をしたのですから、そのあとは、猪突猛進と言いましょうか、一心不乱にがんばっていこうと思いましたね。

——お子さんをお持ちの同僚の方などに対しては、どのような気持ちを持っていらっしゃいますか。

千住　もし生まれ変わって、もう一度、別の人生を歩めと言われたら、思い浮かぶのは子供がいる温かい家庭の姿です。あるいは、母がこのように私を育ててくれたと同じように、子供を可愛がっていくと思います。ですから同僚の家庭や子供を持っている人を見ると、よかったかなぁと思ってみたり、自分をそこに重ね合わせて見てみたりと、いろいろな気持ちになりますね。

――親が子供を育てると同じように、バイオリンの演奏でも、和やかに愛する気持ちを子供に与えてあげられますよね。

千住 親子で聴きに来てくださる方がいらっしゃいますが、本当にその子をいっしょに育ててあげたいという気持ちになりながら弾くので、視点がいろいろな方向に行きながら演奏しています。

――ご兄弟とのかかわりで、千住さんの演奏に大きく影響を及ぼしたところは、どのようなところでしょうか。

千住 それはとてもあります。日本画家の長兄（博《ひろし》）の絵は、緻密で細かく完璧なのです。いかに緻密でいるべきかを兄の絵から学びましたね。練習するときに思い浮かべるのはこのことです。音楽のことだけ考えていると練習は流れ作業でやってしまうのです。ですから練習方法は、他のバイオリニストと違い、そこまでやるの？　というくらい細かくやっていますね。これは兄の影響です。

もう一方で作曲家の次兄（明《あきら》）の音楽は分厚いのですね。時間がゆっくり動くのです。スローモーションの中で、たくさんのことを言っている。私は性格がどちらかといえば、さばっ！　としているので、流れの中で表現していくのですが、明の作品からは、もっと説得力のある表現をしつこくやっていくほうがいいのだなと思い、学びました。

——お父様、お母様からの影響はどのようなことがありますか。

千住　父（千住鎮雄《しずお》　慶應大学名誉教授）は努力の人でした。音楽の世界、芸術の世界は、ただ努力だけだろうかと思う時期が私たち三人兄弟の中にあって、ある時は反発もしましたね。努力以外に人間関係だって必要ではないか、人の引きや才能とかで上っていく人もいるのではないかと。ところが、父が（二〇〇〇年に）亡くなって八年になるのですが、一、二年してから、努力——これこそが芸術なのだなあとわかってきたのです。だれにも認められなくても、だれの引きがなくても、またまだれにも聴いてもらえなくても、自分のやりたいイメージどおりに弾けるように近づいていこうと努力していくこと、なかなか完璧に弾くことは一生かかってもできないことなので、近づこうとするその姿が芸術なのだということがわかってきました。

——芸術のスタイルも哲学そのものになってきたということでしょうか。

千住　苦しみを味わいながら努力していく、投げ出さないでがんばるか……。何といいますか、私の場合はバイオリンを弾くことは結果だけではなく、練習する私の苦しむ過程そのものが芸術的行為なのだと思います。例えば母は、私を作ったすべてなのです。だれにとっても、ある年齢までは母親は世界そのものなのですが。すべてである母の才能は、私が大きくなればなるほど不可解になってきました。母からほとばしる不思議な魅力は何なのだろう。母は結婚する前は、ある研究室でビーカーをいじっていた人です。結婚したらやめましたが今では何もやっていない只の主婦である母の姿そのものが、しかし、芸術作品のように思えてならないのです。

たとえば兄の絵の作品に対する批評や弟の作曲の批評や私の音楽への批評が、どこで母がその感性を磨いたのかわからないのですが、すごいのです。兄も弟も私も、もうそろそろ母を追い越したいと常にそう思いながら生きているのです。でも母はそれをぜんぜん気づいていないのです。だからこそおそろしい存在なのですが、私たちは母を追い越せないまでも、そろそろ分かりたいですね。

――プロジェクトFのメンバーから託された質問ですが、ご先祖はどのような方なのでしょうか。

千住　母の先祖は、京都の貿易商であった角倉了以です。本を読んでみると角倉了以という名前はずっと続いていて、今、十八代目か十九代目になっているのですが、貿易商でありながら外国の文化を取り入れた人たちでした。そこから文化、芸術にかかわってきたのかなとも思えるのですが……。父方の千住家は、先祖代々学問の家系でして、医学者や生物学者がいた学者の家系なのです。

——お父様も数学者でしたし、お母様はそのようなお父様と共に芸術に携わる三兄弟をお育てになられたのですよね。バイオリニストでありながら、お父様の影響でしょうか、千住さんも音響工学の論文を大学の卒論で書かれましたが、バイオリン演奏とのかかわりはどのようなものなのでしょうか。

千住　私が音響学に興味を持ったのは大学生のときでした。悩んでいるときに、感動というのは果たして伝わるのだろうか、美しいものが美しい、悲しいことが悲しいと伝わるのかという疑問が研究の発端でした。実はNHKの技術研究所に大串健吾先生という方がいらして、先生と共に実験をしました。私は、メンデルスゾーンの始めの一分間を悲しい想いで弾いてみる、次は美しい想いで弾いてみるなど、いろいろな想いを自分の中で心を込めて表現してみるのです。そこにいる何十人の被験者の方々がチェックシートにどのように感じたかを記入する方式でやりました。MDSという図形にしていくわけです。

驚いたことに、私が悲しく弾いたつもりなのに悲しく伝わっていない。それでは何が伝わったのかというと、そのときの私の深層心理なのです。その日に、たとえば私が不安な想いを抱えていたとすると、不安定な感じを聴いている被験者の方々が感じるのです。技術で伝えようとしても深層にあるものは隠せないので伝わっていた。びっくりしましたね。演奏は奏者の心をごまかせない、繕えないと思いました。

もっと言うならば、その人の人間そのものが、金太郎飴の断面のように輪切り状態で、否応なしで見られてしまう、魂が裸にされてしまうものだと思い知らされました。それが演奏家としての姿であって、つまり魂そのものを芸術的観点から磨いていかなければ、人を引き寄せることはできないだろうという結論に至りましたね。その後も今も、このことが一番大切に思っていることです。

――そのことを深く検証されて、論文になさいましたね。

千住　はい。『音楽その方法――方法論の分析による演奏の可能性』という卒業論文にまとめました。

――お父様もきっとこの論文を読まれて、著述に関してもお喜びのことでしょうね。話は変わりますが、千住さんは、文化大使派遣演奏会というのをよくなさいましたね。ご説明くださいませんか。

千住　文化大使というのは、文化において恵まれない世界各国に演奏や自分の持っているものを提供することでして、先進国ではなく開発途上国や発展途上国が多いわけです。私の場合はそういう国に行ってバイオリンを弾くのですが、聴いている人々の目をみるときらきら輝いていて、何かを得ようとする緊張した空気に包まれます。この空気に触れると感動します。逆に私自身も音楽のイメージを膨らますことができますから、私にもよい経験です。

——ウルグアイにいらしたそうですが、それ以外の国もありますか。

千住　そうですね、十数カ国あります。

——一回の滞在はどのくらいで、どのような感じですか。

千住　少なくて五日間、多くて二週間ですね。演奏のあとは、その国の地方を一つずつまわって行きます。演奏は建物がある場合とない場合、あってもぼろぼろの場合などいろいろですね。演奏会に入るための券はあるのですが、それが手書きとかで勝手に作られていたりして、まぁいいのですが、まるで満員電車のように押し合いへし合いして聴いてくださるのを見ると胸が熱くなりますね。

——どこの国の人は特に感性が鋭いとか豊かだとか、お感じになったことはありますか。

千住　国ではないですね。状態ですね。経済的に恵まれていない所のほうが、感性が鋭いですね。ハングリーで。

——幼いころに自然な音、きれいな音を聞いていると体験的に感性が育っているということはありますよね。

千住　演奏を聞くチャンスがあった子供たちはいいのですが、ない子供たち、また、ある年齢までいって始めて音楽に出会う子供たちがいます。そういう子供たちでも自然の音、きれいな音を聴いていますから、感激をする感性は充分にありますから、どの国に行っても演奏のしがいはあります。

――お忙しいスケジュールでしょうから、何か日常生活で削ぎ落としていらっしゃることはありますか。

千住　結構ありますね。本の執筆をしながらお弁当を食べるなど、二つのことを同時にすることがよくありますね。友人との食事の時間は取りたくても取れないですね。知人やお仕事の関係者とも、飲みに行って食事をするなどはしませんね。そういう時間に練習したり原稿を書いたり、荷物を詰めたりしていますからね。寝る時間だけはキープしないと身体が持たないので、ご飯を食べる時間も詰めています。寝る時間を生み出すための工夫を心掛けています。

――感性を保つために注意していることはありますか。

千住　ありますね。中傷を聞かないようにしています。記事や批評など、小さいころは全部を見たかったのですが。見てしまうと純粋に自分の世界に没頭できないし、迷いが出てきて悩んだり、意欲を失ったり、集中力を失うのです。今はそういうものを一切断っています。また一人でいるときは、音楽などは聴かないで耳を静かにしている状態を大切にしています。

――クラシックとはどんなものだとお考えですか。

千住　クラシック業界で、プロになって言われたことは「一人で行動しなさい」でした。かの有名なイツァーク・パールマンというおみ足の悪いバイオリニストは、足を引きずりながらも一人ですべてやられたので、やっとプロとして認められたのです。ヨーロッパでは、クラシックは昔からあまりお金と縁のない文化であるけれども、常に誇りを持ち続けてきています。

——パールマンのことでは、私の個人的な体験になるのですが、パールマンが十九歳のときにニューヨークで、ジュリアードのバイオリンのガラミアン先生のお宅で練習をされているところを、見学させていただいたことがあります。おみ足が悪いので、弾いている最中に足元がふらつくということがあり、バランスを保つために緊張で顔を真っ青にしながらも、長時間の練習に挑んでいる姿に感動しました。苦しい練習に耐えて、それを乗り越えて、あのパールマンの美しい伸びのある音が生まれたのですね。

千住　本当にすばらしい方です。

——演奏家で交流されている方はいらっしゃいますか。

千住　交流しているからといって、ステージで息が合うかというとそうではないこともあります。また、お話ししたこともないのに、ステージでは、ぴぴっ！　と分かり合える人もいるのです。ステージを下りてからのことは、それぞれの苦労を分かっているので、プライベートもそれぞれ大切にしたいだろうと思って行動を別にしています。

――演奏していて息が合うと感じるのは、弾き始めでわかるのですか。

千住　瞬間的にわかりますね。音というか空気というものでしょうか。

――どのような方がいらっしゃいましたか。

千住　日本人でしたら、指揮者の故・岩城広之さんですね。びっくりしました。「真剣をぬく」といいますか、刀のように切り込んでくる感じですね。引っ張られるような、駆り立てられるような世界に入り込めるのです。すばらしい方でした。

――クリスマス・年末にかけてのご予定は、どのようですか。

千住　ディナーショーや帝国ホテルなどでのカウントダウン・パーティーまたは、コンサート会場でのジルベスターなどあります。

――年に百回ぐらいコンサートをおやりになるとうかがいましたが。

千住　そうですね。

――それは一回一回が真剣勝負ですね。演奏会によって何かをリニューアルするということはないのでしょうか。

千住　たとえば、そのときそのときで聴衆の数、音のボリュームが違います。百人ぐらいのコンサートですと、とても小さい音で弾くときでも聴いていただけるのですが、二千人、三千人のホールですと、ピアニッシモが必ずピアニッシモではなく、ピアニッシモの音楽性を持ちながら音はメゾフォルテぐらいに、もしくはそれ以上の音を使っていますね。ですから体力はそのように使っています。精神的なものは弾き始めるといっしょなのですが。

——精神的なものが同じという意味はどういうことでしょうか。

千住　たとえば、ボランティアで弾いていてもロンドン・フィルハーモニーで弾いていても、集中している度合いはいっしょですね。頭の集中度を満杯にすることが私にとって演奏をすることなのです。どこで身体が疲れたりするのかといいますと、聴衆の数によって物理的に音を大きくするかしないとかですね。あとは曲の種類があります。三分ぐらいの短い曲は短い集中力を必要とするし、三分のなかでドラマを展開させることが大切です。一方でブラームスやチャイコフスキーなどの長いコンチェルトを弾くときは、四十分の間集中力を持続させるのが大切です。小・中・高校生の前で弾くような、学校コンサートであったとしても、コンチェルトであればじっとそれに集中するよう努力します。

——すばらしいコメントをありがとうございました。ところで尊敬する演奏家は、どなたでしょうか。

千住　先ほども申しあげましたイツァーク・パールマンは小さいときから大変尊敬していますす。オイストラフ、ハイフェッツ、ミルステインなどの時代の方々はすばらしいです。シェリングなどは完璧ですね。奏法がきちんとしているのです。今は、はやりというものがありまして、それはそれで面白いなと思っていますが、昔の奏法の独特のすばらしさや音色の個性的な魅力や独特の音楽性に私はとても魅力を感じています。いまだにそれを追い続けています。

――巖本真理さんは、昔奏法で弾いていらっしゃいますね。

千住 その時代の方々は、奏法からくる音楽構成がしっかりしていらっしゃいますね。巖本さんもすばらしいと思います。

――慶應の若い後輩に何かメッセージをお願いできますか。

千住 交詢社で昨日コンサートをしてきましたが、慶應の方は独特のチームワークで接してくださるので、友人、先輩、先生はたいへんな財産になっています。この輪を大切に広げたいです。

――最後に座右の銘と申しますか、お心に留めていらっしゃる言葉はありますか。

千住 福澤先生のお言葉で「気品の泉源、智徳の模範」、父がいつも口にしていましたが、小さいころはとても難しくてよく理解していませんでした。「気品の泉源」は品格のある行い、考え方をしなさいということだろうと思いますが、気品以前にそれを生み出す自分自身を磨くというのはどういうことかがわかりませんでしたから、言葉は言霊と申しますので、常に「気品の泉源、智徳の模範」と思いながら、そのことを大切にしてきておりました。それで少しずつ理解が進んで育ってきたように思います。父はその中でも、ときに「智徳の模範」となるようにという想いを、私たち兄弟に託したのだと思っております。「智」は単なる知識や学問でもなく、「徳」も一生をかけて自分で捜し求めて磨かなければならないことと思います。人生そのものを語っている言葉で、慶應の人間にとっては宝ですね。この言葉があるというだけで、踏み外さずに済むと思います。

――今日は、お忙しい中、インタビューにご協力くださいましてありがとうございました。心から御礼申し上げます。

◆二〇〇三年、東芝EMI移籍第一弾「カンタービレ～歌うように～」をリリース、記録的大ヒットとなる。その後、第二弾「愛の夢」、さらに二〇〇五年、デビュー三十周年を迎え、記念アルバム「愛のコンチェルト～バッハヴァイオリン協奏曲全集」を発売。
◆二〇〇七年一月、「ドルチェ」発売。
◆二〇〇七年十一月「G線上のアリア」発売。

三田キャンパス・塾監局

国際連合での仕事

伊勢桃代

いせ　ももよ　日本国連協会理事。国連大学協力会評議員。一九五九年慶應義塾大学文学部社会学科卒業。米国シラキュース大学マックスウエル大学院社会学修士号。コロンビア大学都市計画修士号。国際連合ニューヨーク本部にて開発問題・人材管理・研修など担当部長。国際公務員制度連絡協議委員会副議長。国連機関研修委員会議長。国連大学初代事務局長。アジア女性基金専務理事兼事務局長を歴任。外務大臣賞受賞。

私は東京で生まれ、幼稚園を経て当時の高等師範付属小学校に入った。二年生の時に父が関西に転勤となり一緒に京都に行くこととなった。京都の公立の小学校に入学したが、東京とはずいぶん違う学校環境であった。学校から帰ると東山の高台寺あたりを駆け巡り友だちと遊んだ思い出は楽しい。そして、同志社女子中学・高等学校と素晴らしい学生時代を過ごした。その素晴らしさの源は、古い文明といろいろな面での新しさの交じり合った京都の中で、異なった職業の家庭の子女と一緒に学び遊ぶことができた豊かな日常であろう。学校は、いろいろな商売の人たち、四条通りの老舗の主人、京都大学の学者、日本旅館の主人、華道の家元、伝統工芸に携わる人々などの子女、それに舞妓さんも加わった多様としかいえない環境であった。同志社では、死を決して日本から脱出した新島襄についての講義と毎日のキリスト教の礼拝があった。京都大学や同志社大学の大学生も交え、よく議論をしたことを思い出す。学生時代の友達の家の多くは、大企業や大組織に頼るのではなく、小規模な枠組みの中で、一生懸命に生きることによって京都の文化を支える人々であった。この人々への敬意は私の心の中に深く存在しているように思う。京都での生活で私の基礎が形成されたように感じる。

私は戦争の終焉から終戦後の復興期に育ったといえよう。軍の統制、軍国主義から開放されほっとした気持ちと民主的自由の大切さを感じた時代であり、様々な社会の変革が必要とされた時代でもある。私の社会を勉強する「社会学」への執念は、やはりこの頃に培われたと思う。福澤先生は、「文明論之概略」などに明らかなように、常に社会全体を見ておられたことを考えると、先生に学ぶことの繋がりの有難さを感じるのである。

終戦後の京都大学では、素晴らしい学者の活躍があった。お蔭で茶色の粗末な紙のフランス小説の訳本が手に入り、日本文学も含め、中学・高校とよく内外の小説を読んだ。二〇世紀の初頭から中頃にかけてのそういった小説は厳しく過酷な女性の人生を映し出していた。私はそれらに強く影響され、自立と独立の志向を持ったと思う。

慶應義塾大学では、日本社会学会会長でいらした有賀喜左衛門教授の指導の下に、日本社会の勉強をしていたが、女の生き方についての興味が高じたのか、卒業論文のテーマに「祇園町の芸妓社会」を選んだ。論文は稚拙であったが、有賀教授はテーマが非常にユニークであり、以前に取り上げられなかった社会であったといわれた。その後、この論文をアメリカの人類学会で発表することとなり、実に大勢の人類学会参加者が出席されたことを覚えている。

ゼミで勉強をしたといっても、その頃は、有賀教授の偉大さに全く無知であったとしかいえない。今となって教授のご恩に報いていなかったことへの悔いを感じる。人の偉大さは、受け取る側の知的準備がなければ解らないものだと悟り、自分の理解する力が無く、今まで多くの人々の立派な価値が見えないままに過ごし、二度と現れない機会を何度逃してきたかと今つくづく感じている。

もう一つ、私の考え方や嗜好に大きな影響を与えたのは、やはり家庭である。父方の祖父は殿様に仕えた指南役と聞いている。父は慶應卒業後銀行に勤め堅い人であったが、文学や芸能は大好きで、よくいろいろな人が家に集まっていた。母は、外交官の娘でロンドン生まれである。文学的才能のある人であった。父と母はいろいろと、ものの見方が違っていた。例えば、父は戦争に勝つように家の鉄の門から母の装飾品も軍に提出し、戦勝を信じた。母は、西欧と戦争をするのはとんでもないことであり負けると考えていた。こういった日常の違った意見のやり取りは、子供ながら私に考える機会を作ってくれたと思っている。

人生を、自分の仕事によって大雑把に区切るとすれば、①、アメリカのケネディ大統領の「偉大なる社会」を目指しての幾つかの政策の一環である反貧困プログラム、②、国連大学の創設も含め二十八年の国連勤務、③、八年間のアジア女性基金ということになろう。

私は、慶應を卒業してすぐにアメリカのシラキュース大学のマックスウェル大学院で社会学を勉強した。一九六〇年から七〇年代のアメリカは、「偉大なる社会」を目指し燃えていたといえる。ケネディ大統領の就任演説は有名であるが、「差別」は反人道的であるとし、また、peace corps を設立した。若い人たちは率先して開発途上国へ行き、将来の人材を育んだ。こういった最中、反貧困政策が実施された。貧困を解決するには、差別をなくすこと、また、中央政府がお金の使い方を決めるのではなく、貧困地域や貧困な人々自身が決定に参画し決めることが大事であるとの考え方で、資金がそういった地域に直接供給された。

私は、シラキュース市の反貧困政策のエージェンシー Crusade for Opportunity に研究部長として就任した。この組織のトップは J. Tilman というリーダーであったが、総ての公共組織の決定に携わるメンバーの五一%を貧困階層によって占めるべきという運動は、全米の注目を集め、総会はテレビでも報道された。思えば緊張の連続であった。この後、私はニューヨーク市から誘われ、中央政府から反貧困政策のために送られた資金の使い方の評価をするという仕事に就き、市の十八の貧困地域からデータを集めワシントンに報告した。そういったなか、アメリカという社会に関わることはアメリカ人がすることで、私のような外国人ができることには限界があると感じ、国際的な仕事をすることに決め、ニューヨークの国連本部の三十六階の人事局に行き応募した結果、社会開発担当官として採用された。

一九六〇年から七〇年代は、米国のみならず世界が大きく変わった時であった。植民地の解体と国家独立の時代であった。当然、国連加盟国が増大した。新独立国は直ちに開発問題と直面した。殊に「社会開発」には、現在より期待が大きかったと思う。私の最初の仕事は社会情勢報告書（Report of Social Situations）の中のアジア情勢についての章を書くことであった。その後、開発、移民、都市問題などに関する研究や国際会議を受け持った。

当時の経験では、経済開発専門家と社会開発専門家とは根本的に相容れない問題があった。私は、開発の真の目的が人間としての生活の保証と幸せをもたらすことであれば、経済のみを考えた開発では目的を達することはできないと考えていた。「人間を中心とした開発」などという言葉は最近やっと使われるようになったと思う。国連が必要とすべき人材は、「経済」とか「社会」とかの縦割りの教育による人間ではなく、総合的な専門家であり、新しい教育の必要性を常に感じていた。

この頃、明石康氏からのお話で国連大学創設の仕事をすることとなった。そもそも国連大学の構想は、アジアからの初の事務総長であったウタント氏の平和を作り保持する能力を備えた人材を養成したいとの想いから「平和大学」の設立を提案された。この提案を受けて国連とユネスコが動いたが、新たな大学を創設することには西欧諸国からの反対に会った。その後、三年余をかけてようやく総会の決議文にこぎつけた。しかしながら、事務総長の基本的考え、つまり若い人のための大学という考えは変更され、現在の国連大学に見られるように学者や研究者のネットワークを中心とした機構になった。私は、事務総長室で設立に携わり、ニューヨーク事務所所長を務めた後、東京に設立された国連大学の初代事務局長となった。一国連機関の本部を初めて日本に設立するにはいろいろな面で大仕事であった。一九七五年頃の日本という環境は必ずしも国際的に開かれてはいなかった。何人かの記者の方たちからは日本には早すぎる、国際環境が育っていないなどの意見を聞かされていた。

国連大学への出向を終え国連に戻ったが、次には、国連行政・管理局の人材発展部に入った。国連の職員は、国際公務員制度の下に資格、地位、義務、職務条件などが決められている。この制度は、一九二〇年頃国際連盟設立時に、普遍的な行政の制度として、熟慮の末に設定された。その後、時代の変遷によって政策は変わっていったが、国連憲章にある根本的理念である公務員の「独立」と「中立」は厳守されている。

どういう仕事をしたかというと、先ず人事採用と試験制度を扱った。採用方針、予算、人事政策、人事規約、勤務評価などは国連総会第五委員会による審議を経て総会で決定される。

国連憲章により、国連職員となるには世界で最高の道徳と能力をもつ人間が要求されている。若い人たちには、採用の独立性、透明性、公平性の確立を目的とし試験制度が採用された。筆記と面接のための問題作りの委員会の立ち上げ、問題の適切性の確認、世界中一斉試験の調整、秘密の保持など試験執行には多くの仕事が必要であった。

私が特に重要視したのは研修であった。先ず国連公用語六ケ国語の研修は国連創設当初から重要とされ、発展してきた。実際、言語研修の水準は高いという評価が広くあり、各国外交官にも開放されている。言語以外の研修はいろいろあるが、その中でも特に重要視したのがマネヂメントに関するものであった。

国連は、全加盟国から職員を採用することと決められているので、異なった文化、価値観、仕事への態度などの人々が集まっている。高いレベルの技術的な能力は大事であるが、人の管理ができる能力は組織にとって重要な条件である。殊に上級の管理級の人たちが管理能力に欠けていると組織の損失は大きく、若い人たちの国連に対する情熱も冷めることになる。当時の国連に政治色の強い高い地位で入る人たちは、各々の国の中で高い地位を得た人たちである。必ずしも普遍的な管理理念をもっているとは限らない。また、世代として経営の理論などが発展していなかった時代の人々が多かった。結果として、管理者としての資質、教育、経験を備えた上級の人たちは数が少なかった。こういった上級の人たちを研修に参加してもらうことは難しく、最高指揮官である事務総長の後押しが必要であった。現在では、最高のレベルからジュニアの職員も含め総ての職員が、マネヂメント研修に参画することが義務付けられている。

一九八〇年後半からは、大きなチャレンヂが研修に持ち込まれた。それは、冷戦後の世界で急増した内紛のために、多くの国連職員が文民PKOメンバーとして危険な地域に派遣されたことであった。PKOの歴史は、国連の歴史ともいえるほど長いが、冷戦後の内紛の多発はいろいろな意味で市民をもろに巻き込み、残虐である。こういった危険度の高い地域や状況に派遣される国連職員の研修が必要とされた。現在は、PKO専門の研修制度があると聞くが、当時は新しい経験であった。研修の内容は多様であるが、内紛地域での日常の交渉能力や平和構築のための仲介、リスク管理などが含まれた。

人材開発部での仕事は、労働組合との交渉、行政裁判など課題は山積みであった。そしてもう一つのチャレンヂといえる課題は勤務評価であった。とにかく世界中の人が集まっている職場である。あくまでも評価は中立で差別の無いシステムを作らなければならない。しかしながら公平な評価はしっかりとしたシステムに加え、評価する人間の公平性が鍵となる。そのためのマネヂメント能力の研修である。勤務評価は労働組合、管理級の人々、国連総会から受け入れられなくては成立しない。国連総会第五委員会には何度も説明に行ったことを覚えているが、人を評価することの責任と難しさに悩んだ時代であった。もう一つ課せられた大切な役割は、ユネスコやILOなどの専門機関も含めた国連全体の委員会の中心的役割を担うことであった。行政調整委員会副議長、国連システム全体の研修委員会の議長を務めた。この経験を通じて思ったのは、国連の経営・管理が欧米の専門家によって動かされているということで、私などの経験と知識ではいろいろな面で太刀打ちしがたかったことであった。

国連を退職し、日本に帰国してからアジア女性基金（AWF）の専務理事兼事務局長に就任して欲しいとの要請があった。この基金は、一九九五年に戦後処理の一環となる慰安婦問題解決のために、当時としては一番良い方法であるという政治的合意をもって設立された。AWFは、第二次世界大戦の最中、インドネシア、オランダ、韓国、フィリピン、台湾でのいわゆる元従軍慰安婦への償い事業の実施と、現代の女性に対するあらゆる形の暴力（内紛、家庭内暴力を含む）に関する研究、広報、講演会などを行うことにより、暴力の問題の国民の理解を推進し、暴力の無い社会を創ることを目的とした。償い事業は、当該国によって異なるが、基本としては、元慰安婦のお一人お一人に総理大臣からのお詫びの手紙、国民からの募金によるお金そして医療・福祉のためのプログラムからなりたっていた。この問題に関しては、慰安婦という制度や強制性が「あった」また、「無かった」とする見方や、軍の関与はなかったから日本政府として責任をとるべきではない、否、国家責任を取り賠償金を払うべきであるなど意見が激しく分かれ、殊にＡＷＦは政府の責任逃れのためのまやかしの団体ともいわれ、火中にある状態で仕事をした。こういった意見の対立は日本社会の問題点を反映したと思われるし、あくまでも被害者という弱者の意思を中心とした償いを追求することの難しさを味わわされた。国内と国際的対立に係わらず、事業を広く公告し、被害者と直接お会いし、国民の償いの行動を伝えたのはＡＷＦの事業である。事業は計画どおり終了し、ＡＷＦ自体も扉を閉じたが、この事業から習うべきことは非常に多く、これからの検証が必要である。慰安婦問題は、他の戦争の歴史とともに若い人に伝えられなければならない。よって、ＡＷＦはインターネットによる図書室を立ち上げた。広くご覧いただきたい。

私は、これからの世界で必要とされるのは、欧米を基本とした既存の考え方からの転換であり、将来の方向はアジアからの発信で作られることが必要と考えている。発展を遂げているアジアの中で、日本の役割が大事であるにも拘らず、過去の歴史と真摯に向き合わない国という国際イメージを定着させ、しかもリーダーシップのとれる人材が極度に少ない日本である。よって、若い人たちに課せられた二十一世紀の課題は重い。次ぎの世代は、早い段階で自分が夢中になれる人生の課題を見つけ、追求し、世界中の人たちと意見交換をする能力を持ち、リーダーシップを発揮出来る日本を作って欲しいと願うものである。

日・仏女性の生き方の違い

福本秀子

ふくもと　ひでこ　フランス中世文学翻訳家・作家、地中海学会常任理事。昭和三十年慶應義塾大学経済学部卒業。同四十年パリ大学法経学部博士課程修了。主要著書『*femme á l'aube du Japon moderne*』(Des Femmes 社パリ)『マダム・ジャポンは袋だたき』(社会思想社)『ヨーロッパ中世を変えた女たち』(ＮＨＫ出版)等。主要訳書Ｒ・ペルヌー『中世を生きぬく女たち』『十字軍の女たち』『フランス中世歴史散歩』(以上白水社)等。

はじめに

私の卒業年度、昭和三十年（一九五五年）は大変な就職難の時代だった。それでも経済学部の女子学生十名は全員が希望の職につけた。日航に二人、出版社に二人、ＮＨＫ、中学の先生、三越、自営業、銀行、アメリカに留学、である。しかし結婚すると、そして殊に妊娠すると、それはもう暗黙のうちの潮時であった。「一身上の都合で」退職届けを提出せざるを得なかった時代であった。

実にもったいない話である。さて結婚して子供ができて、「嫁」という字の如く家にいなくてはいけない。家の女でありながらできる仕事は——と考えると物書きである、と思っているうちにチャンスが到来した。

当時私は在日フランス大使の日本語の教師をしていた。昭和五十七年（一九八二年）に三越で「ジャンヌ・ダルク展」（オルレアン市立ジャンヌ・ダルク・センター、産経新聞社主催）が開催されたころである。中世史家にして、ジャンヌ・ダルクの世界的権威であるフランスのレジーヌ・ペルヌー女史が開会式のため来日された。仏大使のお供で三越に赴き、ペルヌー女史に拝眉する機会を得た。二カ月後にペルヌー女史より手紙をいただく。

「中世の日本女性史をフランス語で書かないか。義妹のローランス・ペルヌー（ストック社編集長）が中世女性史シリーズを出しているが、日本女性で書ける人物を探している」とのこと。私は仰天した。そもそもフランス語で物語を書けるとは、そういう才能があるとは全く思ってもおらず、希望も持っていなかった。

しかし私のモットーは、「与えられたチャンスはともかく受け入れる」である。とっさに「ハイ」と返事をしてから、中世の日本女性史を猛勉強して『Femmes et Samurai』（女性と侍）を書き上げ、フランスでの出版にこぎつけた。

以後『明治時代の女たち』や『芸者と遊女』などの物語をフランス語で書いて出版するようになり、序文をいずれもペルヌー女史よりいただく栄に浴した。これも女史との出会いのおかげである。

なお最初の著書『女性と侍』を書くにあたって、ペルヌー女史より「参考にするように」と送られて来た本が『中世を生きぬく女たち』（ストック社）であった。「これは面白い、日本に紹介しよう」と翻訳を始め、次々とペルヌー女史の女性史関係の著書を翻訳・出版するに至った。そしてある時、女史に座右の銘を書いていただいた。「plus est en vous」（貴方の中には貴方が思っている以上のものがある）――つまり「すべての可能性は汝の内にあり」。自分の可能性を小さく見積もってはいけない。誰も自分の可能性を引き出してはくれない。自分で取り出そう、というわけである。これを色紙に書いていただき、書斎にかけて朝な夕なに自らに言いきかせている。いつの時代でも何事についても言えることではなかろうか。

慶應の後輩たちへのメッセージとしたい。

私がこのように作家・翻訳家として活躍できるようになったのは、まさしく母校である慶應のおかげだということを述べておきたい。慶應ほど、先輩・後輩のつながり、縦・横の緊密な学校はないであろう。私の最初の翻訳書『中世を生きぬく女たち』だが、原稿の状態で、同じクラスだったO君に出版社探しを依頼した。彼は白水社を紹介してくれた。

それも原稿に手を入れて万全の状態でのことであった。以後、私の出版活動は好調である。また『芸者と遊女』に関しては、慶應の諸先輩が、東京・京都・地方都市の芸者やお茶屋、京都の芸妓学校校長やらを次々に紹介してくれて、インタヴューをとりつけることができた。

すべてこれ慶應大学卒なればこそ、と感謝している次第である。

そういうわけで私は、フランスと縁があり、一年に二、三ヵ月はフランスに住んでいるので、日・仏の差、ことに女性の生きざまの違いに焦点をあてた話をしてみたいと思う。

まず驚くべきことは選挙権の問題である。我々日本女性は戦後マッカーサーによって婦人参政権を与えられた。もちろん古くから、平塚雷鳥、市川房枝、加藤シズエ等の婦人運動家が婦人参政権運動に尽力してきた成果の賜物である。しかし、一般の女性たちは関心を示さなかったのではないだろうか。そこへ棚からぼた餅的に選挙権を与えられ、敗戦のおかげで男女平等の世となったのである。

そこへ行くとフランスの女性たちは違う。第二次世界大戦中は男と共にレジスタンス運動に参加し、戦ってきた。ところが彼女らは日本と同じ年に婦人参政権を獲得したのである。彼女たちは獲得し、我々は与えられた。女性の権利・主張・地位等すべての日仏の差異は、この参政運動参加の意欲という出発点の違いから派生しているものだと思う。

ではまず結婚について、その形態・成立の差をみてみよう。

1．結婚

日本には学業を終えて「家庭に入る」という言葉がある。これをフランス語に直訳したら意味をなさない。「家庭に入る」女性がいたとすれば、働き口がないか働く才能がないかである。結婚するにせよしないにせよ、女性が社会に直接関係を持ちたいのは当然である。

結婚の形態は契約結婚である。愛しているからこそ万が一の時のために各自持分を決めておいて、将来のいざこざが起きないようにしておかなければならない。契約には二つの形式がある。「共有財産制」と「分離財産制」。前者はお互いの財産を足して二で割り、半分ずつが各自のもの。今ではこの形態は一〇％で大半は後者の分離財産制である。つまり結婚までに夫が持っていたものは夫のもの、妻が持っていたものは妻のもの、結婚後二人で入手したものは半分ずつである。食器セット等は日本では五客だがフランスは六客と偶数なのは、二人で分ける時都合がよいからかどうかは知らないが。――そして夫婦のどちらかが先に亡くなった場合に生存者をカバーするための法律もある。例えば貸家を夫が持っていた場合、夫が亡くなったら子供の許可なしに売却はできないが、家賃は妻の手に入る等々。

つまりすべてが契約である。だから公証人が繁盛する。銀行預金も夫が亡くなるとすぐ凍結されるのは日本も同じだが、夫の死亡証明書を提出しただけではだめである。公証人の手をわずらわせて六カ月から一年待たなければならない。従って夫婦共通名義の通帳に人気がある。しかし二人の関係がうまく行っている場合はよいが、おかしくなると、相手に全部引き出されてしまわぬともかぎらない。

万事がこういう調子なので必然的に女性は経済観念が発達するし、お金の大切さを知っている。「よき友は割勘から」という格言がある。結婚のチャンスそのものも見合いという便法など昔からないので、自分で探さねばならない。こういうところから人生に対する意気込みが日本人とは違うような気がする。

2. 同棲について

結婚も同棲も環境は同じである。税も家族の補助金も変わらない。それならば一応同棲してみて本当に上手くゆくかどうか試してみる方がよいし、いずれにしても万が一どころか三が一の確率で離婚する世の風潮下にあって、面倒な書類を残さない方がよい。日本ではつい最近までは、婚前交渉とか、出来ちゃった結婚は親の恥であったものだが、今では市民権を得てしまった様子である。ともかくヨーロッパの風潮は十年の間隔をおいて日本に上陸する。

結婚する必要がないから籍を入れない。籍を入れるのは子供が出来た時である。また、夫が転勤で外国へ行くとなると、パスポートが同姓名の方が何かと便利、ということで籍を入れる。「結婚していらっしゃる？」「いいえ、でも恋人と同棲しています」という会話はしょっちゅうである。いい年齢の青年が結婚も同棲もしておらず、おまけに親と同居している——とはいわゆる先進国の中では日本ぐらいのものであろうか。モラルはよきにつけ悪しきにつけ、日々変化している感がある。

3．離婚について

日本では両者さえ了解すれば協議離婚として二人の証人の印をもらってその日のうちに役所で受け付けてくれる。フランスではそうは行かない。裁判所を通さなければ埒があかない。結婚の契約解除の手続きが大変である。

二十年前は三回、裁判所へ行かなければならなかった。十年前は二回で済み、今では一回でよくなった。ともかく裁判所の判決が必要なのである。もっとも片方が出頭しない場合もある。しかし三年以上別居していれば離婚できるようになった。

日本には熟年離婚という言葉がある。これも仏訳するのが難しい。熟年になるまで離婚するのを待っているのか。何故待っているのか。愛がなければどうしてすぐ別れないのか――ということになる。「亭主は丈夫で留守がいい」という経済観念優先の結婚生活などは、どう説明してもフランス人には分かってもらえない。

結局、日本の結婚は女性にとっては生活なのである。生活でつながっているから、経済でもっているから、夫の退職金が入ったら離婚を女が要求することとなる。フランスには、退職金がない。あるのは年金だけである。結婚は生活でなく愛でつながっている。だから、愛が終われば、または他の人との愛が発生すれば結婚は終局を迎える。夫が恋人をつくれば、それは自分に対する反逆だから許さない。「一時の浮気だからそのうち家庭に戻ってくるだろう」と我慢して待つ、ということはない。そもそも浮気という言葉はないのだ。強いて言えば恋愛遊戯だが、浮気というニュアンスとは違う。要するにそういうことが発覚すれば、大抵の場合ただちに離婚となる。自分を裏切った夫を許さないのは自尊心の強さだと思う。

次に特筆すべきは、日本人にとって離婚は結婚の破滅であり相手を否定することである。二度と相手の顔を見たくない。そこへゆくとフランスの場合は離婚しても友人として相手と会うケースも多い。相手の否定ではなく理性による肯定――即ち「状況的に離婚は仕方がなかった」と肯定しているから憎しみを増さない。その後は理性的解決だけが問題となる。

そして私が感心するのはフランスの女性は（男性もそうだが）、夫（妻）を奪った相手の悪口を言わないことである。妻にとって夫を奪った女が悪いのではない。夫が馬鹿なのである。また世間の人にとってはとられた妻の負け、とった女が勝ち、妻は何故夫にとって最高の女性でいなかったか——ということになる。

ある日本の役人がパリに単身赴任してフランス人の女性と恋におちた。役人は帰国したが、その後妊娠したことを知ったフランス女性は彼を追って来日した。不妊に悩む男の妻は自殺した。世間の人は「奥様がかわいそう」。だがフランス人は「奥様は何故闘わないのか」である。幸福は闘い取るものである。

もっとも中にはほんの少数とはいえ妻と離婚もせず恋人を持っている人もいる。たとえばミッテラン元大統領だが、隠し子もいた。それを言われると彼は「Et alors ?」（エ・アロール？）と答えた。「それがどうした？」という意味である。恋人がいてもフランスの国にとってよい政治をしてくれれば何の問題もない。そこへゆくと日米の政治の世界ではそれは許されない。クリントンも宇野元首相もそれで非難を受けた。所変われば常識も道徳も変わってしまう。さてこのように配偶者を奪われる問題を起こさぬために、しっかりと相手を見張っていなくてはならない。だから家庭を大切にする。

4．家庭第一

日本でも家庭第一であるが、会社の命令で転勤、残業は当たり前である。フランス語には単身赴任などという単語はないし、それは不可能なことである。夫が三ヵ月の日本出張となったらフランス人の妻は会社をやめて一緒について来た。「この機会に日本を旅してみたい」という希望と共に、やはり離れては暮せない（愛情と心配）ようである。ともかく成人した男女は常に一緒にいるものだとフランス人は思っている。

女も男も一人だとレストランでもホテルでも、どうも歓迎されにくい。女同士で昼食をとることはあっても「レディース・ランチ」などという特別メニューはない。離婚したり死別したりすると、すぐに友人というか恋人的友をつくって、同棲はしないまでも、一対を組むこととなる。そして家族という単位をつくり生活を楽しむ。「うちには子供が四人いるが二人は夫の子、あとの二人は私の子」と紹介して楽しくやっている。

土・日は家庭の日である。誰も父母さえも邪魔をしてはいけない。土・日に「ちょっと近くまで来ましたのでお寄りしました」などという日本人的お邪魔は許されないどころか、そういう人は「育ちが悪い」と軽蔑される。電話も本当は土・日はかけてはいけないのである。

友人の日本人男性がフランス人と結婚して日本に住んだ。日本企業に勤めている以上、急な残業や接待があるのは当然である。今日は妻の誕生日、結婚記念日、等々と何日も前からレストランを予約してあっても、キャンセルとなるのはフランス人妻にとっては堪えられないことで、離婚して子供をつれてフランスに帰ってしまった例もある。郷に入っては郷に従えとは言っても、愛情の問題に関してはそれは通らないもののようである。

愛とは不安定なものだからこそ、お互いに相手をよくほめ合うのがフランス人である。また、他人に対しても妻をほめる。「あなたの奥様、すてきですね」と言えば必ず「僕もそう思います」と返ってくる。こういう点は日本の男性は真似をすべきではないだろうか。いくら謙遜でも愚妻と言う言葉は死語となるべきである。「愚妻？　それならどうして離婚しないの？」と言われてしまう。

5．サラリーマン天国・休暇の概念

社会党のオーブリ元雇用連帯相のきめた週三十五時間労働は相変わらず実施されている。従って残業をしても上限がある。その上、年五週間の有給休暇がある。大抵の人が夏に休暇を取るので、七・八・九月は「担当者が休暇中で」と言われて困ることが多い。しかし法律で決まっている休暇だから、とってもらわないと雇用者が罰せられてしまう。「あら、彼女、今朝は遅刻？」「いいえ、昨日一時間遅くまで働いたから今朝は一時間遅く出勤するのです」ということはよくある。人迷惑な話だと思うこともある。

一時は若者が会社を起こすのが流行った。社長兼会計兼小使兼掃除人である。納税にしろ使用人への給与にせよ大変な心労と出費である。現今のフランス人は、サラリーマンが一番だと言っている。

この五週間の休暇は分けてとってもよいが大抵は一度にとる。今年は、この国のこの村で過ごそうと決めるとそこから動かず、拠点としてその周辺をうろうろするだけである。これに反して日本人は五日間ぐらいしか連続休暇がとれないので、何回も飛行機でヨーロッパをかけめぐる。何と飛行機代のもったいないこと、というのがフランス人である。旅に出た以上ロンドンもパリもローマも見ようと写真をとりまくり、帰国するとどこがどこだか分からなくなるのが日本人である。休暇はずっと一カ所にいてのんびりした方が体にもよいし、家族仲よく過ごすにもよい、がフランス人である。

そして働いている妻も夫と同じ時に休暇をとる。五週間しっかりと愛を確かめあって、また秋口から仕事が始まるわけである。気づく点は、日本人は休暇の翌日は何となくだらけてみえる。フランス人はほどよく陽やけした顔をほころばせて、楽しかった休暇の余韻を残して仕事に向かっているようだ。

6．買い物

前述したようにフランスの女性は金の価値をよく分かっているから（つまり結婚後も働いているから）お金を上手に使う。無駄遣いをしない。友人のフランス人が言っていた。「日本人はエルメスのスカーフだから買う。土産にするにもよいから買う。だから売り子に全部見せてくれ、と言って並べさせる。私はちがう。今日はこれに合うものを買おう、と決めてから出かける。自分に合ったものをさがす。だから〝これこれこういうものを出して見せてくれ〟と言う。売り子は二、三枚見せてくれる」。よい店の売り子は客の希望通りのものを探し出す専門家である。その売り子を前に「何でもよいから、あれもこれも見せて」と言ったのでは馬鹿にされても仕方がない。

なお毎日の食料品を買うマーケットは別だが、いわゆるブティックでの買物には赤子は連れて行かない。仲のよい友人やベビー・シッターにあずけて、ゆっくり買いに行く。大変な買物だからである。日本は違う。「子は母親につきもの」という、いわば甘えの構造ですべてが通ってしまう。パリのエルメス店内で堂々と赤子のおむつを変えた日本人がいたそうだ。

やはりフランスの女性のように場所をわきまえて赤子をよそにあずけて外出の配慮をすべきだと思う。

7．託児所・学校

赤子のあずけ先が出たところで、働く婦人にとって託児所がどのように充実しているか見てみよう。託児所は大体小学校に付属している。小学校は九時からだが託児所は朝六時から開いていて、「遊びルーム」で遊ばせてくれる。小学校は十六時十五分に終わるが、託児所は十八時まであずかってくれる。小学校の休みは学校によって異なり、日曜はもちろん休みだが、その他に水曜休みで土曜午後休み。または水・土も休み。または、水曜は休みではなく土曜休みの三形態がある。両親が働いているケースが多いので、土日休校のほうが好まれるようである。

託児所は、〝クレッシュ〟（キリスト生誕の馬槽と同じ意）と言い非常に充実しているから、実家の母や姑が孫をあずかる必要はない。

また夜勤が多い等の親のためには寄宿舎制度の学校があるので、そこへ子供をあずけて、土・日だけ自宅で過ごす、ということもできる。親中心に託児所は機能している。この点は、日本は後進国の部類であろうか。しかし、昨今は子供が三人いて、その託児所代金が高いので、仕事をやめて子育てに専任しているという女性もいるようだ。

8. 政府補助金

フランスの出生率は一・九％を下らない（日本は一・二％）。しかし人口を減らさぬために二・一％まで高める必要がある。ひと昔前には第四子を産むと補助金が出たが、現在は三人目からもらえ、未婚の母の場合は二人目を産んだ時点で給付される。産まれた時にまず二〇〇〜三〇〇ユーロ（¥三五、〇〇〇）が与えられ、その後は三歳になるまで三年間毎月一〇〇ユーロ（¥一四、〇〇〇）給付される。その上、生活困窮者に対しては、妊娠五カ月目から毎月一五〇ユーロ（¥二一、〇〇〇）与えられる。三人目の子より育児休業期間は三年、補助金は最高で一ヵ月五一二ユーロ（¥七一、〇〇〇）である。*

何故これほどまでして子供を産んでもらいたいのだろう。フランスで産めば赤子にはフランスの国籍が与えられる。フランス人に子供を産んでもらいたいからこそ、このような法律を作ったのに、相変わらず白人は子供を産もうとせず、せっせと産んでいるのはフランスに住むフランスの旧植民地の国々の人々ばかりである。それでもフランスの人口を増加させねばならないのだ。

そして子供が三人いれば、母親は十五年間だけ働けば年金がつく。従ってきっちり十五年働いて退職する女性が多い。

国の補償如何によって女性の生き方も変わってくることを、どう受けとめればよいのであろうか。日本もいずれこういう問題に直面するだろうが、産むのは女性である以上、産み育てやすい環境と、産んでも働ける状況を作っておくのが国の責務であろう。

＊これが二〇〇六年七月からは休業期間を一年にすれば補助金は七五〇ユーロ（¥一〇五、〇〇〇）と五〇％増となる。

9．進学塾

産み育てたはよいが、有名校に進学しないと社会に出て落ちこぼれる——という日本の現況では、母親はおちおち働いてはいられない。自分の趣味を生かす生活をしてもいられない。子供のお尻を叩いて塾通いをさせなければならないとは、日本の子供も母親もかわいそうである。そこへゆくとフランスはどうか。塾というものはない。高校の勉強を学校だけでしっかりやっていれば大学入学資格試験（バカロレア）は受かる。そうすれば自動的に大学に入学できる。大学は国立だけで私立はない。ただし「グランゼコール」(高等専門学校)に入ろうと思えば、それは大変に難しい。これとて塾はない。ただ入りたい専門学校付属の二年間の「大学予備門」とも言うべきコースがあり、そこに通うこととなる。

本人が受験のための予備校に通うだけで、親がよい予備校探しをして高い月謝を出して——ということはない。十八歳になれば完全に親から独立である。幼稚園・小中学校で教育ママがやっきとなる日本の場合と違って、親は勉強以外の躾を子供にあたえることができるし、親の負担も軽いことを思えば、日本の事情は、やはり異常ではなかろうか。

10. 嫁・姑

何世紀も昔から嫁・姑はうまくゆかないということはよくわかっているので、フランスでは決して同居はしない。その代わり日曜日には必ず姑の家へお花やお菓子を持ってご機嫌うかがいに行く。この風習は変わらない。週末はともかく父母や義父母の家に行くことになっているようである。

嫁・姑はフランス語では belle mère, belle fille 即ち美しい母・よい娘である。呼び名が美しく情がある。

日本語はどうか、姑は女偏に古い、古くなった女、嫁は家についた女、これでは漢字を見ただけで関係がぎすぎすする。日本語も少し漢字を変えて情愛を感じられるようにすると、内容も好転するというものである。

11．結論

私が申し上げたいことは二点ある。先ず日本の会社には社宅というものがあり、安く生活ができるので入居する人も多い。そうすると夫の上役の妻は、やはり上役になってしまうらしい。フランスには社宅という制度はないが、もしあったとしても妻が決して入居したがらないであろう。自己の確立ができにくくなってしまうから。フランスの女性は、個人の生活を破壊するものに対して、また自己の存在・確立を邪魔するものに対しては、全身全霊で闘うのである。

日本人の女性はわりと事なかれ主義である。いい子でいたい、発言を差し控える、ということをする。それは自分を大切にしていることにはならない。

もう一点は日本の女性は強い——ということである。日本女性は虐げられてきた、というが決して虐げられてはいない。それは家計を握っているからである。三歩下がって夫の影を踏まずというのは表面のことで、裏では経済という実権を握っている。フランス人は、夫婦共に働いている場合は、住居費、食費等共通部門はお互いに出し合い、残りは各自のものとしている。妻が働いていない場合はすべて夫が家計を握り、妻には必要な分だけ渡しているケースが多い。日本人はどうか、夫婦共に働いていても、妻が働いていなくても妻が大蔵大臣をやっているのではないか。これは実に大切なことである。この実権を離さないようにすることが、まだまだ女性の地位の低い国にあっては、自己の確立に最も大切な基本であるということを結論として、私の体験を踏まえた「日・仏女性の生き方の違い」を終えたい。

三田キャンパス・図書館新館

図書館と共に歩んだ半世紀

今　まど子

こん　まどこ　中央大学名誉教授。昭和三十一年慶應義塾大学文学部図書館学科卒業。イリノイ大学図書館学修士課程終了（MS in LS）、慶應義塾大学文学部図書館学科図書室、東京大学アメリカ研究資料センターに勤務。独協大学教養部助教授を経て同大学教授、同五十六年中央大学文学部教授に就任、平成十四年同大学を定年退職し名誉教授、現在に至る。著書に『図書館学基礎資料』、『日本占領と図書館』他論文多数。

図書館学と出会う

私は昭和七年（一九三二年）三月に生まれました。五月に生まれるはずだったのですが、八カ月で生まれてしまいました。いわゆる八月児ですからとっても小さかったそうです。父の親友で評論家の小林秀雄さんが、「今ちゃんの所に子どもが出来たそうだから見に行こう」と言って日赤に見に来てくださって、一目見るなり、「こりゃダメだ。死ぬよ。今ちゃん、名前はつけるなよ。心に残るからな」と言われたそうです。そのくらい小さかったのでしょう。

私が二十歳になった時、小林さんは、「まど子、お前の結婚の時はおじさんが仲人をしてやるよ。お前は死ぬ、と言っちゃったからな。生きると思わなかったよ。」せっかくのお言葉でしたが、お仲人が先に決まったのでは順序が逆です。決まるべき人が先に決まるべきで、能の「蟬丸」ではないけれど、逆ではどうもいけなかったようで、私は未だに独身です。

さて、昭和二十四年（一九四九年）に高校生になった時、占領軍の教育改革が進んでいて、新制大学が発足したのです。男女共学になったのです。女の子も大学へ行けるようになったのです！　なんだか目の前がパーッと広がったような気がしました。「私、大学にいくわ！」と心に決めました。「大学に行きたい」のじゃなくて「行くわ」なのです。それまでの教育では小学校だけが共学でしたが、それから先に、男子は中学校、高校、大学と、行こうと思えば進学することができましたが、女子は女学校五年だけでした。学校の先生になるとか医者になる人は、それから二、三年女子の専門学校で勉強しましたが、一般的に女子は女学校だけで、それも良妻賢母の教育でしたから、男子とはカリキュラムが異なっていました。これからは男子も女子も同じカリキュラムで勉強できるのです。

でも、まだ女が高等教育をうけるということに社会の理解は薄く、家に見えるお客様や父のお友だちは、「女の子が大学へ行く？　ぜいたくだ。生意気だ」と大反対。中には「長塚節の『土』を読んでみろ」とおっしゃる方があって、すぐに買ってきて読みました。そのころの私には、『土』に回答があるとは思えませんでした。

幸いなことに父は、「お前、大学に行けよ。今なら月謝を出してやれるから」といってくれました。母も賛成でした。勇んで受験勉強を始めましたが、湘南白百合学園はミッション系の女学校でしたから、まだ受験体制は出来ていませんでした。シスターや先生方と話し合って受験組と一般組とにクラス分けするなど、そんなことから始めなければならない時代でした。

受験勉強を始めたものの、大学で何を勉強するのか？　卒業したらどうするのか？　という壁にぶつかってしまいました。私は中学・高校を通して英語が好きでしたから、英文科へ進もうかなと思ったのですが、そうすれば英文学を勉強することになるわけですね。文学を勉強するということがよく分かりませんでした。父は作家でしたし、我が家へ見えるお客さまは作家か評論家、編集者の方々です。文学は自分で作るものと思っていましたので、イギリスの文学を勉強することが実感として分かりませんでしたし、私自身文学少女ではありませんでした。それとも英語の勉強をして将来英語の先生になる？　これもピンときませんでした。セーラー服におさげをぶらぶらさせて、毎日毎日ずいぶん悩みました。

そんなある日、母が、「慶應大学に図書館のことを勉強する学科ができるらしいわよ。なんでもアメリカ式にやるそうよ。」という情報をもたらしてくれました。

「これだっ！　私がやるのは」と一瞬にして閃いたのです。図書館には行ったこともないし、アメリカ式がなんだか分かりませんでしたが、図書館のことを勉強しようと心が決まりました。卒業しても図書館で働けるじゃないの。それに女性に向いているように思えました。これだ、これだ。迷いは吹っ切れました。

幸い慶應に入学できました。一年生の時は日吉のカマボコ兵舎で一般教育の授業を受け、二年のときは三田で英文科に入りました。図書館学科は三年からしか入れなかったからです。図書館学科では先生は皆アメリカ人で、授業は通訳付きで英語で行われていました。テキストなどあろうはずもなく、配られるプリントは英語と日本語で書いてあるのです。宿題は日本語で書くのですが、これを事務室の職員が翻訳して先生が読むという二重の作業の上に授業が成り立っていました。ほとんど毎時間ドリルと称する小試験があり、宿題は山のように出されるので、講義中心の授業に慣れていた私は息切れしそうでした。これがアメリカ式だったのかとやっと認識した次第でした。

慶應に図書館学科が開設された当時は占領中で、資金は占領軍を通して米国政府から出ていましたので、Japan Library School（JLS）、日本図書館学校という名称でした。主任教授も教授たちもアメリカ人だったのです。主任教授はギトラー（Robert L. Gitler）先生で、オリエンテーションの時間に、“Right Book to the Right Person”——日本語にしてみれば、「求める人に求める本を」という意味ですが、これが図書館の在りようだと言われたのです。図書館には誰がいつ、何の本を求めて来るかわからないが、誰がいつ来てもどんな本を要求しても、提供できるように用意しておくのだというわけです。これは面白い、私が図書館学科を選んだのは間違っていなかった。こういう図書館をつくろうと思ったものでした。

私が入学した昭和二十七年（一九五二年）四月に占領が終結し、占領軍が引き上げてしまいましたから、図書館学校の資金も打ち切りになったのですが、ギトラー主任教授の尽力でロックフェラー財団から五年分のファンドを得ることができて、私たちは続けて教育を受けることができました。

ＪＬＳでの授業は、図書館の蔵書をどのようにして構築するか、地域の要望、出版状況などとの関わりで本を集めていく方法や、図書館に入ってきた本をどのように分類しカード目録を作るかでした。また子どもへのサービスとしてストーリー・テリングの方法や読み聞かせ、学校図書館のあり方や図書館に寄せられる質問に、辞書や百科事典、統計書等を使って答えていくレファレンス・サービスという授業もあり、今までにない内容でした。卒論はありませんでしたが、二週間の実習があり、私は横浜野毛山の市立図書館に行くことになりました。まだ閉架式でしたし、レファレンスはありませんでした。児童室はあって数人の子どもが来ていました。漢字の多い古い本や旧漢字の本もあったせいか、子どもたちが入れ替わり立ち替わり漢字の読み方を聞きに来るので、〝図書館のお姉さん〟は閉口した覚えがあります。

慶應大学を卒業して、六本木の国際文化会館の図書室に就職しました。小さい図書室でしたが、ライブラリアンはアメリカで勉強し、実務経験もある福田さんという女性でした。開架式でデューイの十進分類法によって本が書架に並べられていました。福田さんはレファレンス・サービスはお手のものでしたから、大学で習ったことが実際に行われているのを見聞きすることができました。二年たった時、福田さんにアメリカ行きを薦められ二つ返事で行かして頂きました。

アメリカで学んだこと

行った先はイリノイ大学の図書館学修士課程でした。アメリカ式の本場ですから、大量の宿題をこなすので、八時間寝られた夜は二年間で十日もなかったほどでした。講義による授業はほとんどありません。その代わりリーディング・アサインメントと言って、科目ごとに毎週読んでおく論文や本の部分が指定されていて、読んだことを前提に授業が行われるので、英語にハンディキャップのある私はリーディング・リストに追いかけられる日々でした。また、クラスをグループに分けそれぞれテーマを決めて、ガラス・ケースに関係する図書の展示をするとか、図書館報を作るとか、文献目録を編纂するといった宿題がでるので、授業時間以外が忙しいのです。

ある日、大学のテレビ局を見学に行きましたが、番組は大学院生を中心に制作も脚本も演出も出演もみな院生や学生がやっていて、家で観ることができるのです。このような実務的な授業でしたから、日本へ帰ってきて実際に仕事に就いても、こうしてみたらどうか、ああしてみようかといろいろなアイディアが沸いてきて、アメリカの大学の授業の在り方、その有効性に後になって気がつきました。大学院で学んできたことが現場で即役に立つのですね。

また、イリノイ大学の図書館は当時で五百万冊の蔵書がありましたし、図書にしても雑誌にしても索引がよくそろっていましたから、論文を書く時に読みたい本、調べたい雑誌で、ないものがないのです。どんどん網羅的に読めるし書けるのですから、勉強というか研究が、面白くて楽しくてしようがないのです。それまで勉強なんて面白いと思ったことはありませんでしたが、そうではないのです。これはアメリカで得た大きな収穫の一つです。

昭和三十五年（一九六〇年）六月に日本に帰ってきましたが、当時の企業は高卒の女性しか採用していませんでした。女性に責任ある仕事をさせるなんて考えられなかったのです。女性でその上アメリカの大学院を出たのでは、全く正規の採用はありませんでした。

九月に東大の宗教学の岸本英雄教授が図書館長になり、ロックフェラー財団から援助を得て図書館の改善を始めるにあたり、現状の調査をする臨時調査室が設けられ、そこの臨時調査員に採用されました。ハーバード大学図書館長のメトカフ（Keyes D. Metcalf）博士が招聘され、東大図書館についてさまざまな面でアドヴァイスされました。図書館の内部改装の案は、とても日本人の思いつかないものでしたから、私は興奮してワクワクしながら通訳を務めました。歴代総長の写真が飾ってある記念室をレファレンス・ルームに、もう一つの記念室を雑誌室に、壁に穴を開けて書庫から直接本を貸し出せるカウンターを設置するなど、大学側が受け入れるかしらと心配したような案でした。

学部学生は図書館サービスの対象外でしたが、学生への図書の貸出しなども次第に実施されました。私たちの調査で分かったのですが、研究室図書室には、カード目録のできていないところもあり、カード目録はあってもカードのサイズも大小ありましたから、全部一枚一枚写真にとってアメリカに送り、標準サイズのカードに現像、焼付けをして送り返してもらい、カットしてカードケースにファイルするという気の遠くなるような作業が行われました。十年以上の歳月がかかったと思いますが、付属図書館に全学の図書の総合目録ができて、総合図書館の位置づけ、学部図書館との関係などが見えてきたのです。

東大にはまだ学部図書館はなく、学部の中の専攻ごとに研究室図書室があり、専攻が違えば隣接した図書室の利用もできなかったのですが、医学部、農学部、薬学部等々の学部図書館も新設され、小さい研究室図書室の資料が統合されていきました。十数年後には古い大学図書館や次々に新設されてきた新制大学図書館のモデルになったのです。

私自身は、基礎調査が終わった段階で、慶應の図書館学科の図書室の司書になりました。塾の図書館はまだ閉架式で学生に貸出しもしていませんでした。正面玄関から入館できるのは教授だけという時代でした。しばらくして、閲覧室に安全開架ができました。貸出しカウンターの脇に書架が置かれ、書架の裏側に粗い金網が張ってある。金網を通して図書の背文字が見えるので、利用者は金網に指を突っ込んで本の背を押すと、反対側に本が出っ張るでしょう。内側にいる図書館員が本を引っ張り出して、横のカウンターから貸してくれるのです。もちろん閲覧だけでした。それでも開架への一歩でした。

五号館の中にあった図書館学科は西校舎へ移転し、赤レンガの図書館に中から図書室も移転しました。ワンルームの図書室でしたが、開架で貸出しもしていました。児童書、雑誌、レファレンス・ブック、リザーヴ・ブックなどのコーナーを設け、学生が利用し易いように設計しました。

二年ほどして、四谷の北里記念医学図書館に異動になりました。ちょうど東京オリンピックの時で、屋上に上がって聖火がともる瞬間を目に収めました。医学や理工学の分野は図書ではなく雑誌が図書館で所蔵する資料なのです。Index Medicus というアメリカで出ている雑誌論文索引を検索して、お医者さんに文献情報サービスをまだ手作業で行っていました。ＳＤＩサービス、ＩＬＬ（図書館間相互貸借）など、他の大学図書館では貸出しさえしていない時にこのようなサービスをしていたのです。

アメリカの国立医学図書館（National Library of Medicine）では Index Medicus の作成にコンピューターを導入して編纂することを始めていました。その情報を日本の医学図書館界に知らせる MEDLARS Newsletter を発行する仕事をしました。コンピューターやデータベースという意味が具体的に分からないので苦労しましたが、後年教えるようになった時に、一歩先んじた情報を学生に知ってもらうことができて有意義でした。

昭和四十二年（一九六七年）に東大駒場キャンパスに、アメリカ政治学の先駆者高木八尺博士が遺された蔵書約五千冊を基に、アメリカ研究資料センターを開設する仕事にお声がかかりました。蔵書はほとんどがアメリカの出版物でしたから、アメリカ議会図書館の既製の印刷カードを購入することを思いつき、洋書輸入業者の方に相談したところ実現しました。注文してしばらくするとどんどんカードが到着し、面白いほど本の整理が捗りました。議会図書館がカードを作りアメリカ中の図書館がそのコピーを実費で購入できれば、業務の省エネになり標準化にもなるわけです。日本で議会図書館の印刷カードを購入していた図書館はまだ耳にしたことがありませんでした。

司書養成と図書館学教育に携わって

二年経っても約束どおり専任の職員にしてもらえず悩んでいる時、獨協大学から司書課程を新設したいから教えないかとのお話がありました。アメリカで取ってきた修士号が生きるよとの殺し文句で、昭和四十四年（一九六九年）四月から思いがけず教職に就くことになりました。ところが、大学はゲバの真っ最中、赤やら黒やらのヘルメットの若者に大学は攪乱されていました。

獨協医科大学が姉妹校として栃木の〝おもちゃのまち〟に創設されることになり、その図書館を開設する仕事を任されました。開架式でお医者さんにも学生にも貸出しをする図書館の図面も描き、医学の専門書はアメリカの国立医学図書館の方式で整理しました。授業が終ってから図書館の地下室で八時まで本を整理しました。家に帰って十時から十二時まで下調べをして、翌日の授業に備えました。若かったからできたのと、図書館の実務に携わっていられることがうれしくて続いたのでしょう。一九七三年に医科大とその図書館が開館し、感謝状をいただきました。

中央大学は多摩への移転を終え、学生の要望も強くなってきたので、司書課程を開設したいから来ないかとのお話をいただき、昭和五十六年（一九八一年）四月に中央大学文学部へ移りました。十年間はどこの専攻にも所属せず、たった一人で司書課程を教えていました。友だちもいないし、女性の教員は三人しかいないし、これからどうしようかなと思っているとき、文学部の改組があって、哲学科の中にあった社会学と教育・心理学が独立してそれぞれ学科になりました。

司書課程の一九単位では司書養成のレベルが低すぎて、世界の司書に太刀打ちできないから、何とかレベルアップをしたいというのが私の念願でした。社会学科の中に図書館情報学専修が置かれることになり、ここで司書課程が学部レベルで専攻になったのです。日本で五番目でした。一年おいて大学院も置かれ、修士、博士課程も加えられ、日本では四番目の図書館情報学の大学院でした。平成十四年（二〇〇二年）三月に定年になったときは、中央大学と文学部の同僚への感謝で、気持ちのよい引退でした。

図書館員の総合的な団体として日本図書館協会（Japan Library Association）があるのですが、現在は約八千人の会員がいます。協会の中に図書館学教育部会があり、図書館学を教える、あるいは司書課程で司書養成に携わる教員の部会です。私も教員になったので教育部会のメンバーに加わり、幹事となり、昭和六十二年（一九八七年）から部会長を務めました。毎年の総会、研究集会、大会などに参加してきましたが、欧米のように社会にプロフェッショナリズムの概念のないわが国で、司書をプロフェッショナルのレベルに上げることはほとんど不可能な状況でした。司書をせめて司書課程、大学で図書館学を専攻した人、大学院で勉強した人と養成のレベルで三段階にランキングする案も平等主義の壁に阻まれてきました。図書館法の中で国庫補助を受ける公共図書館の館長は司書の資格を必要としたのですが、規制緩和でその必要がなくなり、どこの部局からでも異動が可能となり、またプロへの枠がゆるんでしまいました。

国際交流とＩＦＬＡ東京大会を開催して

昭和五十二年（一九七七年）の秋に、図書館協会に女性の委員長が一人もいないからと私を国際交流委員長に推薦して下さった方があって、翌年の総会で承認されました。当時、渉外委員会と称され委員長は空席になっていました。ＩＦＬＡ（International Federation of Library Associations and Institutions）という図書館協会の国際団体があり、日本図書館協会が加盟していたので、翌昭和五十三年九月に私は毎年各国で開催されるＩＦＬＡ大会に代表で出席しました。日本からは私一人で、外国の図書館界に日本のことは何も知られていないし、逆に日本の図書館界にもＩＦＬＡのことは知られていない有様でした。「日本に公共図書館はあるの？」という質問を受けたことでもお分かりでしょう。

渉外委員会から国際交流委員会に名称を変更しましたが、これでは国際交流どころではありません。これは大変だと、翌年からＩＦＬＡ参加団を募って団体で参加しはじめました。その効果があり過ぎて、日本でもＩＦＬＡ大会を開催するようにと本部から依頼があり、一九八〇年アジアで初めて催されたマニラ（フィリピン）での大会で、一九八六年に東京で開催することを慶應大学の浜田敏郎教授が公表し、大喝采でした。それからが東京大会準備のため大忙しになりました。前にも申しましたが、個人的には昭和五十六年（一九八一年）四月に獨協大学から中央大学に移ったこともあって、授業との両立はかなり忙しくストレスの多い日々でした。

昭和六十一年（一九八六年）九月にＩＦＬＡ東京大会を青山学院大学で開催しました。内外の参加者二千人を集めて開かれた、日本で初の図書館員の国際会議でした。国立劇場での開会式には皇太子ご夫妻（今上天皇と皇后さま）の行啓をいただいたこともありました。それまで日本からの発表者はあっても一、二名しかありませんでしたが、ＩＦＬＡの組織に合わせて日本側の組織を作り、東京大会では三十名ぐらいの発表者が出るように段取りをしました。忙しくはありましたが、振り返ってみるとこの六年間は私にとってもっとも力がみなぎった時期だったと思い出されます。

他には東京都、八王子市、草加市（埼玉県）、多摩市で図書館協議委員をいずれも長期にわたって務めました。今は自由の身で、東京都図書館協会（ＴＬＡ）副会長と、非常勤ですが石川文化事業財団御茶ノ水図書館（主婦の友社の創業者石川武美の設置した財団）の理事長をしておりましたが、それらの仕事の任期も満了となりました。

慶應義塾大学で図書館学を勉強しようと思い立って半世紀、図書館と関わってきた人生でした。長々と私の話を聞いてくださりありがとうございました。

三田キャンパス・幻の門

赤十字の福祉活動一筋に

喜谷昌代

きだに　まさよ　英国赤十字本社終生会員。昭和三十年慶應義塾文学部に入学（後に西洋史学科）。同三十三年日本航空に入社。同三十九年日本赤十字社に移り、現在に至る。ベトナム、タイ、英国赤十字香港支部、ドイツ、英国の各赤十字に属する。同五十七年日本赤十字社金色有功章、平成四年英国赤十字社名誉メダルおよび終生社員章、同十三年外務大臣賞、同十九年　Asian Women Achievement Award等を受ける。

私は皆様方にお話できるような立派な仕事をやってきたわけではありませんが、これまでの四十三年間のボランティア生活の一端をお話しして、何故こんなに長い間ボランティアを続けてきたかをお分かりいただけましたら大変うれしく存じます。

自分の体内のエネルギーをできるだけ費やし、長い間続けてまいりましたこのボランティアの仕事とは？　毎日の生活の中で私がいつも心に持っていたことは、日本の〝松、竹、梅〟のことでした。松は一年中青々として元気強く、地にしっかりと根をおろしていますね。竹はまっすぐ天に伸びていて、まっすぐな心、迷わない心を思わせます。梅は春よろこびの先がけ、梅の花のように優しく、謙遜な心をいつも持っていたい、この三つのことでございました。

私は今年七十二歳になります。短くも長くも感じたこの七十二年、この歳月に私が体験したことを今少し皆様と御一緒に振り返ってみたいと思います。そしてこれから後、何年生きられるか分かりませんが、これまでに体験したことを心の「糧」として、少しでも周囲の方々のお役に立つ日々を過ごして行ければと望んでおります。

1

私は、慶應義塾と深い関係にある家に生まれました。と申しますのは母方の祖父・加藤政之助は明治二十八年（一八九五年）塾卒、福澤先生の直弟子でございました。父・飯塚茂も大正三年法学部卒、というより柔道部卒と申し上げたほうがよいような柔道七段の暴れ者。またたくさんの伯父、叔父や従兄弟たちも塾のお世話になっていました。そんなわけで、私は子供のころから聖心という学校に通っておりましたが、慶應は半分自分の学校のように思っておりました。それで高校を終えると塾を受験、塾生になりました。

最初のボランティアとの出会いは塾入学の後間もなく、先輩方に大田区久が原にありました孤児院に連れて行っていただいた時でした。ここで両親とも別れ小さい自分たちだけで一生懸命生きようとしている子供たちに会うたびに、私の中にある〝愛〟を何とかしてこの子たちのために使えないかと思うようになりました。この思いが少しずつ育ち、ただ今も行っております、障害を持つ、あるいは難病に苦しむ子供たち、若者たちのプロジェクト〝MOMIJI〟（もみじ）につながっているのだと思います。〝MOMIJI〟につきましては後ほどくわしくお話しいたします。

昭和三十四年（一九五九年）、塾を経て日本航空に客室乗務員として入社いたしました。それは私の父が昭和二十年、第二次大戦の最後の年に、フィリピンで連合軍の飛行機に落とされ亡くなっておりましたので、何とかして自分も飛行機に乗って、父が亡くなった空を飛びたいと考えたからです。初めてフィリピンの上空を飛んだときには、飛行機の外側に折紙で折った鶴を貼り付け、父の亡くなったところへ飛んでいけ！　との願いを込めたことを今も覚えております。

そのころの飛行機は今のものとは大きな違いがありました。もちろんプロペラ機で、例えば今は五時間あまりで飛んで行けるハワイまで十八時間もかかりました。飛行機の中には私たち乗務員が座る椅子もなく、二交代で休むときには段ボール箱を床に敷いて、その上で眠りました。

まもなく日本航空が Air France との共同運航を始め、ヨーロッパ線が導入されました。

私は第二外国語にフランス語をとったばかりに、Air France にたった一人の日本人乗員として乗せられ、さびしい思いをいたしました。この東京—パリ線の度重なる往復の間に、パリの日本航空の事務所開設に加わっていた喜谷と親しくなり、飛ぶことを止め結婚しました。その後三年ほどパリに住み、長女が生まれ、昭和三十九年（一九六四年）、東京オリンピックの途中で日本に帰ってまいりました。このときが赤十字のボランティアとしての始まりになります。

2

東京オリンピックの時はコンパニオンにたくさんのお手当てが出ましたが、パラリンピックには予算がつかず、お手伝いは皆ボランティアでいたしました。ちょうどそのときパリから帰っておりました私のところに、聖心時代に二年先輩でいらっしゃった今の皇后さま、当時日本赤十字の名誉副総裁になっておられた美智子妃殿下から御連絡があり、「あなた、赤十字で働いてみたらどう？」とのことでした。

聖心時代に皇后さまは、私の父の死や、海外で長く仕事をしていた父の持ち物すべてを、国の戦争賠償として連合軍に納め、無一物になった母の苦労などを御覧になっていられたので、このお勧めは皇后さまのお考えだったようです。皇后さまは日本赤十字の当時の青少年課長、橋本裕子さんを御紹介くださいました。

赤十字本社に橋本さんをお訪ねすると、「あなたが本心からボランティアになりたいのなら、自分の培ってきたもの、自分の時間、エネルギーを、ケアする人のために喜んで提供できますか」と聞かれ、「はい」とお答えすると、「それでは今すぐに語学の試験をします」と言われ、恐ろしさで震え出した私を尻目に、さっさと試験用紙を渡されました。幸い青少年課は人手の足りないときでしたので、無事採っていただきました。

最初の仕事は、パラリンピックで集まったボランティアたちが作った「語学奉仕団」の中での仕事でした。それは盲学校や養護学校、障害者の働く工場に行き、英語などの語学を学んでもらうお手伝いをすること、国際セミナーの通訳をする、色々な書類や手紙の翻訳をする、他の国の子供たちが作って送ってくれ、日本のものと交換するアルバムに訳をつけるなどが主な仕事でした。

二年ほど日赤におり、昭和四十二年秋にベトナムに転勤になりました。当時のベトナムの首都サイゴンに着任して二ヵ月ほどたった旧正月の朝、いきなり大きな爆竹がはじけるような音が四方から聞こえてまいりました。「ああ、旧正月だからだ」と思っておりましたら、いきなりアメリカ軍のヘリコプターから大音量で、「戦争がはじまった。みんな家に籠もりなさい。庭にも出てはいけない！」との命令が聞こえて来てびっくりいたしました。

そのころ家には三歳の長女と生後六ヵ月の次女がおりました。まったく予想しなかった出来事のため食料の貯えもなく、気温四十度の中、電気は始終切られ、水はひどく汚染され始め、日夜を問わずロケット砲の音が響き渡り、ビルというビルの窓には銃を持った兵士が並び、道の至るところに土嚢がうずたかく積まれ、道のあちこちに鉄条網が巻かれるなど、一日にして町中が戦場になってしまいました。

十日の間家からはまったく出られず、子供たちは汚れた水のためお腹をひどく悪くし、高い熱を出し、夜は着の身着のまま救急袋とともに階段の下に退避しながらうとうとする日が続きました。その間東京の日赤からは、サイゴンにあるアンプピー・センターという手足を戦いで亡くした人たちが収容されているセンターに行き、状況を知らせるようにとの指令が届いておりました。アンプピー・センターはあるお寺の境内に設置されており、そこには瀕死の兵士たちがうごめいておりました。これを「生き地獄」とでもいうのでしょうか？　外出禁止令はまだ出たままでしたが、赤十字のユニフォームを身につけ、このセンターで夢中になって救急看護のお手伝いをいたしました。

十日後には一時間ずつの外出が許されましたが、食料を得ることはとても困難で、最初に買ったものは、もうずっと前にレストランでお客が食べ残したパンの切れ端を袋に詰めたもので、それを目の玉が飛び出るほどの値段でも買わなければなりませんでした。四十度の暑さの中、ごみの収集は一ヵ月もなく、小さなお魚が一匹買えたときなどは、まな板にのせたお魚が見えなくなるほどのハエがたかりました。

人的、経済的犠牲を多く払っているアメリカ軍でしたが、戦況はアメリカ軍劣勢に傾いていきました。そこで日本政府も在留邦人の帰国命令を出し、飛行機を送ってまいりました。私たちは職種柄最後の日本人家族としてタイのバンコックに避難いたしました。タイには約八ヵ月おり、その間にはタイ人の盲人施設でお手伝いをしました。

その後日本に帰り、再び日赤の語学奉仕団に属しました。このときは「こんにちは70」というアジア、パンパシフィックの青少年のためのセミナーが東京で開催されました。私は、シンガポールから来たサリドマイド児、シーチャーという十四歳の男子の受け持ちでした。肩からすぐに細い小さな手を持つだけのシーチャーは、書くことを始めすべてのことを、足の指だけでそれはそれは上手に行うので、本当にびっくりいたしました。

彼は母親がサリドマイドを使ったため、生まれたときにもう腕がありませんでした。それを見て母親はびっくり仰天、すぐにシンガポール赤十字の玄関前に捨ててしまったのです。

以来シーチャーは赤十字の子供として育てられました。幸い、育つにつれ非常に知能程度が高いことが分かり、後に大学まで進みます。

セミナーでは、彼の係りの私が百人以上の聴衆に彼を紹介し、彼が手がけてきたリサーチについての説明をしなければなりません。ちょうど運の悪いことに娘たち二人ともが水疱瘡にかかっていました。それでもセミナーのある御殿場まで行き責任を果たさなければなりません。二人を車に乗せ会場に行き、説明している間は車の中になだめて置いておき、何とか急場をしのぎました。これは決してしてはいけないことでしたが……。

シーチャーは今では立派な政府のお役人となって働いているそうです。

語学奉仕団当時の生徒たちとも今でも交流があり、私が日本に行くときは会いに来てくれたり、困ったこと悲しいことのある人たちは、英国まで電話をかけてきたりします。もう三十年以上の付き合いになりますが、この人たちは私の宝だと思っております。

次の転勤先は香港でした。ここでも、香港ならではのいくつかの経験をいたしました。

まずは、青少年赤十字の子供たちを連れ、「海上生活」をしていた難民たちが地上で生活を始めている難民居住地へ、清掃指導に出かけました。海上生活者たちは海の上に浮かべた船で生活しているのですから、何かいらないものが出ると（例えば空き缶、空き瓶、紙くず）、何でも海に投げ捨てて生きてきました。それで陸に上がってからも何でも窓から捨てる癖が直らないので、高いアパートの上の階から、ありとあらゆるものが降ってきます。これでは危険でもあり不衛生でもあるので、これを止めさせ、正しい方法で清掃してもらうよう指導することでした。みな背中に大きな籠を背負って竹箒を持って汗だくだくになって働きました。

九龍側の町のはずれには、Princess Alexandra school という障害児のための寄宿学校がありました。全部で百人はいたと思われる大きな学校でした。私はそこへ週に二回は行き、子供たちとすっかり友だちになりました。週末には帰る家のない子供たちを私の家につれて帰り、私たちの子供たちと一緒に泊ってもらい、週末を共に過ごすこともしばしばでした。娘たちは自分より背の高い車椅子をうんうん言いながら押すことも、障害のある子供たちと分け隔てなく遊ぶことも覚えたようです。

香港赤十字本社の二階では、週に一回各国の外交団夫人たちが集まり、香港内の病院で使われるガーゼと綿のボールを作る手作業が行われていました。そこへ日本の奥様方が参加すると、なんと完成品の山は、見る間に大きくでき、他の国の方々をはるかに抜いてしまいました。そこで赤十字の職員は、日本の婦人方がこんなに早く上手にしてくれるのならばこの仕事は日本グループに任せ、他の国の方々には他のことをしてもらいましょうということになり、これは日本婦人の仕事になりました。なんとこの仕事が四十年近くたった今でも香港赤十字で続いているということを、最近香港から見えた方からうかがい、驚くとともに大変うれしく思いました。

私のように方々の国を移り住んでいる者にとっては、赤十字は大変便利なところで、どの国の赤十字も大体同じようなことをしております。ですから新しい国に着任するとすぐに翌日からでも仕事がもらえます。ただドイツのベルリンの場合は違った難しさがありました。私はドイツ語が全く話せませんでした。ベルリンについて間もなく、ドイツ赤十字のベルリン支部へ参りました。「お前さんはドイツ語ができるのか?」という問いに、「いいえできません」と答えますと、「ここはベルリン、英語を使う国際業務はすべてボンの本社で処理するのでここには回ってこない。もしもここでボランティアをしたいならばすぐに語学学校へ行き、勉強して三つの試験を受けてきなさい」と、ドイツ人特有のガンとした態度で言われてしまいました。

これではしかたがないと思い、翌日からとにかく教えられた語学学校へ行くことにしました。この学校は家から約一時間かかるベルリンの中心地にありました。まず教室に入ると黒板に“RAUCHEN VERBOTEN”と書いてあるのが目に入ります。いったい何のことでしょう。後で分かったのですが、それは「禁煙」ということでした。

寒い冬には気温が零下四〇度にまで下がり、この年は特に雪の多い年でした。どんなに寒くてもただただ言葉をおぼえなくてはと、電車の中はもちろん、家に帰ってからも台所、お風呂場、寝室、道を歩いているときも必死で努力しましたが、このとき私はすでに四十歳、同じクラスの若いイラン人、トルコ人、フランス人、メキシコ人、ブラジル人などの記憶力とはとても太刀打ちできるものではありませんでした。

それでも一年半後にはどうにか三つの試験に合格し、赤十字に提出してボランティアになる許可をもらいました。ベルリンでの七年間は、本当に一生懸命に毎日毎日働きました。その仕事は若い障害者の独立グループ生活の支援、老人ホームでの手伝いや外出の付き添い、精神病院訪問、アルコール中毒者の家庭訪問などなど色々ありましたが、中でも特にお話ししたいことが二つあります。

そのひとつは刑務所の保護師になったことでした。最初この仕事をやってみないかと言われたときは、とても無理だと思いました。それでもよく考えてみると私にとってまたとない貴重な機会、やってみることに決めました。私は誰も訪問してくれる人のいない二十一歳の男子服役者をあたえられました。最初は経験のあるベテランのボランティアがついてきてくれました。

まず私自身も丁寧に調べられ、身元を保証するパスポートも預けさせられました。そして

六、七箇所の検問所を通り庭に出ます。この刑務所は約一〇〇〇人の男子ばかりが入っている所で、庭に出るとあちこちに、いかにも服役者と見える人たちがたむろしています。それを見ただけで体が硬くなりました。そこからは看守が付き添い、また五箇所の大きな鉄の扉を通ります。その鉄の扉を開けるたびに、看守の持っている大きな鍵の束がグルグルと回り、その度にガシャンガシャンと大きな音がそこらじゅうに響き渡り、なんとも裏悲しい嫌な思いがいたしました。

面会室に入って待っていると、看守に付き添われた青年が入ってきました。割に小柄な痩せ型、ブッチョウズラでいったい何しに来たんだと言わんばかりの態度に、私はすっかり怯えておりました。怖さのため額からは汗がたらたらと流れ、膝頭がワナワナと震えるのを止めることができませんでした。

ここで先輩ボランティアが青年に「お茶を飲むか？」と聞いてくれ、お茶を飲むころには少し空気が和らぎ始めました。それでもこの日、私はほとんど言葉を交わすことはありませんでした。何回目かの訪問の折、話がお菓子のことになりました。彼は「フンドケークというのを知っているか？」と問います。「知らない」というと、「それは自分が子供のころによく母親が焼いてくれたものだ」といいます。「どうやって作るか知っている？」と訊くと、「砂糖だろ、バターだろ、粉だろ……」と教えてくれる。そこで私は次の面会日までにそのお菓子を焼いてくる約束をして帰りました。次の週に持って行くと、「お袋のほどはおいしくないが、まあまあだな」ということで、それ以来硬く閉じがちだった口から、大分おしゃべりが出てくるようになりました。

刑期終了の時が近づくと、最初は六時間そして徐々に十二時間、二十四時間と服役者の外出の時間が延びて行きます。そのときは私たち保護師は責任を持って付いていなければなりません。彼にもその日がやってきました。私が迎えに行くと、もうちゃんと許可を得て門の所で待っていました。

「どこへ行きたいか？」「ステーキが食べたい！」それでは、とクーフーステンダムというパリのシャンゼリゼのような繁華街のステーキ屋へつれて行きました。一人では食べにくいかもしれないと、私の分も注文しました。お皿が来ると本当に「あっ」という間にお肉が消えました。そしてまだほとんど手をつけていない私の皿を見て、もう一つ食べたそうにしています。そして私の分もぺろり、その早さには驚きました。食事の後は見張りがおり、人目の多いプールにつれて行き、無事に帰すことができました。

何回かの外出を付き合った後、私たちは英国に転勤になりました。英国に来てしばらくたったころ、知らないドイツ女性から一通の手紙が届きました。それは出所してきた例の青年と一緒に暮らしていた女性で、その人の言いますのには、――彼は出てきても全く働く気がなく、私だけが働きに出て彼は一日家でゴロゴロしていました。そしてある日、私が家に帰ってみると、隠しておいたお金や通帳を持って彼が姿を消していたのです。一緒に住んでいたときに彼はよくあなたの話をしていました。そしてあなたの住所も分かっていたので、こうしてお手紙を差し上げています。

もしもあなたのところを尋ねてきたら「あなたのことは許すからすぐに帰るように、と言ってください」というものでした。以来二十数年がたちました。玄関のベルが鳴ったりすると、もしかしたらと思いますが、彼はいまだに姿をあらわしません。生きているのでしょうか？　どこにいるのでしょうか？

ベルリンでのもうひとつの忘れがたい思い出は、緊急事態に苦しむポーランドの人たちに緊急物資を届けたことです。

一九八二、三年にかけてドイツ赤十字は、苦しい状態にあるポーランドの一般の人たちのために募金を集め、そのお金を西側の都市で一番ポーランドに近いベルリン赤十字に送り、ベルリンでポーランド人が必要なものを購入し、ポーランドの村々へ届けるというプロジェクトでした。そのころ日本でもポーランドのために募金を集めていましたが、それをポーランド政府に送れば一般の人たちには届かない、というので困っているときでした。そこで私は日赤にドイツ赤十字の方法を知らせたところ、ぜひベルリン支部と一緒にやりましょう、ということになりました。

日本の募金はボンのドイツ赤十字本社を通してベルリンに来ました。ポーランドでは誰がどんな品をほしがっているかをまず調査し、子供用、老人用、病人用、赤ちゃん用、妊産婦用、障害者用などなど、希望に応じた物を問屋で買い整えました。そして在住日本人の皆さんに声をかけ、それぞれをダンボール箱に詰める作業をしてもらいました。箱の外側には、日本からの贈り物だと一目でわかるように日の丸の旗を貼りました。準備完了。

次は積荷と運送です。全部で十五台のトラックに積む量ですので、積荷だけに丸二日かかりました。そしていよいよ出発！　出発はいつも明け方の三時と決まっていました。ベルリンにたくさんある大きな湖のひとつ Wansee のほとりに約四十名全員が集合、女性は私一人、もちろん外国人は他にはおりません、あとはドイツ人の大男ばかり。いくら赤十字のボランティアとはいえ、最初の出発の前の晩は心細くてなかなか眠れませんでした。それに毎回出発の折、主人が私の座っている座席の脇に来て、「絶対に行かせたくない、降りなさい！」と言います。主人に対する申し訳なさと日本赤十字に対する責任との間に立たされ、本当に困りました。

十五台の大型トラックと輸送車隊の隊長ヘアヘンペル――この人は戦争で片目、片足をなくしていますが、ドイツ赤十字では有名なとても厳しい隊長です。彼の運転するヴォルヴォ車を先頭にヘッドライトを煌々とつけ、エンジンを全回転させ、まだ真っ暗な道を東ドイツとの国境へと走り始めます。この第一の国境は、西ドイツから東ドイツへの入国、税関検査を強いられ、東ドイツ、ポーランド間の国境と同様粉石けんの箱までレントゲンを通して調べます。そのためいつも九、十時間待たされます。私は全部で十五回この輸送車隊に参加しましたが、冬の零下二〇~四〇度のときでも、全く暖房のない部屋や車の中で十時間も待たされるのは、本当に辛い経験でした。

約五時間の運転の後、次はポーランドへの入国手続きと税関検査。自分の国に物資を持ってきてくれるのですからそのまま通すかと思いましたら、またまた九、十時間の検査。心身ともくたくたになってポーランドに入り、目的の村々に着くまでに出会った車の事故の数々は、今思い出しても恐ろしいものばかりでした。その中に隊長車と大きな鹿がぶつかったということがありました。車はかなり壊れ、鹿は道を横切ったところで倒れました。そしてそこを通りかかった地元のトラックが、一瞬のうちにその鹿を拾って行ってしまいました。

ポーランドでは十五日間に約十の村を回り、病人にはとてもポーランドでは手に入らない薬を、そして先に区分けをしておいた物資を下ろし、直接家庭や病院に渡す場合と倉庫に運ぶ場合がありました。隊員の食料はベルリンから積んできた硬いパンとソーセージ、泊まる所は夏のサマーキャンプ場や学校の教室などでした。

冬は辛くても夏のポーランドの田舎は美しいものでした。共産党政府ですが一般国民の多くはカトリック信者のこの国では、六月の聖体の祝日に初めて聖体を受ける子供たちが、男の子も女の子も真っ白な洋服を着て、日本の七五三のように、親類縁者のところを一週間ぐらいかけて廻るのです。ですからその間子供たちはずっと白い洋服を着ています。そしてちょうどそのころ、青々とした麦畑に美しいブルーの矢車草が咲き乱れ、その中を白い服を着た子供たちが蝶々のように飛び回るとき、その調和のすばらしいこと、夢の中の、映画の中の一場面のようで、今も目を閉じるとその光景が浮かんできます。

ポーランドも今ではヨーロッパ・ユニオンの国のひとつになり、この英国にもポーランド人が自由に来て働けるようになりました。なんだか不思議な気がいたします。

七年間のベルリン生活を後に、主人の最後の任地、英国に行きました。二人の娘たちは長女が十二歳、次女が十歳で英国の寄宿学校に来ており、もう九年がたっていたので、主人の英国転勤を大変喜びました。英国赤十字はすでに香港支部で経験したことの続きなので、すぐに仕事に就けました。緊急看護の教員、ハンドケアー（御老人や盲人方の手を洗い、爪を切り、ファイルをかけ、マッサージをし、希望があれば爪を塗る）などのことをします。

福祉用の救急車に障害者や老人を乗せ、病院、家族訪問や買い物に行く。赤十字センターの責任者になる、支部のアドバイザーになる、本社の国際募金委員になるなど色々な仕事をしましたが、十六年来、そして今も一番力を入れているのが〝ＭＯＭＩＪＩ〟です。

3

〝ＭＯＭＩＪＩ（もみじ）とは？――障害を持つ、あるいは重い病気に苦しむ子供たちと若者たちの日英交流プロジェクトです。

私は自分のこれまでの経験を生かし、今自分の住んでいる国と自分の祖国とを結ぶプロジェクトをぜひ始めたいと思うようになりました。障害があっても病気であっても、外国を知り、外国に友だちを持ち、お互いの理解を深めてゆくことは有意義なことだ、そしてどんなに苦しいときでも、地球の反対側に同じ苦しみに耐えている人がいると思うだけで、自分の苦しみが半減すると思うのです。

特に英国では、例えばハンドケアを老人にしながら楽しく話をしているときに、その老人から、「お前さんはどこの国から来たの?」と訊かれたことがたびたびありました。そんなとき「日本から」と言うと、今まで楽しそうに話をしていた人が急に黙ってしまい、そして「私は日本人にひどい目に会わされたよ」と言って、もう話を続けようとはしません。こんな場面でも、もしも障害のある「孫」が日本へ行き、日本の方々に暖かく迎えられたくさんの楽しい思い出を持って帰り、おじいさんおばあさんも含め家族や大勢の周囲の人にその思い出を話したら、老人たちの日本への悪いイメージもだんだん薄れてゆくのではないか。私はそう考えたのです。——「私も前の戦争で父をなくし、辛い思いをして育ったのよ」と言う言葉も添えて。

平成三年(一九九一年)に最初の〝MOMIJI〟を英国から連れてきました。期間は十日間。八名の障害児/者と同じ年ごろの健常な若者をペアにして、一対一で寝起きすべてを共にします。これは健常者にとっても、障害者を理解するとてもよい機会になりますので……。

長い飛行時間、日本滞在中の事故、気候、食べ物、文化の違いに彼らがどのように対応してゆけるか、など心配なことは山ほどあります。一方では、若者たちにとってこの機会は一生に一度といえる大きな経験、喜び、世界への開眼なのです。彼らの喜びははかり知れず、私にとってもすばらしい喜びを与えてくれるものです。

こうして日本へ、また日本から英国へ来て十日間を共にすることにより新しい友情も生まれ、それが皆の日々の生活の潤いになっていると聞くとき、本当にうれしく思います。すでに十六年、今では〝ＭＯＭＩＪＩ〟は赤十字から離れ、独立したチャリティとしてこのプログラムを毎年行っております。時には日英の障害を持つ音楽家の方々を英国ウィンザー城にお招きして、すばらしい音楽会をしていただくこともあります。

日本においても、多くの方が〝ＭＯＭＩＪＩ〟をお世話くださいますことを心からありがたく感謝いたしております。本日は長い間、私の話をお聞きくださいましてありがとうございました。

生命科学研究から公益学研究へ

――新しい公益理念による大学の設立に関わって

大島美恵子

おおしま　みえこ　東北公益文科大学教授。昭和三十七年慶應義塾大学工学部卒、米国留学大学院修士号取得、東京大学医学系大学院博士課程修了（医博、生化学専攻）。北里大学医学部専任講師を経て、国立医療センター生化学研究室長。国立国際医療センター研究所代謝疾患研究部長を定年退官。平成十三年より東北公益文科大学副学長。現在、NPO法人くらしとバイオフォーラム21代表、財団法人日本科学協会会長併任。内閣府BT戦略推進官民会議委員他。

慶應婦人三田会の「プロジェクトF」で講演の機会をいただいたことを、主催者のみなさまに御礼申し上げます。このプロジェクトの目的は、終戦後大学での共学が認められて慶應義塾大学に入学した女子学生たちが、どのように生きたかを記録するとのことでした。そこで今日は、私が慶應義塾大学を卒業して、実験科学者・研究者として四十年間を過ごし、定年後に新しい理念の大学の設立にかかわり、全く新しい分野の研究者として、教育と研究で過ごしているという話をさせていただきます。

大きくわけて二つの話をしたいと思います。ひとつは、私が実験科学者として研究の楽しさを知り、生物化学の実験・研究を経験してきたこと、その研究を進める中で、科学者の社会的責任に気がついたこと、これが、定年になってから公益学という新しい研究分野につながったということをまずお話しし、さらに私が考えている公益学とは何かという話をまとめたいと思います。

その前に、じつは婦人三田会ということばに古めかしさを感じましたので、差し出がましいのですが、コメントさせていただきます。男女共同参画時代になって、ほとんどの会が婦人という言葉の代わりに女性という言葉を使っております。私自身は、婦人ということばは決して悪いことばではないと思うのですが、やはり昔の家庭婦人をイメージされる方も多いのではと思います。

どうして私が研究者になったのか

まず私自身と慶應義塾との関わりから話をしたいと思います。私は、旧姓緒方といいまして、幕末に大阪で蘭学塾（適塾）を開いた緒方洪庵から私で五代目になります。祖父の祖父が緒方洪庵にあたります。福澤諭吉先生の書かれた『福翁自伝』の中には、緒方の塾風として青春時代がいきいきと書かれております。緒方洪庵の適塾は、西洋医学を学ぶための蘭学塾ではありましたが、医学を学ぶ塾というよりは、西洋の知識を取り入れて新しい明治という時代をつくった多くの優れた人々を教育した塾として知られております。適塾は現在大阪市内に残っていて、阪大の管理のもとに置かれ、一般公開されております。そこには、適塾当時から明治中ごろまでは家族も同居していたようで、祖父はよく適塾に住んでいた子供のころの話をしてくれました。

そのようなわけで、私の家では学者・研究者・医者というのは特別の存在ではなくて身近な存在でしたから、物心ついたころから、自分は将来学者のお嫁さんになるのだと思って育ちました。でも当時は自分自身が学者になるとは考えなかったようです。終戦の年に小学校に入学しましたが、腎炎を患ったせいで中学生になっても体育の時間は見学ばかり、遠足も満足に参加できない虚弱児でした。

慶應女子高等学校に入学当初は、自分の弱かった子供時代を思い出して医者になることも考えてみたのですが、学年が上がるにつれて、医者という職業は自分に合わないと思うようになりました。家庭が昔風で、学者のところには嫁にやりたいが、女は六年もかかる医学部へ行くと嫁にゆけなくなるといわれ、そんなものかと思うほど幼かったのです。また年子の弟がいて、うまれた時から医者になるのを期待されていたこともあり、違う道のほうがよいと思って、工学部応用化学科に進学したのです。

しかし、大学に入っても本当に自分が何をやりたいのかよく分からないままに、ただ漠然と化学が好きで研究することを夢みており、大学四年になっても企業の研究所に入って研究したいという虫のよいことを考えていたのです。当時は高度成長期のまっただ中でしたから、理工系男子のほとんどは四年生になる以前に企業から内定を得ていましたが、女子はそれほど甘くはありませんでした。女子を採用してもよいといってくれた幾つかの企業でも、当時は男女共同参画法もなく、男女の給与差別は当たり前という状況でした。

その当時、男女間で差別はしないといってくれたのは、できたばかりの半官半民の日本科学技術情報センター（現在は独立行政法人科学技術振興機構に吸収）でした。そこは、説明を受けにいった当日に入社内定を出してくれたのですが、これは工学部卒の女子が当時大変に珍しかったせいかと思います。

ところが、将来の研究の夢をすてて文献の仕事をすることに納得できず、そのうちに大学で知り合った今の夫と結婚することになり、まず「永久就職」を決めてしまい、とうとう就職しませんでした。当時は結婚しないという選択肢はなく、その上大学三年のころから見合い話が持ち込まれていて、まず結婚をしなければいけないという家の雰囲気でした。そして卒業後すぐ結婚しましたが、このときに初めて親の意向を離れて自身の意見が言えるようになり、自由になったと感じました。そのような時代であったのです。そして留学を計画していた大島と一緒にアメリカに留学し、二年間で大学院修士号をとって二人で日本に帰ったのです。ちょうど東京オリンピックの直後でした。

生物化学を専門に研究するようになったのは、留学して生物系の奨学金をもらってからです。工学部の応用化学科では生物を学ぶ機会はなかったので、学部での生物学が四単位足りず、アメリカに着いてから夏休みに授業をとって単位をもらいました。当時は、ワトソン・クリックがDNAの二重螺旋構造でノーベル賞をもらって間もなくのこと、アメリカでは生物化学がブームの状況で、多額の国の科学技術予算がついておりました。遠い日本からきた学生に対して、研究費ばかりでなく給料を与えて生活の援助までしてくれる、アメリカという国の懐の深さに感激したのでした。

研究者としてひとり立ちしてから

さて、二年間で大学院修士号（Master of Science）を得て日本に帰ってから、米国で学び始めたばかりの生物化学の勉強を続けるために、東京大学大学院博士課程に進みました。港区にある東京大学医科学研究所（旧伝染病研究所）の山川民夫教授のもとに入ったのです。そこは、かつて北里柴三郎の研究所であったところで、官に移行することに反抗して辞任した北里が、白金に新しい北里研究所を造るときに福澤先生が資金援助をされた歴史があります。また博士課程を終えてから、開学したばかりの北里大学医学部生化学科の専任講師になったのですが、この大学も北里柴三郎と縁がありました。慶應義塾との不思議なつながりを感じたものです。長男が二歳のころです。そして北里大学医学部で、ほぼ十五年間、生化学や生物物理化学の講義と実験指導などの教育と、自分自身の研究と、子育てをして過ごしました。

新設の医学部には三年次から卒業までの四年間を直接基礎系教員について研究を進めるシステムがあって、毎年私の研究テーマに二、三名の学生が応募してくれたので、講義が済んでから夜遅くまで研究室は学生で賑わっておりました。中でもその後東京で私と一緒に研究してくれた卒業生は、東京医科歯科大で学位をとり、今は産婦人科医として活躍しています。昔教えた学生たちが今働き盛りの四十代、五十代となり、偉くなって全国で活躍しているのを見るのは、教師冥利に尽きると思っております。

その後、かつての指導教官から、厚生省（現厚生労働省）管轄の室長職が空いたので移るように、このポストはいずれ部長職となるからと声がかかり、国立医療センターに厚生技官として転職しました。戦前は陸軍病院といわれた国の中枢病院で、戦後国立第一病院となり、そこに臨床研究部という研究部門がありました。指導教官にとっては男性の博士課程卒業生をみな教授にした後であり、女の私だけが専任講師であったので声をかけてくれたのかと思います。

しかしそこは、前任室長のスキャンダルが新聞種になった直後で、移ってみると大変なところでした。そこでまず、大学で研究室に出入りしていた学生たちに応援してもらって、ゼロから実験室の整備をやりました。たいていの研究者は、実験室そのものをつくるのは時間が惜しいという人が多いのですが、私は設計が好きなので、北里大学に居たときも新設の実験室整備にかかわり、医療センターでも新しい研究所の建物の新築のときに、実験室の設計にかかわりました。医療センターの実験室は、南側に研究者の個室をおいて、国立の研究所としては大変使いよい実験室ができたと自負しています。

ここでもほぼ十五年近く楽しくさまざまな研究をさせてもらい、平成十一年（一九九九年）春に代謝疾患研究部長を定年退官したのです。実験科学者となって四十年、なかでも職を得て自分で研究を進められるようになってからの三十年間は、幸せな研究生活でした。これを続けさせてくれた夫や息子に深く感謝しています。

私の研究について

さて、私の専門は生物化学です。その中で、水に溶けにくい物質（脂質）の研究（脂質生化学、脂質代謝学、脂質栄養学）をやってきました。その研究の一端として、細胞や血液や尿などの中にある微量な代謝産物を分析する方法を特技としておりました。たとえば、人の血液一滴中の三〇〇種類ぐらいの低分子物質を GC-MS（ガスクロマトグラフー質量分析法）を使って分析したり、その他の方法を駆使して微量な代謝産物の化学構造を決めることができました。

国立の高度先進医療病院には病因不明の患者がくることも多く、そのうちに医師たちから診断がつかない病気について相談を受けることが多くなりました。厚生省管轄の研究所として医療に役立つ研究を目的に掲げていることもあり、積極的にこのような研究に入っていくことになったのです。医師からの相談を受けて私が特殊分析を行い、原因不明の病気の診断がついた例はいくつもあります。これも私にとっては研究実績のひとつになりました。

このときに、現在の医学知識では診断がつかない病気がまだまだたくさんあること、たとえ診断がついても治療方法のない病気がたくさんあることを学びました。また、確定診断ができることは科学の進歩にとっては喜ばしいことなのに、そのことが患者の幸せにつながらないこともあるのを知ったのです。そのような研究をする中で抱きはじめた疑問が、いま新しい大学で進めている公益学の研究につながったといえます。そのような私の研究の一端をもう少しお話ししたいと思います。

先天性代謝病とは

先天性代謝病という病名をご存知でしょうか。先天性代謝病が遺伝病といわれるのをご存知の方も、すべての人間は、遺伝子に何らかの欠陥をもって産まれてくるということを知っておられる方は少ないのではないでしょうか。遺伝病の患者は、遺伝子の異常が不幸にして病気として表に出ているのですが、健康な人は幸いにも自分の遺伝子の異常が病気として現われなかっただけなのです。

自分自身の遺伝子がすべて正常であると思っている人、そして遺伝病を家系から排除すべき病気と考えている人は、考えを改めていただきたいと思います。たとえ先天性代謝病という診断がついても、環境が整えば患者は幸せに一生を送ることができます。遺伝病が忌むべきものという観念を改める時がきています。

一方、平成十五年（二〇〇三年）春、ヒトゲノム（ヒト染色体のDNAの塩基配例順序）が全解読されたことで、人間の遺伝がすべて解明されたと思っている方もあるかと思います。しかしこれは単に遺伝子という物質の構造が分かったにすぎず、まだ知られていないことは多いのです。ヒトの体内で、酵素や、細胞を活性化する因子や、その受容体として働くのはたんぱく質ですが、そのたんぱく質をつくるための遺伝子の構造がわかっただけであって、体内で活躍するたんぱく質が出来上がるには、まだまだわからない過程がたくさんあります。たとえば糖尿病になりやすいとか、通風になりやすいなどという性質も遺伝子の働きによるのですが、後天的な何らかの原因と一緒になって初めて病気として発症するといわれており、これは最近メタボリック・シンドロームと名付けられましたが、発症をどのようにして抑えるかはこれからの課題です。

さて、遺伝子の構造の一部に何らかの欠陥がつきとめられ、その遺伝子によって造られる酵素の異常で症状が出てくる病気が、一九六〇年代からいくつも知られるようになり、遺伝子と酵素を一対一に対応させる一遺伝子―一酵素仮説がでました。今ではもっと複雑な酵素の発現制御機構が解明されています。

例えば日本で行われている、誕生後六ヵ月以内に尿を濾紙につけて検査するフェニールケトン尿症は、遺伝子に欠陥があるために、ミルク中のフェニールアラニンというアミノ酸が代謝できずに大量にたまってしまい、これが血流を通して脳細胞に影響を与えて知恵遅れになる先天性代謝病です。生後間もない脳は非常に柔軟なので影響を強く受けますが、もし早期に確定診断がついてフェニールアラニンの入っていないミルクで育てると知恵遅れを防ぐことができ正常に育ちます。これは科学の進歩が人を助けることができたよい例で、このよ

先天性糖脂質代謝異常症(リソソーム病) Sphingolipidosis (sphingolipid storage diseases)	
1. GM1-gangliosidosis (β-galactosidase)	Cer-Glc-Gal(NeuAc)-GalNac-Gal
2. Tay-Sachs病 (hexosaminidase A)	Cer-Glc-Gal(NeuAc)-GalNac
3. Fabry病 (α-galactosidase)	Cer-Glc-Gal-Gal
4. Krabbe病 (β-galactosidase)	Cer-Gal
5. Gaucher病 (β-glucosidase)	Cer-Glc
6. Niemann-Pick病 (shphingomyerinase)	Sphingomyelin
7. Farber病 (ceramidase)	Nacyl-sphingosine
Cer: ceramide　Gal,Glc,GalNac: ガラクトース，グルコース，グルコサミン	

表1　先天性糖脂質代謝異常症
(病名の下の(　)内に、その病気で欠損している酵素の名前を示す)

うな病気はいくつも知られ治療法が開発されています。

さて、私が研究したのは先天性代謝病のひとつではありますが、先天性糖脂質代謝異常症(sphingolipidosis)といわれる大変珍しい病気で、一九八〇年代以降に研究が進んだ病気です(表1参照)。ヒトの細胞は、水に溶けない物質(脂質)でできた細胞膜によって囲まれており、細胞膜の外側には糖鎖とよばれるたくさんの鎖状の物質が髭のように伸びています。糖鎖の根元にはセラミドと呼ばれる脂質があって、膜に突き刺さっているので糖脂質と呼ばれています。セラミドは化粧品の中にも入っていて、肌がつるつるになると宣伝されている脂質です。名前をご存知の方もあるでしょう。

糖脂質はすべての細胞にあり、毎日大量に細胞でつくられ、不要になると細胞の中のリソソームという顆粒で分解され再利用されています。リソソーム顆粒は、細胞の中にある膜に囲まれた廃棄物処理工場といってもよい場所です。リソソーム顆粒の中にはいろいろな物質を分解する酵素が入っていますが、その中のたったひとつの酵素が不足しただけで、分解され残った物質がリソソーム内に時間とともに蓄積してくるのです。表1の右側は蓄積する糖脂質の化学構造を簡単にまとめたものです。このような病気をリソソーム病といい、特に糖脂質がたまってくる病気を先天性糖脂質代謝異常症といいます。

私が診断した先天性糖脂質代謝異常症のなかに、Fabry 病というのがあります。これは末端の糖を切断するたった一種類のリソソーム酵素（アルファ・ガラクトシダーゼ）が不足したために、セラミドに糖が三個ついた糖脂質が蓄積することが原因で発症してくる病気で、性染色体劣勢という遺伝形式で遺伝し、男性のみが発症する病気です。患者の母親は異常な遺伝子をもってはいますが症状はありません。さて、私が診断することになったのは若い男性で、からだの異常は全く感じなかったのに、皮膚に赤い湿疹みたいなものが出来て気味がわるいので調べてほしいといって皮膚科にこられた患者でした。皮膚科ではどうしても原因がわからずに私に相談がきたのです。そこで尿の中の細胞を集めて調べると、すぐに診断がついてしまいました。Fabry は、この症状を世界で最初に記載した皮膚科の医者の名前です。

しかしそれからが大変でした。日本に何例もないような珍しい遺伝性の病気でしたから、皮膚科どころか内科医師全員が集まってきて、患者の近親者から検査を始め、とうとう四代前までの遺伝と発症を調べあげてしまったのです。この病気は歳をとると腎臓や心臓が悪くなって、五十歳前後で亡くなる例が多いので、普通の人よりはすこし短命ではありますが、それまでは健康に生活できます。この病気は残念ながら今の科学では根本的な治療法はありません。

この方は結婚前の男性でしたが、私は診断したことを深く反省しました。確定診断をして病因を突き止めることは科学の進歩であり、また治療法を開発するにはその原因をつきとめることが重要で、病因が判ったことは科学者としては大きな喜びでしたが、私が患者の幸せを奪ったのではないかと反省したのです。患者さんにとっては、診断されなければ、普通より短命かも知れないが、幸せな結婚や人生をおくることができたのではないか、彼の一族にとっても診断結果が出ないほうがよかったのではないかと思ったのです。これが、私が科学者の社会的責任を考え始めるきっかけになった最初の経験です。そしてこの経験が現在新しい大学で行っている公益学研究に続いています。

そのほかにも、誕生後すぐ亡くなってしまう小児科の症例から、長い経過をたどる大人の症例まで、いろいろな種類の先天性代謝病の確定診断の経験をしました。産科医から依頼されて、羊水や絨毛を使って出生前診断も経験しました。そこで学んだのは生命の尊厳です。

◇日本初のグルタール酸血症 Type Ⅱ の確定診断とその出生前羊水診断（両親―医師―第三者の必要性）

◇GM1-Gangliosidosis TypeⅠの確定診断とその出生前診断（患者―両親―医師―看護―第三者の必要性）

◇Fabry 病の確定診断の経験から―知る権利と患者自身の幸福、家族の幸福とは？（患者―医師―社会環境）

◇ダウン症の染色体診断、出生と社会環境的ケア（両親―医師―経済、社会環境）

◇がん遺伝子診断とがん遺伝子治療（社会、経済）

◇神経変性疾患の診断と治療法の研究（社会、経済）

表2　私が実験科学者として経験した症例のうち、周囲や社会の配慮が必要な例
医師とともに周囲の力が必要なことを（　）内に示す

母親の胎内で育って無事誕生まで漕ぎ着けたこと自体が偉大なことで、重篤な症例は生まれてくることさえ出来ないのです。ですから私は、出産までたどりついた命は大事に育てるべきであると思っております。私の経験したいくつかの症例を表2に簡単にまとめますが、私は、病気を患者個人の問題として捉えるだけでなく、社会の問題としてとらえる視点も必要であると思っています。

もうすこし遺伝病の話をしますと、ダウン症候群の子供は知恵遅れになる場合が多く、また母親の年齢が高いと発症の危険率が高いことが知られています。そのため日本では母親の血液を使った検査がよくおこなわれています。誤診率が高いという検査そのものにも大きな問題がある上に、検査でダウン症のリスクが高いと医者から言われただけで、中絶されてしまう胎児が日本では多いのです。ダ

ウン症児は環境さえよければ育ちますし、生命に危険のある重篤な症例ではないのに、簡単に中絶されてしまうという日本の現状に気がついたのです。このような子供を育てるには、両親だけでは不充分で、医師の援助や周囲と社会からの暖かい目が必要です。介護や福祉の条件や経済的条件などが整っていれば、少し知恵遅れであっても優しいよい子に立派に育つのです。弱者や障害のある人が健康な人と共存して行くにはどうすべきかを考えることが、私の今の公益学の課題です。

さて、もうひとつ公益学につながったことがあります。研究はとても面白くて楽しかったのですが、あるとき研究所で部長職になったのは女性で私一人であることに気がついたのです。そのとき、今後は同性のために役立ちたいと思って日本女性技術者フォーラムという団体に入り、運営委員長として会の運営にかかわったのです。平成十一年には他の理系女性の団体と共に幕張メッセで第11回国際女性技術者・科学者会議という国際会議を開催しました。このことも男女共同参画という公益の課題を考えるきっかけになりました。

公益学を基盤とした大学つくりに参加

定年退官してすぐ、当時慶應義塾常任理事であった長島昭工学部教授を通じて、常任理事の小松隆二経済学部教授を紹介されて、「公益」という新しい理念の大学をつくるから参加しないかと誘われました。山形県酒田市に公設民営の大学を設立するといわれたものの、酒田市が日本海に面していることさえ知りませんでした。しかし日本海に面した山形県庄内地方に赴任してみると、自然が豊かで、藤沢周平の作品で映画化された「蝉しぐれ」の世界そのもののような、歴史と文化が脈々と続いている地方で、すっかり虜になってしまいました。今は庄内鶴岡市に家を建てて住んでいます。そして平成十三年（二〇〇一年）、世界で初めて公益学を学問として研究し教育する東北公益文科大学が誕生したのです。

公益学のめざすところは、例えていえば、ヒトの脳の前頭連合野（前頭葉）の働きのようなものです。生後間もないヒトの脳では、呼吸するとか、ミルクを飲むといった「生きる」という原点にたつ古い皮質が活動していますが、成長するにつれて新しい皮質が発達して他人との関係を理解し、人間としてよりよく生きていけるようになります。前頭葉の発達により、古い皮質と新しい皮質とをうまく統合できるようになるのです。公益学は、「よりよく生きる」という目的のために既存の学問を統合するという、ヒトの脳の前頭葉と同じような働きを目指す学問といえます。

もっと別のことばで表現すれば、十九世紀に自然科学、社会科学、人文科学という言葉が生まれて以来、それぞれ独自に発達してきた学問を、「市民」とか「社会」という言葉で横に切った切り口に見えてくるものが「公益学」なのです。

ですから、新しい学問「公益学」は、細分化した既存の学問の発展型ではありません。「自分のためだけではなくて、皆のためによいことを社会のなかで進めてゆくにはどうしたらよいかを考える」というはっきりした目的をもつ学問として、細分化してしまった学問を公益の視点でもう一度整理しようとしています。

例えば、企業や金融機関の活動と公益との関連を考えてみると、企業の本来の活動は利益を目的とした経済活動にあります。しかし同時に、社会に対して法的責任や倫理的責任を負っています。企業や金融機関の法的責任や倫理的責任を学問的に解析するだけではなく、積極的な社会貢献活動が、企業にとっても社会にとっても当たり前なことになるように働きかけてゆくのも、公益学の役割のひとつです。

また、福祉活動やボランティア活動について考えてみると、これらの活動は、以前は奉仕活動として括られていて、参加者の自己満足で終ってきた面が大きかったのですが、今後これらの活動はますます活発になり、その法的責任や経済的活動を視野に入れて円滑に運営していく必要が出てきます。官が行う福祉行政にすべてを頼ってきた過去から、もっと個人的なニーズにきめ細かに対応してゆかねばならない時代となって、行政による公的サポートと企業やＮＰＯなどの民間の力によるサポートが、協働してゆくことが求められています。そのためのよい方法をさぐるところにも公益学という学問の出番があるのです。

実践としての公益（公益活動）について

「三田評論」二〇〇六年二月号の〃今に生きる「実学」〃という座談会の中に、福澤諭吉の「実学」の概念がまとめられています。

『学問のすゝめ』の中に「専ら勤むべきは人間普通日用に近き実学なり」とあって、実学にサイヤンスという言葉をあてているようです。福澤は、書籍を読んで知識とするばかりで活用しない学者を批判し、そのような学問を虚学といっています。実践としての公益（公益活動）は、福澤諭吉のいう実学とつながる視点であり、これを大学では重視しています。図1に示すように、公益的発想（哲学）と公益の実践の両方を、学問として分析し再構築してゆくのが公益学といえます。

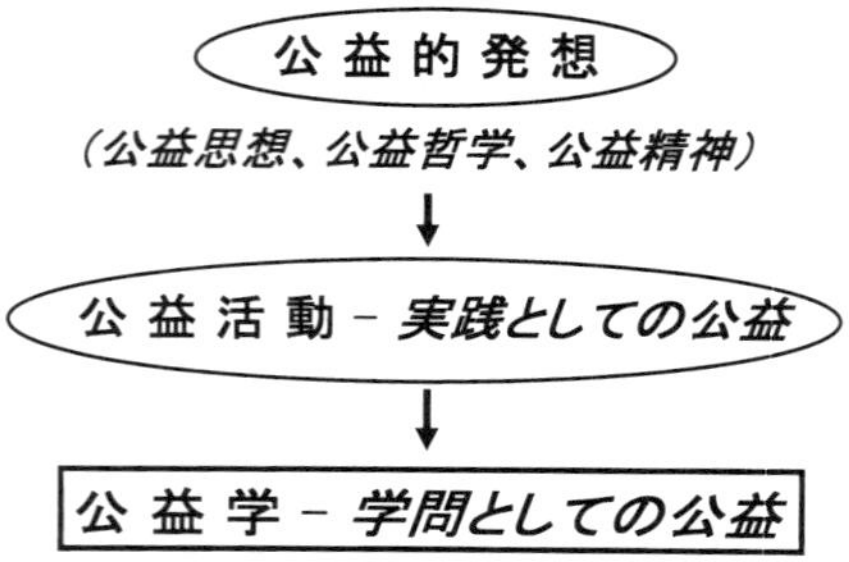

図1　公益学は公益的発想と公益活動（実践としての公益）の両方を学問の対象とする

自然科学における公益の考え方について

最後に私が過ごしてきた自然科学の分野において、「公益」とは何かを考えてみたいと思います。

公益を研究している東北公益文科大学の教員は、自然科学、社会科学、人文分野などそれぞれの専門にかかわらず、現代社会に対する共通認識を持っています。このような社会に対する共通認識のもとで、現代社会でよりよく生きるかを考えてゆくことが公益であり、公益学の目的なのです。

その共通認識を以下にまとめてみましょう。そこにはまず、大量生産・大量消費・大量廃棄が望ましいものとして成長してきた過去（二〇世紀）への反省があります。そして、現在日本においては、経済的に豊かな社会が到来し、少子・高齢化社会へ急速に移行したこと、市民社会が成熟して、人々がお互いの価値観の多様性を認めて、多様な関係を再構築する必要性が生まれてきたこと（多元価値社会の認識）、そして世界においては、情報交換による経済・文化の急激な均質化（グローバリゼーション）が起こっていることなどです。

さて、私が過去四十年以上過ごしてきたのは、生命科学の基礎研究分野です。従って私が

「公益」を考えるときは、自然科学・生命科学や科学技術に関する知識と方法論をもとに、どのようにすれば人々が現代社会でよりよく生きてゆけるかを「公益」として、その視点から自然科学や科学技術のあり方を模索しているのです。

ですから私にとって、自然科学における公益とは、第一に、大量生産・大量消費・大量廃棄が望ましいものであった価値観を転換して、持続可能な発展（Sustainable Development）を維持してゆくための自然科学と科学技術のあるべき姿を考えてゆくことであり、第二に、多元価値社会の中での、自然科学の応用（科学技術）のあるべき姿を考え、科学と科学技術の社会的理解を進めてゆくことなのです。第二の課題である科学技術の社会的理解を進めることを、最近「科学技術コミュニケーション」と呼ぶようになりました。

私自身の専門分野である生命科学は、自然科学の中で今世紀前半に最も急激に発展する学問といわれています。そして急速に発展する生命科学が、すぐに技術として医療に応用される時代を迎えています。社会という切り口（公益の視点）で検証されるより前にすぐ技術応用がなされてしまうのです。医療そのものの安全性の検証のみならず、その技術応用が真に人のためになるのかを考えねばなりません。また、価値観の異なる人と共存・共栄してゆくうえで、限られた予算を医療や介護にどのように使うのが一番よいのか、生殖医療や延命治療のあるべきすがた、健康を維持増進するための方法などなど、公益の視点に立って検証し、考えてゆくべき課題がたくさんあります。経済的に効率がよくてしかも本当に人のためになる医療や介護を考えてゆくのも公益学のあり方のひとつです。このような研究分野を私は「生命公益学」と呼んで、自分自身の研究を進めているところです。図２の中で、生命科学と公益学の二つの円の重なる部分が生命公益学です。別のことばで言えば、社会という視点を持って生命科学を考えてゆくのが生命公益学なのです。

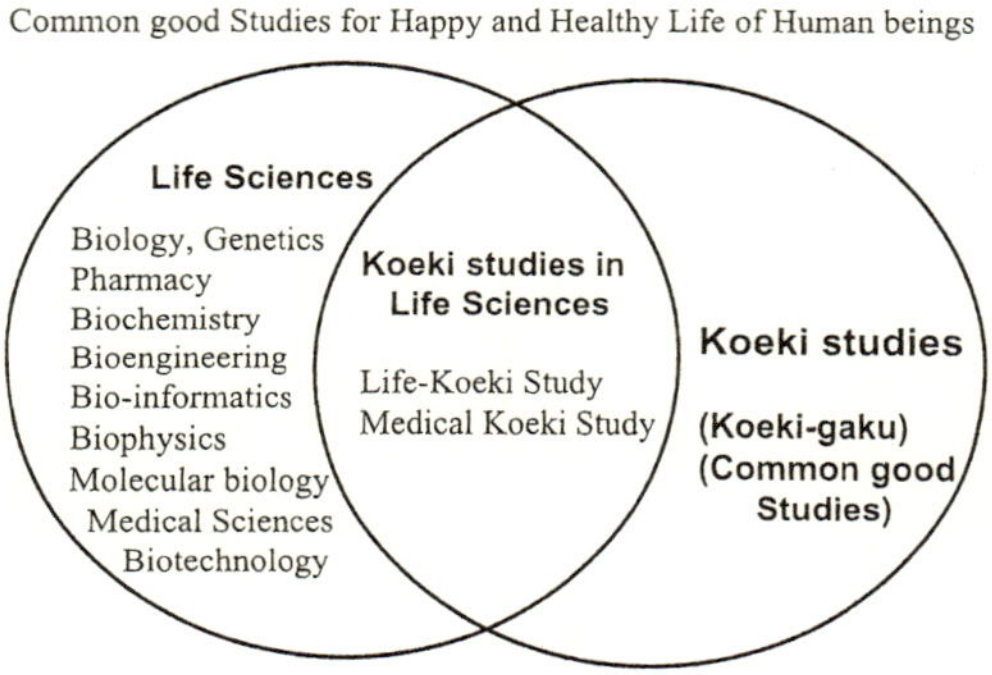

図２　生命科学領域における公益学研究

生命公益学の研究領域は、たとえば、「衣食住など健康な生活にかかわる科学技術とその安全（食品添加物、衣服、建築材料、薬品、化粧品、洗剤）」や「農業畜産などに関連する科学技術とその安全（遺伝子組替え植物、クローン羊、クローン牛、他）」なども含み、大変幅広い領域です。

その中で私自身は、「医療の諸問題（患者のＱＯＬ、インフォームド・コンセント、薬剤治検、高齢者のケア、看護、障害者介護）」、「生命の開始時をめぐる諸問題（生殖医療、遺伝子診断、出生前診断、遺伝スクリーニング）」、「生命の終末時や死をめぐる諸問題（死の定義、ホスピス・緩和ケア、病名告知、尊厳死、脳死と臓器移植、安楽死）」などを中心に生命科学のあるべき姿を今考えています。

私自身の生命公益学はまだ研究が始まったばかりですが、これからのよりよい社会のために勉強を続けていきたいと思っています。

最後に公益ということばについてもう一度考えてみたいと思います。戦前を知る一部の人々にとっては、公益の名のもとに日本が行った国家支配を想い出させる言葉であることも踏まえた上で、あえて私は「公益」という言葉を、「自分だけではなくて、他人にとっても、社会にとっても、人々を取り巻く環境にとっても、人間の未来や地球にとっても、真によいこと」という広い概念として解釈しています。行政分野などで、公益に相当する英語を public interest（公共の利益）と表現する人も多いのですが、interest という言葉は、お互いに利害関係があることを意味し、利益とか利権を想像させる言葉であるため、私は「公益」という言葉に、哲学用語 common good（共通善）あるいは、public good ということばをあてています。そして公益学を、「真にみんなにとってよいことは何かを科学的に研究してゆく学問」とひろく定義しているのです。

公益学を二十一世紀の学問として展開してゆくことにより、公益的な社会を創っていきたいというのが私の夢なのです。

日本篇

自分らしくお役に立つ仕事を続けて
——高齢者介護を自然体で

能勢淳子

のせ　あつこ　医療法人社団清新会ピースプラザ施設長。昭和三十五年慶應義塾大学文学部卒業、同四十年～四十三年国際耳鼻咽喉科学会本部勤務、同四十六年～六十年医療法人社団清新会　東府中病院、平成十年～　同社団清新会　ピースプラザ施設長（福祉施設士）となり、現在に至る。社会福祉法人府中市社会福祉協議会理事。府中市高齢者保健福祉計画・介護保健事業計画推進協議会委員。

第二次大戦後、「女性と靴下は強くなった」とよく言われますが、なるほど靴下はデンセン、つまりランができにくくなり丈夫になったと思います。女性も強くなったのでしょうか。確かに強くなったと思われる面もありますが、それは女性が自立するようになってきたということではないかと思います。

人間には男と女というそれぞれ異なった性があり、それぞれがその特性を持っています。それぞれがその特性を活用しながら生活していくことは自然であり、平等であると思います。もちろん才能に恵まれ、一生その仕事に打ち込めることはたいへんすばらしいことであり、尊敬に価します。私は特別な才能に恵まれているのではなく、平凡で自然な生き方、その中で私らしくお役に立つことをしたいと考えてきただけです。また、もう少し別な考え方、方法はないかしらと常に考え、このことを活かせる場面に会えたことはたいへん幸せなことであったと思っています。

印象深い義塾での講義

今からちょうど半世紀前の昭和三十一年（一九五六年）四月、慶應義塾大学文学部に入学しました。大学の門戸が女子に開かれて十年、女子学生は全体の一割弱だったと思います。中高六年間を女子だけの学校で学んできた私には、共学という環境は新鮮でした。一年H組の担任は、フランス語の永戸多喜雄先生でした。今でも一年に一回、先生を囲んでのクラス会が続いていることは大変うれしいことです。このころ受けた講義はとても印象深く、大橋吉之輔先生のアメリカ文学、高校時代校長先生であった務台理作先生の哲学、そして人見康子先生の女子学生必須の法学（特に離婚訴訟法）等々、今考えますと人生の大切なことを教えていただきました。

クラブ活動は英語会に入部しました。日吉では一年先輩の二年生がリーダーになり、まだいくつか残っていたかまぼこ兵舎の一つで、昼休みを使ってのミーティングを皆で楽しんでいました。一年の秋には、仲よしのSさんと英語の弁論大会に参加しました。日本が戦後自立の道を歩み始めたころでしたので、私は日本の経済的自立などという大きなテーマを選んで苦労しました。Sさんは身近な女性の自立についてたいへんしっかりと話されたのをよく覚えています。「これからの女性は、ガラスのケースの中で買手を待つお人形」ではいけないと、熱っぽく語ったことが印象的でした。

二年生になり、イギリス文学専攻となり三田通いが始まりました。社会的には安保運動がさかんな時期でしたが、イギリス文学は西脇順三郎先生、厨川文夫先生、岩崎良三先生やそのほか多くの先生方のすばらしい授業でした。しかし人生経験も浅く幼かった私にはよく理解できなかったことも多く、今考えますともっと勉強すべきだったと悔やまれます。卒論は高校のころより好きだったトーマス・ハーディの「テス」についてでした。後日、婦人三田会の英文学講読会で再び小田卓爾先生とじっくり講読し、あの有名な五十八章のハイライトシーンを現地ストーンヘンジの巨大な石の前で読みたいという願いが、先生のおかげで叶ったというすばらしい思い出があります。

三田では、三田祭や在学中に創立百年の記念行事に参加するという機会に恵まれるなど楽しく過ごし、あっという間に卒業となったような気がいたします。昭和三十五年（一九六〇年）三月卒業、ちょうどそのころ日本で国際ロータリーの東京大会が開催され、そのお手伝いを頼まれました。

ロータリークラブは、職業の各分野を代表する方々の集まりで、塾の大先輩も大勢おられ、今まで知らなかった社会のことなど教えていただき、たいへんよい経験をさせていただきました。外国のロータリアンやその家族の方々との国際親睦を深める場で多少お役に立つことができ、私自身の国際的な考えも大いに刺激を受けました。

留学中に学んだ「奉仕活動」と精神

当時、東京南ロータリークラブと東ロスアンゼルス・ロータリークラブが姉妹関係を結び、留学生の交換が始まるところでした。私は、ガバナーの方からの推薦をいただいて試験を受け、幸いにも念願であった留学のチャンスを得ることができました。当時の為替レートは、一ドル三六〇円という今では考えられない時代で、学生は五〇〇ドルだけ持ち出すことを許されていました。また、日米大学間の履修単位なども共通なものとそうでないものもあり、調整はたいへんでしたが、州立カリフォルニア大学ロスアンゼルス校で、社会心理学の勉強をすることにしました。

ロータリークラブは、世界平和に貢献し、次の世代を担う若者を育てるために奉仕するなどたくさんのすばらしい構想を持ち、それを一つひとつ実行しておりました。私の通学のための車を貸してくださり、住いについては、多くのロータリアンが気持ちよく「ホーム・ステイ」を受け入れてくださいました。私もそのお礼としてベビーシッターをしたり、料理を作り片付けたり、大学時代に覚えた華道、茶道のお話や実演をしたり、たいへん充実した毎日を過ごしました。

当時、日本との大きな違いを感じ、学んだことの一つに、「奉仕活動（ボランティア）」があります。私は、快く受け入れを申し出てくださった十一家族すべての家族と一ヵ月ずつ過ごしました。子供たちは、学校の成績とボランティア活動の成果を考慮して大学への推薦を受けていました。大人も、教会のお手伝い、地域の行事への参加、障害のある方々への必要な手助けを子供といっしょにしたりしていること、“Service above self”（超我の奉仕）に感動しました。

私は、勉強に追われる忙しい日々でしたが、時間を作り、私にもお手伝いできることがたくさんあることを知り、そのことをすることによってもっと人間として大切なことを学んだように思います。「ありがとう」という言葉のすばらしさを学び、週末はできるだけボランティアをするようになりました。このことが、今の仕事に役立つとは当時考えもしませんでした。

人は忙しく時間の制限がある時たいへん行動的になり、意欲的になれるものです。「ああ、一日が四十八時間だったら、どんなによいだろう」、その時、ふと口にしてお世話になっていた家族によく笑われました。「そんなに欲ばらずに一つひとつを楽しみながら積み重ねればよいでしょ」と言ってくれたジャネットさん。彼女は子育てがほぼ終り、また大学の講義を聴講していました。私は、人にはそれぞれ持っている個性があるので、それを活かして自然体で仕事やお役に立てることをするのがよい、特に女性は、女性として生まれたのであれば、出産育児も経験することにより、得られる経験も大切なことと思います。それ以来いつも前向きに考え、若い時は何でも試みること、どんなことも頭から「NO」と言わない、挑戦してみることが大切であるし、どんなこともできるようになり、楽しくできるものなのだということを学びました。

帰国した年に、東京オリンピックが開催されました。お世話になったロータリアンやその家族が来日したり、外国の方々のお世話をしたりしてしばらく忙しい日々が続きました。ほっとしたころ、留学の時、語学の試験担当であった小野譲教授より国際会議の手伝いを頼まれ、国際耳鼻咽喉科学会開催事務局の手伝いが始まりました。米国で医学を学ばれた小野先生は、日本の医学が発展するためには、世界中の同分野とその関連分野の医師が常に情報交換をし、技術を磨くことが必須であるとの考えを強く持たれ、その連合に力をそそがれていました。

小野先生は、人が誤飲したものを切開しないで摘出することを学ばれた方で、お宅にうかがうと摘出した異物の標本箱がたくさんあり、その時のエピソードなどよく話してくださいました。学会事務所には耳鼻科の先生方が集まり、鼻や耳のお話をなさるのを興味深くうかがっておりました。今、高齢者の方々がよくむせたり、嚥下障害で悩んだりする時、また補聴器や難聴のことなど、このころうかがったことばかりなのにびっくりしております。

産婦人科病院の運営に患者の目線を取り入れる

そしてやっと結婚、二子を出産した時は、母も安心してくれたようでした。米国留学中であった姉夫婦が帰国、産婦人科医である義兄は、父の後継者として病院を開設することになりました。ちょうど出産を経験し、育児の最中であった私は、いろいろな疑問にぶつかっていた時でしたので、地域の方々に喜ばれるための助言はできたように思います。

病院の産科の医師は、患者に対してあまり親切ではなかったように思われました。常に同じような質問を一日中受け、一人の患者に関わる時間も限られると、「質問は一つにしてください」などという結果になっていました。昔であれば母親や姑が「こんなことは何でもない、気にしなくてもよいのよ」などと教えてくれたことも、核家族化した時代となり不安に思う妊婦が多くいました。義兄が産婦人科の病院をするのであれば、私が不便、不都合と感じたことを解決してくれるような病院、これが患者の求めるものとして私は協力したい、すべきだと考え、いろいろと手伝うことにしました。

一つは食事です。女性にとって出産、そして授乳はたいへんエネルギーを必要とする一大仕事です。当時の産科病棟の食事は、出産の日にお祝いの鯛がお膳につきますが、日一日と一般的な患者食となり、授乳の始まるころは食事量も足りなく、皆空腹を感じていたようでした。退院後の育児のあの忙しさに備えて、入院中その心がまえと準備、体力を養うには、あまりにも淋しい食事でした。将来を担う大切な命を祝福し、その大きな仕事を果した女性を、昔は汚らわしいなどと考えた時代もあったようですが、とんでもないことです。私はまず食事に取り組みました。出産後の貧血などあれば、栄養士と相談し、栄養的にも優れかつ美味しいもの、そして在宅でも調理できるように指導を始めました。

また、入院中に使用する衣類は病院で用意し、悪露などで汚れても夫や家族が洗濯して届ける手間をはぶき、妊婦は常に清潔なものを十分着用できるようにしました。これは、お腹の大きい時にだけしか使用できないガウンなど、わざわざ用意する手間、また時には出産がなにかの理由で早まった時にも、何の心配もなく病院に飛び込めるという安心感にもつながりました。

また、育児を実際に経験してみると、一人ひとりの赤ちゃんがそれぞれたいへん個性的で、教科書通りではありません。母子手帳には標準の身長、体重などがグラフで示されており、乳児検診の折の数値に一喜一憂したり、授乳量を全量摂取できなかった日は落込んだりする母親が多く、私もその一人でした。第一子は早期破水のため早産となり、初めの六ヵ月くらいは母乳の飲み方も上手にできず、体重増加が少なく、母である私は落込んだものでした。夫は「あまり気にするな」、また小児科医も同じくらいの娘さんのパパになったばかりでしたので、励ましてくださったのがたいへんうれしかった思いがあります。――そうだ、子育てするお母さんのお話を聴き、励ますことがたいへん大切なこと、そして、私ができることでした。

産婦人科の病院は口コミが何よりの宣伝で、仕事はだんだん忙しくなり自分自身の家族との両立に悩むこともありました。当時の日本では、女性が働くための条件は整っていませんでしたし、決してやさしいことではありませんでした。しかし、幸い家の近くで子供をみてくださるよい方と出会い、夫の協力もあり仕事を続けられました。そのころの我が家の約束は「皆で揃って夕食」でした。できないこともありましたが、毎晩寝る前に本を読むことはしていました。お気に入りは、一日一話三六五日の本だったように思います。常に周囲の助けと人間関係に恵まれ、自分らしく人のお役に立つ仕事を続けられたことは幸せなことだったと思います。

老人保健施設の施設長に

病院の経営も軌道にのり多くのスタッフが育ったころ、夫の父が思いもかけない病を患っているという検査結果を知らされました。一九七〇年代、「ガン」は治療も難しい病であり人々はたいへん怖れていました。このことは配偶者である義母に告げることはできず、家族や姉たち、皆が懸命に治療に取り組みましたが、それから三年後、帰らぬ人となりました。その後、義母、実母と三人の高齢者を病院、在宅という、その病状によって合った場所で看病し、その間いろいろと経験し考えることがたくさんありました。

そのような時に出会ったのが塾の通信教育講座「老いを考える」でした。平成八年（一九九六年）九月二十六日第一回目は、星薫先生の老年心理学でした。久し振りの三田西校舎での夜の講義は、学生時代よりずっと熱心に聴講させていただきました。当時、新聞にはほとんど連日、「高齢化」「高齢社会」という言葉が目に止まりました。間もなく迎える二十一世紀の高齢社会についての対応等の各分野での講義は、私にとってたいへん新鮮な興味深いものでした。

そしてその二年後の平成十年に、私が老人保健施設の施設長をすることになるとは予想もしておりませんでした。当時、実家のある地方自治体は、在宅復帰を目指す老人保健施設の開設を強く望み、実家の姉夫婦も必要であると感じておりました。私も、夫の両親のお世話をすることで介護のたいへんさなど、いろいろ感じたこともあり、将来は自分の問題としても考えなくてはならないことと思い、私のできるよい仕事に情熱を燃やすことにしました。

日本における高齢化のスピードは、世界に類を見ない速さで押し寄せ、これからも二〇五〇年に向ってどんどん進んでまいります。そのうえ、介護者となる働き手は少子化で減少傾向にあります。前述の私の経験から介護には期限がありません。一人ではどんなにがんばっても限界があり、お互いに共倒れになってしまう。そうであるならどのようにして、お互いによりよい関係を保ちながら介護をすればよいでしょうか。

私が施設を運営するための方針は、「私たちは利用者とその介護者を心から応援します」ということにしました。当施設は地域、家族との結びつきを重視し、明るい家族的な雰囲気のなかで家庭復帰をめざす利用者の自立支援施設として、平成十年（一九九八年）九月一日に開設いたしました。その基本となる四本柱は、優れた医療介護、楽しい機能訓練、快適な入浴、美味しい食事としました。

病院での急性期の治療を受け、病状が安定した方に利用していただきますが、高齢者の方々はいろいろな疾患を持ち、急変ということもありますので、優れたそして優しい医療介護が求められます。また、機能訓練はたいへん大きな役目です。脳血管障害や整形外科疾患などにより、ＡＤＬ（日常生活動作）が低下した方の個別訓練に重点を置き、リハビリをより楽しく受けていただけるよう工夫します。入浴は利用者がホッとくつろげる時間、目の前に緑の樹々を眺められるよう最上階に設置しました。そして、どの利用者の方もお食事は大きな楽しみです。できるだけ季節感のあるそして懐かしさのある献立を、栄養士と共に工夫して提供すること。この四点を愛情、親切、平等をモットーに提供させていただいております。

わが国では、昔から親の老後のお世話は長男の嫁がすること、そのお世話も上げ膳据え膳でベッド上で過ごし、手の届くところに電話、テレビのリモコンと一見至れり尽くせりと思われることが、寝たきりを続ける結果になっていました。このような方々にリハビリについて考えていただき、少しずつ参加していただくことは、あまりやさしいことではありませんでした。でも少しずつ離床し、ご自分らしく過ごす時間を持つことでＱＯＬ（人生の質）に変化が見られ、残された人生の過ごし方に変化が現われてきた時は、心の中で「しめた」とうれしい叫びをあげたくなります。

約十年近く前には、老人施設はすべて老人ホームと呼ばれ、終の住家と思われておりました。息子さんがリハビリをしてもっと元気になり、大好きな植木の手入れをいっしょにして欲しいとお連れになったお父さん（脳梗塞で右片マヒ）がおっしゃった言葉は、「何でお前は、俺をこんな姥捨山に連れて来るんだ」でした。私はただただびっくり。でも私や職員だけ理想を掲げていても、新しい老人保健施設とは何なのかご存知なくては利用もしていただけない、宝の持ち腐れになってしまうと思い、それからはもっと施設の見学会や説明会をして、だんだんご理解いただけるようになりました。

しかし、当時の老人保健法は、リハビリも三カ月くらいで十分との考えから、三カ月経つと健康保険報酬が低くなる仕組みになっており、三カ月ごとに転院するケースが多く見られました。折角のリハビリをもう一カ月続ければ在宅復帰できるのに、個別性が考慮されていないことがたいへん不満でした。私は、個人各々に合った入所の期間のご利用をいただくことが自然であり当然と思ったのですが、中には、ご家族が三カ月経つとご自分から次の施設に移られることもあったり、「老健は三カ月きり居られないのよね」と言われたりしました。「百聞は一見にしかず」と言いますが、婦人三田会から「お話を」と声をかけていただいた時、私が今関わっている高齢者の予防、介護に関してご覧いただくことを提案し、皆様に施設にお越しいただきました。

その日は予防の一つ、「楽ひざ体操」を体験していただきました。膝の関節の変形などで痛みがあり、日常生活に不便をきたしている方々に、膝を動かすことによって痛みを緩和する予防的体操です。その後、実際に通所リハビリで行っている作業療法の籐細工、ビーズで作る小物、メタリックヤーンを使ったネット刺繡、皮細工等々ご覧いただき、音楽療法はご一緒していただきました。入所利用者は、在宅復帰のためのリハビリをしている方や、介護者の都合で短期的に利用する方の、施設での過し方などを見学していただきました。

私の施設では、開設当初リハビリは五階、デイケア（通所リハビリ）は一階でしておりました。それを三年くらい前に逆にいたしました。それは、在宅復帰を目指すリハビリであるならば、完全バリアフリーの所でかなり自信がついたら、実際の道路で歩いて、実情に即した練習も必要と考えたからです。一度建てられた建物、ハードの部分を変更することはたいへんなことですが、ちょっと視点を変えてみると意外といろいろよい方法はあるものです。常に、もっと別なよい方法で効果的にできることはないかしらと考えることで、仕事にいつまでも情熱を持つことができ、楽しく続けられるのではないでしょうか。

今、私は利用者と年齢があまり違いませんし、中にはずっと若い方もおられます。私がこれからどのようにありたいか、過ごしたいかということは、利用者の皆さんの望まれることに近いことが多いので、力まず自然体で取り組んでおります。もちろんどのようなことにも基本はあります。基本はきちんと身につけること、そしてたくさんの経験をすることにより、個別の対応ができるようになるのです。私は同じことをずっと繰り返すことは得意ではありません。何度もするうちに、こうしてみては、もっと別なよいやり方はないかしら、と考えている自分に気づく時、幼いいたずらだったころと少しも変っていない自分に苦笑することもしばしばです。

「認知症」の治療にも取り組む

そのような私がここ数年、一生懸命考え学んでいることがあります。それは認知症です。今から約二十年ほど前に老人保健施設は、高齢者の自立を支援すること、それは寝たきりをゼロにすることを目標としておりました。しかし、その後もっと取り組まなくてはならないことがたくさんあることに気づきました。「認知症」の方々の介護です。「認知症」とは何でしょうか。記憶とは何なのでしょうか。今また、私の新しい挑戦が始まっています。まだ積極的な、決定的な方策はありません。でもいろいろと試みられるようになりました。私の施設では薬を使った治療ではなく、非薬物的な治療をより多くスタッフと試みております。音楽療法、美術、書道、料理等々……。

昨年はスウェーデンの「タクティール」という緩和ケア（オイルを用いてなでるように体に

触れることで痛みや不安感、興奮状態などを緩和する方法）を、実際にシルビアホーム（スウェーデンのシルビア王妃が彼女の認知症のお母様のために介護なさったホーム、現在、王立財団研究所）を訪れ、お話をうかがったり見学してまいりました。この方法も病状の進行に抑制をかけることのできる一つの方法でしょう。

日本の認知症高齢者は現在約一七〇万人と言われ、約二十年後には高齢者の十人に一人が認知症になるだろうと言われています。父がよく言っていた言葉に「好きで病気になる人はいない」があります。この病気についてもっと考え、正しく向き合う必要があります。少子高齢者社会となった二十一世紀は、介護力がどんどん減少してゆきます。まずはより健康に過ごせるように予防に努め、自助、公助、共助を理解して各ケースに適切に対応することが望まれます。

私の施設は、基本方針である四本の柱の実現のため、各職種が時計の歯車のごとく協働しております。石川忠雄先生がおっしゃるように、高齢者の方々が「幸齢」である社会と感じられる社会にしたいものです。

バリアフリーとよく言われます。環境設備のバリアフリーと解されておりますが、もっと大切なことは心のバリアフリーではないでしょうか。平成二十年（二〇〇八年）には塾は創立一五〇年を迎えますが、その記念事業のコンセプトに、「独立・協生」というキャッチフレーズを掲げておられます。これはたいへんすばらしいことであると思います。正に二十一世紀は協生の世紀であると思います。国境を越えての協生、民族の協生、老若男女の協生等々でしょう。そして福祉の分野こそ協生であってほしいと思います。

世の中は、年齢もまたADLも、もちろん性格もすべて異なる人々が協力して生活することが自然であり、そこで自然に学ぶことがどれほど多いかは申すまでもありません。私は、もっと自然に人を愛する世の中であるため、誠実なサービスを笑顔で提供できるスタッフを一人でも多く育てたいと、日夜楽しくがんばっております。皆で協働して二十一世紀の幸齢社会を築きましょう。

三田キャンパス・南校舎

独立自尊への歩み
――ライフステージと共にあった小児科学

木村慶子

きむら　けいこ　医療法人社団こころとからだの元氣プラザ女性のための生涯医療センターＶｉＶｉ所長。前慶應義塾大学保健管理センター教授。昭和三十八年慶應義塾大学医学部卒業、同三十九年同大学医学部小児科学教室入局、同四十六年慶應健康相談センター小児科医長、同五十三年慶應義塾大学医学博士号取得、平成三年ドイツ・ケルン大学医学部研究留学、同八年保健管理センター助教授を経て教授。

婦人三田会で「女性と仕事」のテーマでお話する機会をいただき、本当にありがとうございます。私は一昨年（平成十六年）に慶應義塾を退職いたしましたが、卒業以来小児科医として生きてまいりました。どうして医者になったか、何をしてきたか、これから先、どのような問題を勉強していきたいかについてお話ししていきたいと思います。

両親から受けた家庭教育

定年を迎え、今振り返ってみますと私自身がまず健康に恵まれ、ずっと仕事を続けてくることができたことは大変幸せなことでした。それは私の両親の子育てに対するいろいろな配慮や努力があったことによるものと思っております。

私は昭和十三年（一九三八年）生まれですから、小学校に入学する前三年間は戦時中でして、入学までの間に疎開を経験しました。戦時中は食べ物や物資のない厳しい時代でしたが、今振り返ってみると、母が子供の栄養管理にいろいろな工夫をして、赤、緑、黄色のお野菜を食べなければいけないと、にんじんを嫌がるとすりおろして甘辛に炒めたり、ほうれん草を刻んで炒り卵に入れて彩りよく作ってくれたりしました。またお風呂では四人の子供の髪の毛を卵で洗ってくれたことも思い出します。今から思えばプロテインをきちんと使った利巧なやり方をしてくれたおかげで、私の髪の毛は、今もそんなに薄くならずにいられるのではないかと思います。物資の乏しい時代でしたけれど、一生懸命に大勢の子供たちのために楽しみながらしてくれた一つ一つの工夫が、今の私の健康に結びついているのだと思います。私も子供三人を出産しましたが、交通事故で入院した他は、病気らしいものはしたことがないので、たいへんありがたいと思っております。

また、乳幼児期、小児期、学童期までの環境はとても大事なのですが、よい環境を整えてくれたことに感謝しております。小学校入学のときは疎開中でしたが、農村の季節料理、さくらんぼの収穫とか田舎の美しい自然、春夏秋冬を満喫することができて、子供の私にとってはとても楽しい夢のような一年間だったように記憶しております。

長崎の鐘

二年生のとき疎開から帰って、港区の赤羽小学校に入りました。教頭先生が児童劇団に関係しておられ、五年生のときに千秋実さんが主催する劇団〝ばら座〟で『長崎の鐘』という劇をするので子役を貸してほしいと頼まれ、私と双子の妹（高橋愛子・昭和三十六年経済学部卒）の二人が借り出されることになりました。稽古場は早稲田の方にありました。そこでキリスト教の牧師様がみえて十字架の切り方やお祈りの仕方、賛美歌などの指導をしてくださり、本当のクリスチャンになった気持ちで稽古をいたしました。

『長崎の鐘』は原爆に直撃された長崎大学医学部放射線科教授の永井隆博士が、被爆した患者を診る一方、ご自分自身も原爆症に苦しみながら原爆救護、原爆症の症状を医学面に重点を置いて記載され、昭和二十一年（一九四六年）に脱稿されたご著書なのです。当時ＧＨＱの検閲に時間がかかり二十四年にようやく発刊され、ベストセラーになったものを脚色されたものです。原爆が投下され何もなくなってしまった長崎で、その年のクリスマスに生き残ったクリスチャンの人々が、教会のアンジェラスの鐘を焼け跡の瓦礫の中から掘り起こし、丸太を組んでクリスマスの鐘の音を街に鳴らして、祈りを捧げたそうです。

私たちは永井博士のお子様の役をしたのですが、双子なのでダブルキャストとして交代で一年かけて、三越劇場から始まり、全国を回って長崎まで参りました。長崎では浦上の天主堂に仮設の舞台を作って、あの坂道を担架で永井博士をお運びしてご覧いただきました。劇中で鐘が鳴るとき、同時にアンジェラスの鐘が本当に鳴ったのです。そのときの感動は今も忘れることができません。

そのときに永井博士から記念にいただいたロザリオとブローチは、今も大切に持っております。一年という長期間の公演中、劇団の方が家庭教師のように勉強も見てくださいました。このような形で、普通の五年生の子供では経験できないたくさんの貴重な体験をさせていただきました。また大人の世界に投げ出してくれた両親の勇気には感謝しております。五年生くらいになりますと自分の将来のことを考え始める時期なのですが、私が医学を志し今ここに在るのは、この『長崎の鐘』に原点があるように思います。

慶應義塾中等部、女子高、大学医学部時代

小学校を卒業して、慶應義塾中等部に入学しました。当時の中等部は大学の素晴しい先生方が三田の山から下りていらして、私たち中等部生を見てくださり、今から思うと本当に贅

沢な授業を受けることができたのだと感謝しています。

終戦直後の時代に、他の学校ではとてもできなかった歴代の天皇の名前や、平家物語のあの〝祇園精舎の鐘の音、諸行無常の響きあり〟をクラス全員で暗誦させられたり、今でも大切な宝物として、心の中に残っているものがたくさんあります。中等部のクラス会で逢う度に、「まだ覚えているわ」などといいながら、皆一斉に祇園精舎の暗誦が始まるのは楽しいことです。そしてこの文章の中の「驕れる者、久しからず」という言葉が耳に残り、ずっと今までの私の精神的バックボーンとなっています。中等部を心の故郷と思っております。

慶應女子高に進みましたが、女子高はとても大らかなところで、人のことをとやかく言わない、我関せず、自分を大切にするという環境は、私にはとてもうれしいことで、これぞ独立自尊の気風に満ちたものでした。女子高生になって医学部に進学したいという気持ちがはっきりしてきて、自分で神田にある塾に通ったりしました。お正月なども、他の方が旅行に出かけるときも塾通いをしたりする時期もありましたが、誰一人「あの人はガリガリ勉強している」など言う人はなく、何か楽しいことがあると声をかけて誘ってくださいました。また双子の妹は経済学部へ進みましたが、友だち関係でどこかへ出かけるときには必ず誘ってくれました。

私は性格的に真面目にコツコツやっていく方だと思います。妹は人付き合いは社交的なので、双子の私たちは二人合わせて一人前で、助け合って来たのが大きな力になったと思います。

今になってちょっと懺悔の気持ちになるのですが、美術の宿題で絵を出さなければならなかったときに、私は勉強で時間がないので妹が二枚描いて提出してくれたのですが、私の名前で出した絵が入選してしまい、妹には申しわけないことになってしまったこともありました。そのように妹や周囲に助けられながら、幸いに女子高からの医学部推薦枠の二人の中に入れていただけました。

医学部に進学して二年間は、日吉の教養課程で遊ぶ時間はまったくない状態で絞られました。受験をして入って来た見るからにオジサンのような人たちの中で、女子高からの二人はいつもつるんでおりました。何とか二年間を終え、四谷の専門課程になり、先ず解剖学から始まるのですが、頭の天辺から足の先までの細かい骨二〇〇個について、それぞれをラテン語、英語、ドイツ語、日本語で全部憶えなければなりません。それに付随している筋、神経、血管の名前をすべて憶える、丸暗記しなければなりません。学校だけでは憶え切れませんので、学習用の頭蓋骨を家へ持ち帰り、友人と二人で憶えあって家族の者たちをびっくりさせたこともありました。学問の基礎は何度も何度も繰り返し憶え身につけることが大切、特に医者の場合は骨だけではなく人体の全て、病気に対する知識の全てを六年間に詰め込まれるわけです。

この大変な六年間の最後の卒業間際に体調を崩しましたが、それ以外は病気もせず元気に過ごしました。私は医学も勉強し、結婚をし、子供を育て、なるべく偏らない普通の女として生きて行きたい、時間を見つけて自分を広げて行きたいという気持ちを持っておりました。妹がいろいろのチャンスを与えてくれました。インターンのときには自分で時間のやりくりが多少できる状況にあったので、妹と一緒にお茶のお稽古に通い、お免状をいただくこともでき、中華料理のお稽古に通うこともできました。

医学部には三四座という演劇部があるのですが、四谷に移ってから入部しました。三四座ではチェホフのものばかり演じていましたが、チェホフも医者でしたし、演劇を通して人間的なものを勉強させていただきました。練習は別館の屋上で行い、公演は北里講堂でした。一年に一回公演会をするのです。病院の裏、道を隔てたところに文学座がありましたので観客として杉村春子さん、芥川比呂志さんなどすばらしい方々が観にきてくださったり、御入院中の東山千栄子さんはじめ著名な方々が退屈凌ぎに観にきてくださるので、その観客の方を観にくるお客さんの方が多かったのではないかと思うほどでした。

小児科医師となって

学部、インターンの後、国家試験を終えいよいよ専門を何科の医局に入るかというとき、私は結婚も子育てもして行きたいと考えていましたから、小児科を選びました。学生時代、小児科の口頭試問による試験のとき、面接は中村名誉教授でした。日ごろから〝女医さんは嫌い〟でいらっしゃるということを噂に聞いておりましたので、とても緊張して、答え終わって退室しようとしたとき先生が、「ああ、ちょっと加藤さん」と呼び止められました。これは失敗したのかと思ってドキドキしていると、「僕は女医さんが嫌いだと噂されているようだが、そんなことはありませんから一生懸命やってください」とお声をかけてくださったのです。感激で胸がいっぱいになってしまいました。私が呼び戻されたので、いっしょのグルッペの七人の男子学生たちが、「どうしたの?」と心配して聞いてくれましたが、この言葉だけは大切に私一人の胸の中に閉まっておきたいと思い、何も答えませんでした。今日までこの仕事を続けてこられたのはこのお言葉があったからではないかと、つくづく思います。

小児科の医局には先輩が大勢いてとても活気がありました、皆が集まってアットホームな雰囲気に満ちたところでした。たくさんの耳学問をさせていただきましたし、具合の悪いお子さんがいれば何日も徹夜することもあり、とても激務でしたが、小児科は優しい方が多く助け合うことも多くありました。入局後三年目に慶應のブランチである総合病院へ出張しました。その出張中に結婚し、第一子を出産しました。

その後医局に戻ったとき医局長が、「出産後大変だろうから当直はしなくてよい、その代わり母親の気持ちを生かして、乳児院へ行って予防接種、育児検診の仕事をするように」と取り計らってくださいました。幸いなことに、自分の子供を育てるのに役に立つ場所場所を提供してくださったので、子育てしながら研究を続けることができました。

その後は病棟から離れて、自分の研究分野を免疫学研究、予防接種、麻疹、風疹、ムンプスなど、種々の国産ワクチンの開発に携わることにもなりました。そして慶應義塾大学保健管理センターを受け持ち、健康診断、予防医学の分野で仕事をするようになりました。

フレッシュマンのころ、二年先輩の方から、「幼稚舎の修学旅行に僕の代わりに行ってくれないか」という依頼を受け、修学旅行に同行しました。それを機に幼稚舎、中等部、普通部等学校関係の保健室へ、校医として週に何度か通うようになりました。その後、学校保健管理センター専任としての仕事をすることになりました。ご父兄の信頼と協力を得て児童生徒の長期間にわたる健康診断、免疫学的な追跡調査など、他の学校では類を見ない貴重な場を与えていただきました。ここで得られた研究の成果は、現在、世界で日本の学童の健康管理面が優れているという評価に繋がったと聞き、たいへん光栄に思っております。

校医を続けております間、十五年くらい前から、中等部、普通部で学校に来られない不登校のお子さんが増えてきました。そのような生徒には不登校になる前の兆候があるもので、初期の段階でキャッチして、手を打つことができないかと考えるようになりました。

単身留学（ドイツ・ケルン大学医学部小児思春期精神科学教室）

日本では小児精神科という科は独立していませんが、その必要を感じておりました。平成三年（一九九一年）、ドイツ・ケルン大学に一年間、小児思春期精神医学を学ぶために、留学する機会が与えられ、当時ドイツでも社会的問題になっていた不登校の研究をすることになりました。不登校のような問題行動が起こってからでは治療は困難を極めるので、問題行動を起こす前に何とか危険信号を見つけ出し、初期段階で対処するための客観的資料作成、健康時の調査等、小児思春期の問題行動の診断に関するチェックリストの研究を、ドイツのレーム・クール教授と共同で進めました。帰国後、学校側、ご父兄のご理解を得て、慶應で感染症対策及び健康診断と併せて、精神的内面の調査もさせていただけるようになりました。そして気になるお子様が出てきたときにはお母様とお話し合いをし、予防に努めました。

女性のための生涯医療センターとして性差医療の研究

このように仕事を続けてきましたが、平成十六年（二〇〇四年）、定年を迎え三十四年間の任期を終えることになりました。主人は同級生で精神科の医者ですが、静岡で精神科病院の三代目として開業しているので、二十年間、静岡と東京を行ったり来たりの生活でした。少しはゆっくり静岡で仕事をしながら、主人との生活を楽しみしたいと思っておりました。しかし女子高時代の同級生でジャーナリストの下村満子さんから、お母様のやっていらした財団の診療所を医療法人にするので手伝ってほしいとの依頼を受けました。

小児科は頭の天辺から足の先まで全部を総合的に診る科ですが、今度は女性を総合的に診てカウンセリングをすることを目的とした、「女性のための生涯医療センター」の所長を引き受けてほしいとの依頼でした。いろいろ考えた結果、お受けすることにしました。

女性には女性特有の乳癌や子宮癌、更年期の問題、あるいは子育てや、家庭環境の精神的な悩み、人間関係から生じる問題など、高度に機械化された医療とは別に、じっくり話を聴くことが求められていると思います。そこで少なくとも三十分くらいは時間を取ってお話を聴く外来を設立しました。

今までの健康診断の結果のデータは、男性を基準としたものなので、女性に当てはめると違いが出てきます。財団には、先代からの健康診断の記録がたくさん残されておりました。私は宝の山をそのままにしておくことはない、これからの健康診断に役立てたいと思って、とてもたいへんな仕事なのですが、三十年分の資料のデータの解析を始めました。女性と男性の性差、年齢差でデータに相違が見られました。性差医療は今後の新しい領域と考えております。

そのほか私の住んでいる渋谷区の区長さん（桑原敏武氏・塾員）から、育児に悩む若いお母様たちのために、小児科医の立場から相談に乗ってもらえないかとのお話がありました。三人の子供を育てながら、小児科医としての仕事を続けてきた経験を通して、私でお役に立てることがあればと考えております。

最後に平成十六年三月、私が退職の折に作った小冊子の中に、『序にかえて』という一文がありますが、それは今の私の気持ちそのままですので、読ませていただいて纏めといたしたいと存じます。

『慶應義塾中等部入学以来今日まで五十三年間、慶應義塾の気風の中に身を置くことができたのは、何にも替えがたい幸せであったと、感謝の気持ちでいっぱいです。

終戦後の物資の乏しい時代の中、教育こそこれからの時代に重要と考え、福澤精神に心酔していた両親が、慶應義塾で学べる道を選んでくれたことは、子供への最大の贈り物と考えております。乳幼児期の家庭教育は人間形成の根源をなす重要な時期であり、それに引き続く学童期、思春期は心身の発育発達を大きく膨らます大切な時期といえます。人は遺伝要因が六〇％を占め、四〇％は環境要因によると言われており、子供にとってよい環境に置かれる重要性を強く感じます。

また当時は仕事を持つ女性は少なかったのですが、これからは女性も独立自尊の人でなければならないと考え、私にふさわしい仕事を選ぶことを勧め、励まし応援してくれた両親に、いま改めて感謝しております。

仕事と関係なくとも医学部で学ぶ機会が与えられたことは、自分への大きな力となりました。小児科学を通して命というものの成り立ちに驚嘆し、また成長発達過程における生命の神秘に満ちた驚くべき営みについて学び、創造主への畏敬の念でいっぱいになりました。子育てには祈りと感謝の気持ちが不可欠であることを学ぶことができました。わが子三人を育てながら、実際の小児科学を身をもって体験学習できたことはありがたいことでした。仕事と家庭、子育ての両立を保ちながら、研究生活を曲がりなりにも続けてこられたのは、家族をはじめ周囲の暖かいサポートがあったことと、私自身、健康であったからだと、そのことにも感謝しております。

感染免疫領域、とくに予防注射の開発時期に麻疹、風疹、ムンプス、インフルエンザ・ワクチン開発の研究に携わってまいりました。この研究が研究だけに終わらず、実際の仕事場でのライフワークとなり、小児の健康を守るために役立つ仕事に結びついたことは、最大の喜びです。日本のワクチン開発に微力ながらお役に立てたことで、三人の子供を抱えながら、朝早くから夜遅くまで研究のために飛び回っていた時期の苦労が、懐かしさへと姿を変えております。

保健管理センターでの研究は児童、生徒の健康管理を通して、疫学的調査研究が大きなテーマとなりました。乳幼児期に接種されたワクチンの免疫持続状況、ワクチン接種率と罹患状況の推移、学校伝染病の感染予防対策としての抗体保有状況の調査、などを続けてまいりました。ワクチンを接種したまま、その後の調査がなされていないのが現状で、慶應義塾での長期にわたる追跡調査研究は学会からも期待されていたと自負しております。このような研究を続けてこられたのは、慶應義塾当局の深いご理解とご支援があったこと、保護者の皆様、教職員の皆様が私共を信頼したいへんご協力くださったこと、共同研究者として最高の力を発揮してくださった北里大学生命科学研究所ウィルス感染制御の中山哲夫教授はじめ研究所の皆様、慶應義塾大学医学部小児科学教室の諸先生方のおかげと改めて厚く御礼申し上げます。』

本日は貴重なお時間を、個人的なお話にお付き合いいただきありがとうございました。

仕事人生振り返り

太田芳枝

おおた　よしえ　日立製作所取締役。昭和四十一年慶應義塾大学経済学部卒業、労働省入省、六十年大阪婦人少年室長、労働省婦人局婦人政策課長、労働省大臣官房政策調査部総合政策課長を経て、平成三年石川県副知事、同六年労働省大臣官房政策調査部長、同七年労働省婦人局長。同九年、(財) 21世紀財団理事長（十七年より顧問）、現在、東京都公安委員会委員、芝浦工業大学評議員、(株) 日立製作所取締役、宝酒造 (株) 監査役等を兼務。

はじめに

塾の大先輩からの一本の電話が、この原稿を書く発端となった。岡本寛子さんである。お断りするにはあまりに恐れ多い。お引き受けすると返事をしたものの戸惑っていたことは事実である。その後、古田映子さんが二冊の「プロジェクトF」を送付してくださった。女性が大学教育を受けられるようになったころからの方々の貴重な経験を読み、それぞれの人生の重みを感じた。それらに比べ、私の過ごした日々は特段のこともないように思うが、仕事が好きで、仕事を続けてきた一人の女の雑感として書いてみることとした。

「就職」するまで

現在の女性の大学進学率は四割近いが、半世紀前は女性の四年制大学への進学率は数パーセントにすぎなかった。明治生まれの私の父親は、「女が大学に行くことはない」という考え方であったが、娘に押し切られ、結局三人の娘たち全員を大学に進学させる羽目になった。受験勉強の末、慶應義塾の学生となった。私は遊ぶことも学ぶことも好きだったので、塾の四年間はよく遊び、学んだ青春と言える。今もそうであると思うが、大学の授業の過半は知的興味をそそるものであった。山好きの友人たちと夏山を歩き高山の花の写真を撮った。百名山も半分は踏破したと思う。「自分の生活は自分で律する」「自分の人生は自分で決める。他の人に従属したくない」と考える独立心の旺盛な学生であった。

「独立自尊」は福澤諭吉のバックボーンであるが、慶應義塾に通った故ではない。公立高校の教育の結果であると考えている。当時の慶應の女子学生としては、少数派であると思う。経済学部の女性は慶應女子高校の出身者が多かったせいであろうか、肌合いの違いを私が感じていたことは事実である。

就職することは私にとって当然であった。四年の夏に就職活動を開始したが、当時四大卒の女性を採用するという企業は皆無に近かった。無理に頼んで試験を受けた出版社では、「成績がよいので取締役会で協議したが、残業や深夜業が多いので、やはり採用できない」と言われ結局不採用になった。男子学生の就職は次第に決まっていく。私のほうが意欲も高いし、成績も良いのにと怒るものの、相手に女性を採用する気持ちがないのだから遺憾とも し難い。我が国社会は人を能力や意欲ではなく、「性」によって評価するのだということを知った強烈な実体験であった。その不合理さは、「公正」や「公平」に対する私の感度を高めたと思う。

国家公務員と地方公務員試験も受けていた。運よく労働省に採用され、「公」に奉仕することとなった。大袈裟に言えば、国家公共の目的のために働く機会を与えられたわけで、本当にうれしかったことを思い出す。運が強かったとしか言いようがないが、人生において「運」は結構重要な要素である。判断力や決断力が、運に気がつき、運をつかむことを助けてくれるのだろうか？

公務員生活のスタート

労働省に入省してから退官するまで三十二年と三ヵ月であった。「公」の仕事は大変やり甲斐があった。その間、配置転換十四回、地方勤務三回である。一言で言えば「いろいろありました」なのだが、その「いろいろ」は過ぎてみれば結構楽しい。

労働省には、当時でもかなりの数の女性の先輩がおられ、活躍していた。皆さんキラキラと輝いていた。結婚し、育児と仕事に格闘している「ロールモデル」が既に存在したことは心強かった。とはいえ、公務員の世界においても人事管理は男女で差があった。先輩たちが団結して「あけぼの会」なるものを立ち上げ、人事担当課長に物申していた。人事の不満を個人が言うのではなく、集団で実施する賢さに感心した。私が「係長」になるころには男女による昇進の差はなくなっていた。

霞ヶ関の労働時間の長さはなかなかのものであるが、このころはとくに長かった。毎日最終電車に近い。休日出勤もした。仕事とは「一に体力、二に体力」を実感する日々であった。文章を書く、予算を獲得する、折衝する等ひたすら吸収する時代である。二十歳代後半は職業人としての基礎的な能力を身につける大変重要な時期である。女性たちの職場進出の高まりにつれ、結婚年齢や第一子の出生年齢が上昇することは当然の帰結だと思う。昨今、出生率の低下から仕事と育児の両立支援策の充実が政策レベルで議論されるようになったが、仕事をしたい人のキャリア・アップを阻害しないようなシステムの構築が必要であると思うし、とくに仕事や家事・育児に関しての男性の意識改革が不可欠である。

私生活

就職二年目に塾の同級生と結婚した。商事会社の社員である。外国勤務は妻の同行が当たり前の時代であったが、夫が外国勤務になっても私は同行しないと宣言してあった。「退職」という選択肢は私にはなかった。妻の不同行が原因で出世できない程度の人なら結局出世はしないと確信していた。組織の中の人物の評価は長期にわたるものである。たかが一回の妻の不同行に左右されるはずはないと思う。

夫の家事能力は限りなく零に近かった。やる気にも欠けていた。夫婦のうちできるほうが家事をしてしまうと女性が負担せざるを得なくなる。私はかなりいらいらし不満を募らせた。家計負担が平等なら、家事も平等であるべきなのだ。夫ができそうな家事を夫の分担にする、家の中が汚くても我慢をする、ゴミの中では死なないとうそぶく、できるだけ家事を「外部化」する等々努力した。人間はなかなか一気には変わらないが、少しずつでも諦めずに、根気よく説得とおだてと脅かしで家事分担の平準化を進めてきた。未だ十分ではないが、かなり状況は改善されている。

私は「世間の目」にはたいへん疎い人なので、世間の評価は気にならない。結婚当初から

「よい嫁」を演じるつもりは全くなかった。仕事の負荷だって少なくはない。それ以上は「勘弁してよ」という感じである。一日二十四時間しかないのであるから、どう優先順位をつけるかである。私は「仕事」を第一順位にした。あれもこれもは無理である。完璧は狙わない。「適当」「よい加減」を肌で関知する能力は高くなった。必要最低限を要領よくこなす術にも長けていると思う。

結婚することが強い社会規範でなくなった現在では、若い女性が結婚したがらないのは理解できる。多くの世の男性の日常生活能力のなさには失望することが多い。家事や育児に価値を置いていないことの表れでもあろう。少子化や教育問題を嘆くのであれば、男性の家事への関与を増やし、息子や娘の育て方を修正すべきであると痛感している。

二十九歳で娘が生まれた。私の時間は仕事中心で回っている。私の両親が孫の育児を担当してくれることになった。実家の近くに転居した。孫の面倒を見てくれた二人にはたいへん感謝している。親子の間柄であっても「養育費」は応分を支払った。私の心の負担としたくなかったことが理由である。公立保育園に無事入園できたときは嬉しかった。小学校時代の放課後保育もより一層の充実が必要である。

単身赴任と置き去り赴任

娘が一歳になったとき夫が外国駐在となった。もちろん彼一人での外国生活、置き去り赴任である。その二年後、今度は私が山形に行くこととなった。夫は未だ外地である。三歳の娘に、「ママと山形に行くか、東京のおばあちゃんのところに残るか」尋ねたところ、「残る」と賢明にも答えた。その結果、三ヵ所の離散家族と相成ったが、私の単身生活は快適であった。抜群の季節感、蔵王でのスキー、山菜採り、温泉、山寺や出羽三山、芭蕉の出羽路巡り、夜を徹しての黒川能の見物やこけしの蒐集もした。こけしは今やかなり色褪せたが、我が家の本棚に詰め込まれている。

初めての雪国生活で雪かき、屋根の雪下ろし、水道管を凍らせ庭の雪を暖めてトイレの水にするという経験もした。官舎のトタン屋根に降る雪が雨に変わると音がする。その音に春を感じる。

山形時代の途中で、夫が帰国。家族でスキーや東北旅行を楽しんだ。青森の「ねぶた」見物では娘が「はねと」の行列について行き、鈴をもらってご満悦だったことを思い出す。第一線勤務は「現場」を知るたいへん貴重な機会である。どんな組織でも第一線との意思疎通がうまくいくことが不可欠である。本社組織が唯我独尊にならないための努力を惜しんではならない。

管理職経験は「自分で考え、責任をとる」ことを教えてくれる。労働組合との交渉も経験した。「ぶれないこと」「押したり引いたりすること」「どこで落とすか見極める」等を学んだ。どのような仕事であれ、新しい経験はおもしろい。機会が与えられたら積極的にチャレンジしていくべきである。なかでも「修羅場」の経験は貴重である。人としての幅を広げ、自信に繋がっていくと思っている。個人的には積極的に何度もやりたいとは思わないが、若いうちに一、二回経験するのも悪くはない。

二回目の単身赴任は昭和六十年（一九八五年）から二年間。場所は大阪。時あたかも男女雇用機会均等法が制定、公布されんとしていた。私の女性行政との付き合いの始まりである。たいへん世の中の関心の高い法律であった。企業を回り、男女差別のない人事管理の導入をお願いすると共に、女性に対する独身寮の整備、結婚退職割増金制度の廃止、制服のありかた等も議論した。新しい法律をどう定着させていくのか考える日々であった。

大阪は本音をストレートに言う人が多かったので、違和感はなかった。第二音が上がる（東京とは逆）大阪弁にも慣れた。交通マナーの悪さにはびっくりしたが、この雑然さが大阪の活力の源泉かもしれないとも感じた。水の不味さには閉口した。今のように「水」が有料で売られていた時代ではない。水道水を一度沸騰させて、その後冷蔵庫で冷やして飲料水とした。

されど関西は文化にあふれている。京都の祇園祭、五山の送り火、茶室巡り、鴨川をどり、奈良東大寺のお水取り、唐招提寺の観月会、若草山焼き、正倉院展、桜と紅葉、季節ごとの秘仏公開等々。東京では味わえない歴史の重みを堪能した。神戸や滋賀、甲子園にも出かけた。

三回目は石川県である。平成三年（一九九一年）末からの二年半。仕事は「副知事」。この年東京と沖縄に女性の副知事が誕生していた。時代が変わりつつあることは認識していたが、その仕事に私が関与するとは思わなかったのでかなり吃驚した。今や女性副知事が任命されてもニュースにもならないが、当時はテレビで全国放映された。それまで私がやってきた労働行政は全国斉一性を尊ぶ仕事であるが、地方自治は知事を頂点とする地域の政策力が大きく影響する。私が仕えた中西知事は八選（今ならあり得ない？）の大ベテランで、なかなかのアイデアマンであった。医療や福祉や文化に造詣が深く、アンサンブル金沢を初めとする文化の発出に、中西知事の果たした功績は大きいと私は考えている。

行政的には、高齢化が進み、加賀と能登の格差問題を抱える。勧進帳の舞台である安宅の関の小松市は基地の街でもある。石川は未だ「加賀百万石」が色濃く残り、季節の折々の行事も守られている土地である。輪島塗、加賀漆器、加賀友禅、九谷焼、大樋焼、能、茶、北前船、縄文遺跡等興味は尽きない。食文化の水準は大変高く美味にあふれている。地方都市の豊かさを実感させてくれる。

三田会活動もたいへん盛んで当時の鳥居塾長にもお出でいただいた。見知らぬ土地に放り出されたような者にとって塾の結びつきはありがたい。地域のリーダーとして活躍している方が多い。塾の人材の厚みを感じることができる。

「雪は墨絵のようにものの境を曖昧にする」と建築家の故芦原義重氏が言われたが、その言葉通り、雪国石川県の人は是非を明瞭にしない傾向がある。東京育ちにはちょっとばかり辛い部分もあったが、ポストが救ってくれたと感じている。地方の時代への流れは、強くなっているが、それは政策競争の時代でもある。地域に住む人々が自治体や議員任せにすることなく、自分たち住民はどうしたいのかを考え、施策に目を光らせ、自らも行動し、貢献することが求められている。

「単身赴任ですか」という質問はどこででも受けたが、石川県が一番多かったと思う。夫婦が別々の組織で働いていたら「やむを得ないのでは……」と言いたいのだが、質問者の意図、期待している回答は不明である。夫を置き去りにしている妻を非難しているのかもしれないし、置き去りにされた夫を哀れんでいるのかもしれない。単に信じられないだけなのかもしれないが、その質問に女性副知事がかなり辟易したのは事実である。どう答えてよいのか戸惑うばかりであった。一言付け加えると、女性の単身赴任はとても快適である。二十四時間が自分の時間であり、独身時代の優雅さを思い出す。新しい仕事はキャリア・アップにつながることは間違いない。後輩諸姉もチャンスがあったらぜひ体験されることをお薦めする。

個性は性を超える

我が国社会は、「男は仕事、女は家庭」といういわゆる性別役割分担意識や、男性と女性は根本的に違うといった性差の違いを強調することがたいへん強い社会であり、男女が人間として対等という考えがどの程度理解されているのか、私はいささか疑問に思う。個人がどう考えようと自由ではあるが、性別役割分担意識によって、女性の生き方が制限されることは問題であり、社会的損失である。

労働省女性局の歴史はその性別役割分担意識との戦いの歴史でもあったと思う。女性が初めて参政権を得、投票した昭和二十二年（一九四七年）四月十日を記念し、十日からの一週間を「婦人週間」と称して、昭和二十四年からPR活動を展開していた。

昭和六十三年、課長として第四〇回の婦人週間を担当した。そのときの標語が「個性が性を超える」である。絶品であると自画自賛した。塾出身の新人職員の作品である。人間を「性」ではなく、個人の意欲や能力で評価することを求める「男女雇用機会均等法」の理念を見事に表現していると思う。性にとらわれず、それぞれの個性が大切にされ、自分らしく生きていける社会を作っていくことが課題であるとして、これまで努力してきたが、未だ道半ばである。二十一世紀を背負っていく方々がこの方向をさらに進めていってくれることを期待する。

「婦人週間」は平成十年（一九九八年）に「女性週間」と名称を変えたが、平成十二年に約半世紀の歴史を以て終了した。昭和五十年の国際婦人年、その後の国連婦人の十年、女子差別撤廃条約の発効と批准、男女雇用機会均等法の制定と改正、男女共同参画社会基本法の制定等につながった、女性の地位の向上にとって貴重な半世紀である。田町駅横にある「女性と仕事の未来館」の展示室に、婦人週間のポスターがある。ポスターの変遷に戦後の女性の歴史を見ることができる。塾の行き帰りに立ち寄って、「来し方」を実感してほしいと思う。それはほんの少し前の日本のことなのであるから。

公務員生活の最後の仕事が男女雇用機会均等法の改正であった。募集・採用、配置・昇進の努力義務規定を禁止規定とし、新しくセクシャルハラスメントやポジティブアクションを盛り込み、労働基準法の女子保護規定を廃止した。法律改正作業は多くの人の力が必要であるが、局長として取り組めたことはたいへん幸せであった。

退官後のこと

平成十年に労働省を退官した。公務員の仕事は、変化と刺激に富んでいて、私にたいへん充実した豊かな日々を与えてくれた。仕事中心で人生を回していこうと考えた若き時代の私の決断は間違っていなかったと思っている。退官後、(財)21世紀職業財団の理事長になった。この財団は男女雇用機会均等法の施行を機に設立され、企業における良好な雇用関係の確立、仕事と家庭の両立、短時間労働者の雇用管理の改善等を厚生労働省の委託等を受けて行っている。長期勤務を前提とする公務員社会とは全く違った組織であり、人事管理には意を払ったが、組織を切り盛りしていく大変さと楽しさを七年間経験した。組織の長は常に組織の現在・未来を考えていた。そして今もなお、いくつかの仕事をしている。社会にもお返しすべきと考えて活動もしている。

現役時代に比べ少し余裕のできた時間は専ら「遊」に当てている。まずは、芭蕉の「奥の細道」を三回に分けて車でたどった。東京千住から岐阜大垣まで。最近は歩く人も増えているようであるが、この旅にはかつての赴任地である山形や石川が含まれており、思い出を辿りつつの旅でもあった。地方自治体による由緒ある土地の整備がすすんでいることを実感した。「奥の細道」を読み返し、旧跡や歌枕の土地を尋ね芭蕉や西行の時代に思いをはせる時間はたいへん楽しかった。

昨今は、秘湯といわれている温泉めぐりにも情熱をもやしている。温泉宿のひとときはのんびり、ゆったりとした気分になれる。少し遠いのだが、東北地方の温泉ファンである。我が国は泉質、温度の異なる温泉が多くあり、変化に富んでいる。掛け流しの温泉水や名水をゲットして車に積んで帰り、自宅で楽しむ。上手にならないゴルフは健康のためと割り切って続けている。ゴルフは努力が報われない皮肉な競技であるが、スポーツはすべからく「才能」が大きく影響するものなのであろう。諦めつつ、惹かれている。美術館も好きである。日本の権力者や数寄者たちが残してくれた貴重な文物にじっくりと向き合うひとときはとても幸せである。学生時代に読んだ古典も読み返している。以前とは違う印象も面白い。

仕事のある人生のすすめ

どんな生き方をするのかは個人の自由であり、どれがよいとか価値があるとかではないが、人生は選択の連続であり、得るものと失うもののトレードオフである。どういう人生にするかは自分で決めるべきである。他人に愛され受け入れられ社会の環境に順応するだけでは、人間として十全ではないと私は考えている。女性を寄せつけなかった職業上の差別はなくなり、女性ががんばれば評価される時代になってきた。少子化の進展によりこの傾向はさらに続くであろう。私は若い女性たちに仕事を継続する人生を選ぶことを勧めたい。仕事が与えてくれる充実感を味わってほしいと思う。

人間関係には対立や葛藤が絶えない。人間社会とはそういうものであると先ず観念する。対立を調整するのが法律であり、制度であるが、個人としては、人間関係が安定しないとなにかと支障が生じる。仕事上の葛藤を上手く処理する術、敵意や憎しみの感情を抑圧したり避けたりするのではなく、処理する力をつけることである。さらに、異質な他者を認めて折り合いをつける。めげずにタフでポジティブでありたい。

仕事には責任と評価がつきまとう。評価のなかに身をさらし、努力や忍耐を強いられながら仕事をこなしていく経験の積み重ねが、人間としての幅や厚みを増すと思う。失敗を恐れることはない。仕事の能力は仕事を積み重ねていく間に、伸び、引き出されていくものである。長い間の経験とチャレンジ精神とそれにチャンスが加わって能力は育っていく。仕事をこなす能力に男女の差はない。自分が有能であると信じ、本当に有能であるように努力をし、それぞれの人生を志高くこなしてほしいのである。

三田キャンパス・東館

アートの楽しさと保存の大切さ

杉山真紀子

すぎやま　まきこ　文化財保存の専門家。慶應義塾大学文学部卒、東京藝術大学大学院卒。学術博士。カナダ国立文化財研究所研究員、(財)文化財虫害研究所研究員などを経て、現在は東北芸術工科大学講師、東京芸術大学大学院非常勤講師(隔年)、文化財保存修復学会監査、日本家屋害虫学会理事、NPO日本伝統芸能振興会理事などを兼務。著書に『萬來舎』、『博物館の害虫ハンドブック』、訳書に『建築の七燈』など。

自分のことを話すのには未熟な身でありますが、この機に少々お話させていただくことにします。まず私が携わっている仕事の話をいたします。

今、いろいろな場所に博物館や美術館のすてきな建築がたくさんできています。私はそういった建築の室内環境を検査して、それぞれの館に適切な展示と保存の指導をおこなっています。

多種多様な博物館（美術館や歴史資料館も含みますが、ここでは一括して博物館と言うことにいたします）があり、それぞれ異なった材質で異なった年代と場所でできている収蔵物を保有しています。それらを「保存」し、同時に「展示」するということは難しい作業であり、またこの二つの作業は実は相反する作業なのです。展示されていればいろいろな悪影響が出るかもしれません。しかし、この悪影響は皆無でなければならないのです。それで私はこの二十年間、大学の研究室で美術材料一〇〇〇点以上のサンプルを作って、博物館内で使用されている殺虫・殺カビ剤が、展示物にどのような悪影響を与えているかという実験をおこなっています。それから博物館の収蔵庫や展示施設の企画・設計に携わったり、また上野の東京芸術大学と、山形の東北芸術工科大学で「文化財保存科学」という授業を担当しています。

文化財保存科学

さて今日、ここにご出席されておられる方々は、「文化財保存科学」という学問があることをご存知でしょうか？　文化財や美術品の保存には、それなりの環境調査が必要であることは言うまでもありません。また建造物や遺跡の修復、あるいは油彩画や日本画、古書籍を修復する前に、X線撮影、紫外線・赤外線撮影、電子顕微鏡測定、薬剤抽出検査などによって材質の分析、年代測定、真贋測定などをします。こういった種々のデータと並行して、作品の背景にはどのような歴史的経過があったか、またどのように保管されてきたかという情報も必要です。このように資料的情報と科学および化学的データを深く掘り下げて研究し、いよいよ修復の作業に入ります。こういった保存・修復に関して一連の研究をするのが「文化財保存科学」です。

文化財の保存・修復が一つの学問となったのは、早くは英国とフランスにおいてで、今から百年ほど前です。日本での文化財の保存・修復は、江戸時代から師匠と弟子の関係でおこなわれてきて、実際に師匠の脇で手作業を傍観し、手伝いをしながら保存・修復の技を習得するやり方で伝わってきました。

日本には古くから「表具師」という職業があり、家族が代々受け継いで掛け軸の修復をするというすばらしい伝承法があります。また日本人はお経や祭りの道具を代々大切に保管していますし、普段の日常生活においても衣類や食料品を上手に保管する知恵を持ち合わせています。

また日本は、夏の高温と湿気に悩まされます。特に日本の文化財や美術品は紙製品や木製品が多いので、害虫やカビ害に遭遇しやすいのです。それで昔から天気の良い日に「虫干し」や「曝涼」をおこなったり、正倉院建築にみられるような「高床式・校倉造りの建築」をお蔵にしたり、「仏像の煤払い」を年中行事にしたり、キハダや数種の植物を乾燥させて「薬香」として掛け軸に添えて害虫忌避剤にしたりと、先人たちに見習う保存法がたくさんあります。私はこういった昔から伝えられてきた保存法を重視して、博物館でも殺虫剤などに頼らないで、「目を通し風を通す」といった昔からの諺の通り、まず予防することを学芸員たちに奨励しています。これは地球環境保全とも一致することでもあります。

ＩＰＭとは？

近年、博物館の害虫駆除の分野でも、農業害中や衛生害虫の分野に見習ってＩＰＭ(Integrated Pest Management 総合的害虫防除管理）と言われている処方をおこなっています。これは化学薬剤を極力使用しないで、計画的に検査することで、害虫、カビ、ネズミ、ハト害などを防除して、その後も被害が起きないように、展示方法や建築も改善する博物館での予防医学です。欧米諸国やオーストラリアや南アジアなどの博物館では、既に十年以上も前からこのＩＰＭをおこなっており、殺虫剤を使用することなく、館内での害虫やカビ被害を無くしています。

私は多くの博物館に「害虫見張り番」として定期的に行き、収蔵庫や展示室はもちろんですが、人が入らない屋上にも行って防水状況、風速や日照の調査をしたり、古い建築の天井裏や床下にも行ってネズミの調査をしたりします。最近の博物館建築はガラスの壁面が多いのでガラスにぶつかって死ぬカラスやハトの死骸集めや、小動物や鳥の巣探しもします。最近は美大の学生やボランティアの人々も協力してくれて、博物館内での害虫やカビ害は減少してきています。

学校では机に向う勉強、家では社会勉強が当たり前

今日の講演は、特に「女性と仕事」というお話を含んでというご依頼でしたので、ここで少し私の経歴をお話させていただきます。

私は、女子ばかりの田園調布雙葉学園高校に通っていました。大学では、もっと幅広い世界を知ることを希望して慶應義塾大学に入学しました。小さい頃から美術に関することが好きでしたので、美学・美術史学科を専攻しました。担任の教授は三輪福松先生と海津忠雄先生でした。

三輪先生の授業はギリシャ・イタリア美術でスライドを見ながら古代ギリシャの彫刻や建築がいかに美しく、その後の世界美術史の基盤になっていることを学びました。熱気にあふれた講義でした。教室がデパートの展覧会会場や麻布の画廊になることもしばしばありました。文字通り「アートの楽しみ」を教えていただきました。

海津先生の授業では「美とはなんぞや？　エステティックとは？」といった哲学的な美の世界を学びました。ドイツ語の原書講読の授業では前日の辞書引きが大変でしたが、若い時の勉強の努力は後になって本当の財産になるものです。この両先生に教えていただいたことは、その後の〝私形成〟に繋がっています。

大学卒業後は英語の勉強を深めることを希望して通訳の専門学校に通い、国際会議の通訳や父の建築事務所で通訳をしていました。その後、結婚して一男一女を授かり子育てに奮闘していました。

ここで私の両親の教育信念について少々お話させていただきましょう。私の父は学校から帰ってきてからは、机に向かって勉強することより、台所で母親の手伝いをすることや、家の近所での自然観察を奨励していました。その頃、私たち家族は目蒲線の洗足に住んでいました。まだ舗装道路もなく、夏の暑い日ざしの中、道端には雑草が子供の私の背丈より高く茂っていて、セミが鳴き、草むらにはてんとう虫や昆虫がいっぱい見つかりました。秋になれば赤トンボを追っかけながら遊んでいたものでした。

私が試験の前夜、自分の部屋で勉強をしていると、必ず〝もう寝なさい〟と言って電気を消してしまう父でした。「机に向かってする勉強は学校ですること。家では社会勉強をするのが当たり前」というのが父の信念でした。それで家に帰っても机に向って勉強していると父に怒られてしまうので、私たち兄弟は、学校で授業中に勉強をクリヤーしておかなければなりませんでした。

それで小さい時の思い出として残っているのは、父は大学の教員だったので夏休みがあり、家族で近くの洗足池でボートに乗ったり、植物観察をして、家に帰ってきてから父と図鑑で調べたり、そんなことをよくしていました。また外国から有名な展覧会がくると、試験の前日であっても父に連れられて見に行ったものでした。上野の博物館での「モナリザ展」を見るために長い列に並らんだり、「エジプト展」なども父と一緒に行った展覧会は子供ながらに心がときめいたのものでした。いわゆる今の言葉でいう「教育ママ」的なことは一切しない家庭で育ちました。

再び受験、芸大大学院へ入学

私は下の子供が小学校に入った時期を機会に、再び慶應義塾大学へ通うことになりました。と、言いますのは、ある時、大学時代からの恩師・八代修次先生から久しぶりにお電話を頂戴して、八代先生が調査をしていらした「イサム・ノグチと慶應義塾大学」についての資料集めのお手伝いをさせていただくことになり、同時に、美術史の聴講生となりました。久しぶりに学生に戻った私でしたが、本当の学生時代とは違ってクラスメートもいませんから、休み時間は授業で使用した絵巻物や骨董品のレプリカを箱に仕舞う手伝いをしていました。若い学生たちは、私が道具を桐の箱に入れて紐で結ぶ日本古来からの茶道具の仕舞い方に見とれていました。そんなことから、私は日本古来の美術品の保存をもっと勉強したくなりました。東京芸術大学に「文化財保存科学」という学科があることを知り、その時から私の「一生・勉強」がスタートしました。

子育に奮闘する毎日の中で、東京芸大「文化財保存科学」への受験はかなり高いハードルでした。しかし自分のやりたいことを目指すのには締め切り期限がないことを信念に持って、まず中学の教科書を出してきて、化学記号を子供と一緒に台所の壁に貼って暗記していました。慶應大学の卒業論文にも手を加えて二年間の受験勉強の末「東京芸術大学美術学部大学院保存科学専攻」に入学しました。

芸大大学院の時期は、子供たちが学校に行っている昼間の時間帯は、私も大学へ行き美術品の顔料分析やX線調査をしたり、博物館や神社仏閣の調査に走り回っていました。夕方になれば自分の研究のために辞書を片手に料理をしていました。

大学院の博士論文作成中は、自宅のガレージで、美術品を食い荒らす昆虫を卵から孵化させて飼育して実験していました。博物館から中古の展示ケースを買い取り、その中に昆虫と美術品のサンプルを入れて、昆虫がどのような環境条件で展示品を加害するか、またどのような展示品を、どんな昆虫が加害し、また薬剤が各種美術材料へ与える影響を調べていました。こういった研究はバイオアッセーと言いますが、一ミリ以下の小さな昆虫の厳密な数と美術材料との距離を測定するので、生きている昆虫を数える時は、台所で使用している冷蔵庫に一分間ほど昆虫を入れて、一旦眠らせた状態ですばやく数えるのです。同様に種々の昆虫の卵、幼虫、サナギ、成虫もそれぞれ一旦冷蔵庫に入れてから、すばやく数えて、それぞれの殺虫剤抵抗性を測定するのです。その頃の我が家の子供たちは、他のお母さんたちも同じようなことをやっていると思っていたそうですし、外で昆虫を見つけると「ママのムシ」と名付けて私にプレゼントしてくれたものでした。こういった研究に七年かかりましたが、努力が実り、文化財保存分野で世界初の博士号として、「有機性殺虫剤の美術材料への影響」の論文で学術博士号を授与されました。

カナダに単身赴任

それからカナダ国立文化財研究所の「美術品の環境と劣化研究室」に、カナダ政府招聘研究員として三年間単身赴任いたしました。この期間中は二カ月間をカナダで過ごし、二週間を東京で過ごすという生活パターンを続けていました。

赴任先はカナダの首都オタワで、冬の気温はなんとマイナス三〇度にもなり、秋にはメープルの紅葉の下で人々の顔が真っ赤に染まるほどの美しい紅葉の地でしたが、しかし週末でも観光を楽しむ余裕は全くありませんでした。

ここでは「紙質文化財の湿度変化による影響」という自分の研究とは別に、私の研究室には、世界各国から博物館での保存と展示に関する問い合わせがあり、また屋外展示品の劣化調査に出たり、ここの研究所では博物館に関する専門の知識を持った人たちがグループを作ってキャラバン隊のように大きなワゴン車に乗って、方々の博物館に出向いて保存と展示の指導をおこなっていました。週末はその準備で私は大変でした。

カナダの研究所では、実験データはコンピューターを使わず、手描きの大きなグラフが要請されていました。それも非常に大きく折れ線グラフや放物線グラフを描くのです。毎週月曜日には、私が描いた色とりどりの五〇枚ほどもある大きなグラフを床に置いて、各地からの博物館の人たちがその周りに立って、討論するのです。なるほどグラフはコンピューターで描くより、手で描く方が、描かれた範囲を超えた前後のデータが読めるということを、このカナダでの勉強法で教えられた次第でした。この時、私が苦労して描いた手描きによる大きなグラフは、今でも日本での博物館内の温度・湿度の変化によって起きる美術品の劣化の目安に役立っています。

カナダから帰ってから私は、日本の伝統的な保存法に現代のハイテク技術を導入した「無酸素展示ケース」を開発しました。それでむやみに薬剤を使って害虫を駆除するのではなく、「無酸素展示ケース」を使用することによって、展示しながら害虫やカビの繁殖を防ぐ方法を奨励しています。この「無酸素展示ケース」はウィーン王宮博物館で「ハップスブルグ家の王冠」の展示ケースとして最初に採用されました。私がドイツの研究者たちと開発したものので、博物館の広い空間を全体空調しないで、しかも殺虫剤も使用せずに、脆弱な美術品をこの展示ケースの中で、それぞれの材質に適した温度・湿度・酸素濃度で保存・展示するので、ランニングコストの低減にもなり、環境保護を重んじるエコ・システムとして世界各国で好評を得ています。また最近私は時々授業中に大学生たちと昆虫採集をしたり、子供たちや昆虫学者たちと昆虫の標本作りにも熱を入れているので、いつのまにか「虫愛ずる女」になっています。

「博物学」という言葉は福澤諭吉先生が最初にお作りになった言葉です。そして日本は世界に希にみる程のすばらしい「文化財の保存法」を伝承してきました。この日本の「文化財保存科学」を、私たちは誇りとして、大いに世界に発信していくべきだと私は思っています。

以上、取り留めなくお話させていただきましたが、どうぞこれからは博物館にいらしたら、アートを楽しみ、その裏側では美術品の「保存」の研究があることにもご関心をお持ちくださいませ。

慶應義塾とイサムノグチと谷口吉郎　慶應義塾は第二次世界大戦で空襲の被害を最も多く受けた大学といえよう。三田山上も塾監局、第一校舎、演説館以外は殆ど焼失した。その焼け跡に四号館、五号館などたくさんの校舎が建てられた。その設計をされたのが、谷口吉郎氏であった。

できあがった建物は縦長の窓がモチーフの美しいものであった。谷口氏の近代的建物とイサム・ノグチ氏のモダーンな彫刻のある庭のコラボレーションである萬來舎も建てられた。山食と言われた学生食堂がある学生ホールも谷口氏の設計によるものである。室内の猪熊弦一郎氏によって描かれた壁画は明るい雰囲気をかもし出し、学生はその前の階段で壁画とともに、よく写真を撮ったものだ。慶應義塾は資金が乏しい時代だったが、優れた建築家に依頼し、その建築家が精魂込めて設計がなされた。学生たちは美意識を高められ、美しい建物のなかにいる幸せを感じていたのである。杉山真紀子氏は、その谷口吉郎氏の次女であり、ニューヨーク近代美術館を設計された谷口吉生氏の妹さんである。（編者注）

三田キャンパス・移築された萬來舍内部

矢上キャンパス・創想館

放送プロデューサーとしての私の仕事
――あぐり・利家とまつ・そして館長

浅野加寿子

あさのかずこ　ＮＨＫ放送博物館館長。昭和四十五年慶應義塾大学文学部史学科卒業、日本放送協会入局。番組制作局ドラマ番組部エグゼクティブ・プロデューサー、放送総局アニメーション室長を歴任。平成十八年七月から現職。「わたしが愛したウルトラセブンⅠ、Ⅱ」放送文化基金賞、「百年の男」芸術祭作品賞、平成十年エランドール・プロデューサー賞、同十五年放送ウーマン賞２００２を受賞。

本日はお招きいただきましてありがとうございます。

私は昭和四十五年（一九七〇年）、慶應義塾大学文学部を卒業し、日本放送協会（ＮＨＫ）に入局。今年（平成十八年）六月に退職して、ＮＨＫ放送博物館館長に就任（財団法人ＮＨＫサービスセンターへ転籍）するまで三十六年間、番組制作の現場で働いておりました。その間、平成二年から四年までの約二年間、名古屋放送局に転勤しましたが……。

その仕事を通して考えたこと、得たことを、制作エピソードを交えてお話ししたいと思います。

プロデューサーへの道のり

ＮＨＫに入ってまず、学校放送番組のディレクターとしてテレビ「安全教室」、ラジオ「日本のあゆみ」を担当しました。その後、道徳関連の番組「みんななかよし」でドラマ演出のノウハウを習得しました。年間一〇本で五年間ですから、五〇本のドラマを演出したことになります。入局当初からドラマをやりたいと希望していたので、二十分の小さな番組でしたが、嬉々としてやっていました。

ところがある日突然、「理科番組の担当をして」と言われたのです。組織ですから当然なのですが、このときはかなり戸惑いました。ずっと文科系で育ってきたので、その思考回路に自信もありませんでしたし、黒板を後ろに先生が説明するような番組に、ディレクターとしてどう力が発揮できるかという点で悩みました。急に目の前が暗くなって、毎日元気なく過ごしていました。大げさと思われるでしょうが、かなり落ち込んだのです。でも資料室から関連のフィルムを借り出してきて、山のように積まれたものを見ているうちに、たとえば、てんとう虫も冬眠するんだというような発見もあり、結構かわいいものだなと思い出したのです。

特撮室で、アゲハチョウの幼虫がさなぎから蝶になるまでを撮影しました。幼虫は柑橘類の葉をたべるので、家に帰ってオレンジをむくときの匂いがしただけで、あら、幼虫がいるのかしらと、キョロキョロしたこともありました。あるいは、庭にじゃがいものたねいもを植えたり……。いろいろやっているうちに四季があることを思い出したのです。いつの間にか忘れていたのですね。

八ヶ岳馬鈴薯原原種農場へ取材に行ったときは、――そこはたねいもではなく花の種を取り、種でじゃがいもを育てているところなのですが、じゃがいもの紫の花の美しさに感動しました。紫色の花越しの農夫たちのカットを番組のラストに出したところ、「こんなにドラマティックな理科番組を見たことがなかった！」というお便りを受け取りました。ワンカットで充分に視聴者に伝わったことが、とてもうれしかったのでした。

二年ほど担当したところで青少年幼児部に異動になりました。少年ドラマを希望したのですが、「おかあさんといっしょ」の担当になりました。ミュージカル風に演出したり、楽しく仕事に取り組みました。ぬいぐるみ人形劇は、ブンブン、つねきちから、じゃじゃまる、ぴっころ、ぽろりの時代です。

このときの構成作家の一人が竹山洋さん。二十年後に大河ドラマでごいっしょするなんて、お互いに想像もしていませんでした。四年ほど担当して、次は人形劇「ひげよさらば」の担当になりました。総合テレビの夕方六時から帯で放送されたものです。主題歌の作詞を若手の秋元康氏にお願いし、そしてシブがき隊に歌ってもらいました。それがいきなりオリコンの上位にランキングし話題になりました。

昭和五十九年（一九八四年）、所属していた青少年・幼児部が組織改正でなくなり、ドラマ番組部に異動になりました。入局したころドラマの演出を希望していましたが、十年以上もたって、そのことはとっくに忘れていたのに……。思いがけないときに思いがけなく、願いは叶うものなのですね。一生懸命やっていれば、誰かがどこかで、必ず見ていてくれると確信した瞬間でした。誰かというのは多分、人間を超越した存在のものです。

ディレクターとしてすでに十年選手なのに、ドラマ部ではまだ新人扱い。まずＦＤ（フロア・ディレクター）からということで、銀河テレビ小説「主夫物語」「たけしくんハーイII」などのスタッフに。新人の後藤久美子ちゃんの足をつついてキューを出したりしました。ＦＤというなら、華麗なＦＤになろう！　とお洒落をしてかっこよく機敏に動けるよう心がけました。周囲からは、しごきにも健気にがんばっていると映ったようで、隣の大河ドラマ「独眼竜政宗」準備班のスタッフから引き抜きが来ました。

出演者や収録のスケジュール管理、広報対応などの制作デスクをやりませんか？　というものでした。「花の生涯」以来ずっと見ている大河ドラマに関われるなんて夢のようと思い、是非やりたいとお答えしました。ディレクターからプロデューサー的な仕事への転換でした。

政宗役の渡辺謙さんは右眼に眼帯をしていましたが、左眼によくものもらいをつくっていました。成田山の豆まきのあと、ますます大きくなるものもらいを心配し、夜からの収録は別日に延期しなくてはならないと思っていたのですが、その日に収録しないとセットがなく、また放送にも間に合わないということで、お医者様とも相談のうえ、午後に手術し夜収録するという強行スケジュールを実行。また、朝まだ暗いうち（星が出ているころ）から鬘や鎧をつけて二時間かけて準備、そして深夜まで続くロケなど、ドラマづくりは俳優もスタッフもとにかく体力だと実感しました。その「独眼竜政宗」の平均視聴率は三九・七パーセント。大河ドラマ四十五作中いまだにその記録は更新されません。

平成元年（一九八九年）、連続テレビ小説「青春家族」のデスクになりました。プロデューサーの次ぎのポジションです。一代記物が続いていた朝ドラを現代物路線にし、二人ヒロインで新機軸を打ち出しました。静岡県土肥が舞台でした。

翌平成二年、管理職（チーフ・ディレクター）となり、名古屋放送局に転勤。はじめての地方生活、独り暮らしを体験。「君の名は」「前畑がんばれ！」「オバサンなんて呼ばないで！」などを制作しましたが、スタッフ表示に名前は出ませんでした。

主なプロデュース作品制作エピソード

平成四年（一九九二年）五月、東京に戻りました。チーフ・プロデューサーとしての初仕事は、「私が愛したウルトラセブンI、II」。市川森一さんとの脚本づくり、キャスティング、予算管理など新しい感覚を駆使して話題作になりました。とくに従来のＮＨＫっぽさを脱してのキャスティングは新鮮だと評価されました。

翌平成五年、新枠の「ドラマ新銀河」をまかされました。月曜～木曜日まで毎日二十分ずつ、夜八時台の帯ドラマです。三年間に「トーキョー国盗り物語」「南部大吉交番日記」「帰ってきちゃった」「企業病棟」「ゆっくりおダイエット」「これでいいのだ」「赤ちゃんが来た！」「魚河岸のプリンセス」「妻の恋」の九シリーズを制作しました。

① 楽しくなければドラマではない――時代を鋭く見据え、視聴者ニーズを先取りした切り口で感動的なものを目指しました。

② 話題性のあるキャスティング――沢口靖子、酒井法子さん、後藤久美子さんと郷ひろみさんのダブルＧコンビ、宮本信子、佐久間良子さん、加山雄三さんと星由里子さんの組み合わせ（映画の若大将コンビのその後の始めての共演）、里見浩太朗さんな

どです。

③ テーマ音楽に新風を！——山下達郎、藤井フミヤ、チャゲ&飛鳥、小田和正、竹内まりやさんなど、今までNHKドラマで音楽を担当したことのないアーチストを起用。

以上の三点をモットーにプロデュースしました。各作品に共通しているのは、一生懸命にがんばるヒロイン、ヒーローたちの姿を描いたことでした。それは、番組が視聴者の皆さんの明日へのエネルギーになればという思いからでした。

「百年の男」「おごるな上司！」などの後、いよいよ連続テレビ小説を担当することになりました。

平成九年度前期「あぐり」は、明治生まれの洋髪美容師の半生記。吉行淳之介、理恵二人の芥川賞作家と女優和子さんのお母様である吉行あぐりさんの原作によるものです。

吉行あぐりさんは、明治四十年（一九〇七年）七月十日生まれでいらしゃいますから今九十九歳。つい最近まで現役の美容師を続けておられました。しなやかな強さのある女性の冒険物語で、キャッチフレーズは「人生は素晴らしい冒険旅行」。

この企画は、NHKの資料室で見つけた一冊の本、「梅桃（ゆすらうめ）の実る頃」との出会いからでした。原作になりそうな本を求めて毎日毎日資料室に籠もっていて、ある日、ほとんど人が入らない書架にあったこの本をふと見つけたのです。十五歳で結婚、十六歳で子供を生んでから上京、洋髪美容師として住み込んで修業。新しい女性の生き方がそこにありました。普段はいないのに、あぐりの窮地ここぞというときに夫エイスケが出てきて、あぐりを応援するという夫婦関係が話題になりました。あぐりは新人の田中美里さん、エイスケを狂言師の野村萬歳さんが演じました。野村さんのエイスケ人気はたいしたもので、狂言の公演はいつも満席、また、文学史上吉行エイスケが再評価され、作品の復刻版も出版されました。吉行あぐりさんは再婚されていて、本名は辻さんだったのですが、ご主人がなくなったあと辻姓から吉行姓にもどされたそうです。野村萬歳さんのエイスケが魅力的であったことで、吉行エイスケを見直されたのではないのでしょうか。

連続テレビ小説では、新人をヒロインとして登用することが多いのですが、「あぐり」の田中美里さんも一七三九名の中から選ばれた全くの新人。砂の中からダイヤモンドを探す気持ちで選出しました。見事に期待に応えてくれ、今、テレビ・映画そして舞台で活躍している姿を見て大変嬉しく思っています。ドラマ・オーディションのとき、どういう基準で選ぶかと申しますと、演技的には未知数でも、華があり、〝オーラ〟が出ている方、そして性格がよく、明るい方というのが、私のチェックポイントです。〝オーラ〟というのは以外と見えるものなのです。

平均視聴率は、関東二八・四%、関西三二・九%で高い数字をマークしました。それまでドラマでの女性のゴール、幸せなゴールは結婚でした。制作者側の圧倒的多数が男性だったこともあったと思います。でも女性視聴者の多くはこのラストに不満でした。結婚はゴールではなく、その後にもドラマが続く。むしろそこからが出発点であると私はメッセージしました。放送後、「元気、勇気をありがとう」と共感の声が多く寄せられました。

平成十四年（二〇〇二年）放送の「利家とまつ〜加賀百万石物語〜」の話に移ります。これは、大河ドラマ第四十一作目ですが、私は大河ドラマ史上初の女性プロデューサーということになりました。

平成十二年四月に制作発表をいたしましたが、その年六月、エグゼクティブ・プロデューサー（局次長級）に昇進しました。

戦国時代を共に戦い、二人で百万石の礎を築き上げた前田利家とその妻まつのサクセス・ストーリーを描きました。大河ドラマ初めての夫婦連名のタイトルにしました。キャッチフレーズは、「二人から始まる百万石ストーリー」「男たち美しく、女たち逞しく」――二十一世紀は男も女も互いによいところを認め、助け合って生きる、「男女共助」「男女共生」の時代であると思い、戦国時代と重ねて見ることができるのではと思いました。平成十一年六月に「男女共同参画社会基本法」が制定されていました。私は、このことを知らなかったのですが――。平成十四年放送のとき、この言葉がよく聞かれるようになり、「戦国時代の男女共同参画」という面でもドラマが話題になりました。

戦国時代、「夫婦は領国の共同経営者だった」（作家の永井路子さん）そうですし、首狩り族のように敵の首を討ち取ってきて、その首を洗うのは女性の役目だったようです。やわではやっていられなかった……。またこの時代は夫婦別姓であり、夫婦同姓になるのは明治時代以降です。まつ、おね、お市、淀君など女性の肖像画がたくさん残っている点で、政治面でも女性が台頭していたという説もあります。事実、まつの政治力、行動力が、前田家を救った例は多数あります。たとえば末森城の戦いのとき利家を鼓舞して戦場に送り込んだり、利家亡きあと自ら江戸へ人質として行ったり、また自分の子ではない利常を前田家の三代目に決めたり。つまり戦国時代の女性はとても力があったと思われます。このドラマの企画意図として、

① 律儀、実直、誠実という利家の生き方が、二十一世紀のリーダー像として求められるのでは――。

② 信長、秀吉、家康と同時代に生き、常にナンバー2だった生き方に日本の将来像を重ねること。つまり、ナンバー1になるために無益ないくさをしないで平和を目指すことが大切なのではということ。

③　歴史は人間が作るものだという観点で、夫婦、家族という人間の日々の営みが歴史を作る核であるということ。つまり歴史は、私たちにとって身近なもので、「今あなたもその時歴史が動いた瞬間にいるかもしれない」ので、日々の生活を大切に！というメッセージをこめて、「戦国ホームドラマ」という視点で描き、衣食住のことも大切にしました。

そのころ、直近の何年かに放送されていた大河ドラマの女性像の画一的な描き方に疑問を持ったことも大きくありました。子供を生むことばかり考えていたり、ヒステリックに叫ぶだけで何も変えていない女性ばかりでした。これでは女性視聴者離れが進むばかりです。本当の強さとは何かを考えました。戦国時代、夫たちと共に戦い、時代を築き上げた女性たちがいた――現代女性よ、もっとしっかり！というメッセージを込めました。また、まつ、おね、はる三人の女性の友情とそれぞれの生き方もしっかり描きました。その結果、女性たちの支持を大きく得ることができました。最高視聴率は第三回の二七・六%。平均視聴率は関東二二・一%、関西二二・五%で、最近九年間でいまだ最高です。

収録の時のエピソードをいくつかご紹介いたします。まつは二男九女の母なので、いつも赤ちゃんがたくさん登場していました。同じ年ごろの赤ちゃんをいつも三、四人スタンバイしていました。すやすや眠っているシーンで泣き出してしまうと次の赤ちゃんに取替えるというように……。収録が深夜になることもあり、とにかく赤ちゃんの撮影は、赤ちゃんのご機嫌次第でとても大変です。同じシーンで同じ役のため複数の赤ちゃんが登場ということになると、カットごとに赤ちゃんの髪の毛の生え具合が違うこともままあるのです。

また俳優さんたちは待つのも仕事です。「利家とまつ」のロケ初日のとき、菅原文太さんに午後早いうちから、メイク、鬘、衣装をつけて、現場でスタンバイしていただいていたのですが、あとワンカットというところで、日没になり結局撮影できなかったのです。恐縮するスタッフに「待つのも仕事だから……」とさわやかにおっしゃった姿が印象的でした。

まつの帯ですが、前で結んでいます。衣装さんの話では、実は徳川秀忠のころまで帯は前で結ぶのが普通だったそうです。でも前で結ぶのは「花魁のようでいやだわ」という女優さんが多いので、衣装さんが気をきかせて後ろで結ぶことが多いようです。戦国時代の着物の代表は小袖ですが、これは男女とも同じ形です。今のトレーナーやTシャツと同じですね。デザインも色彩も現代以上に斬新だったようです。材質は、麻↓木綿↓絹と段々よくなっていきます。私は、木綿より麻のほうが上等な感じがするのですが……。

食についてですが、この時代一日二食から三食になったのです。サギ、ツル、トキなども食べていました。利家の事績を記した「亜相公夜話」に、利家が〝ツルの汁に当たった〟という記述がありますが、利家に胆石があったのでは、と後の人が分析しています。つまり油っぽいものに弱かった原因は胆石なのでは、というのです。

また利家たちは尾張、越前府中、能登、金沢と動き、いわば〝引越し家族〟の話なので、転勤先のご当地の名物を登場させました。新しい食材との出会いにどう対応するかもドラマに取り込んだのです。鮒ずし、岩がき、ほたるいか、ごり、ふぐの粕漬け、素麺、ぶりなどです。初めて城持ちになり越前府中城に入城する回で、脚本家は蟹でお祝いするシーンを書いてきたのですが、郷土史家から指摘があり変更しました。当時、海の底にいる蟹を獲る底引き漁法はまだなく、時々栄養不良の蟹が、海面に浮き上がってくるのを食べることはあったとしても、蟹がご馳走ということはなかったそうです。

住については、長屋から金沢城まで段々豪華になる様子が、画面からお分かりいただけたと思います。

出演者は、収録の三か月くらい前からいろいろ特訓をいたします。まつ役の松嶋菜々子さんには、お茶、所作、乗馬に加えて、ボイストレーニングもしていただきました。民放、映画の主演女優としてキャリアのある方なのに、あえてお願いし、快く受けていただきました。時代劇ではお腹から声をだすことが必要なのです。

次にロケについてお話しします。茨城県伊奈町に戦国の町並みのロケセットをつくりました。また岩手県江刺市の〝えさし藤原の郷〟では、大河ドラマ「炎立つ」のときの藤原経清の館を荒子城にして撮影。茅葺屋根だったからです。堀を廻りにつくりました。小淵沢町の〝戦国の館〟で越前府中城、清須城の実景を撮影。八ヶ岳牧場、石川県金沢市などでもロケをしました。なかなかご当地でロケができないのですが……。では、どこでロケをするかといいますと、

① 戦国の風景が残っているところ。

② 特別に訓練された馬がいるところ（戦のシーンの場合、出演者を乗せて火や槍が飛んできても止まらずに決められたコースを走ることができないといけません。しかも一回か二回のリハーサルですぐに本番、というスケジュールの中でです）。

③ エキストラが多く集められるところ。

というのが条件になります。「利家とまつ」の企画から放送終了までは、足かけ四年。平成十三年（二〇〇一年）八月二十三日にクランクインし、クランクアップは十四年九月三十日。収録は十三か月と一週間でした。とても順調なスケジュールでした。

石川県七八六億円、富山、福井を加えると一二四六億円の経済効果があり（日銀金沢支店調べ）、地元経済の活性化に大きく貢献したようです。

余談ですがドラマの制作に入る前に前田家第十八代当主・前田利祐氏にお会いしました。「私たちは親戚のようなものですね」とおっしゃったのですが、実際、前田家と浅野家の関

係を調べてみますと、利家とまつの五女与免と浅野長政の長男幸長が婚約者であったことから始まり（実際は、与免は婚姻前になくなりましたが）明治になるまで、四度にわたる婚姻関係がありました。すべて前田家の姫が浅野家当主に嫁ぐというものです。私は広島四十二万石の最後の藩主浅野長勲の実弟である惟聰嘉吉の曾孫にあたります。この企画をたてたとき、何となく前田利家に、ある親しみを感じたのは、偶然ではなかったのかもしれません。

アニメーションへの挑戦

平成十五年（二〇〇三年）十月、放送総局に新作アニメ開発プロジェクトが発足し、その長に任命されました。総合テレビでアニメ番組を放送したいというNHKの経営方針が打ち出されたのです。短い準備期間しかないのに難しいことでしたが、アガサ・クリスティー作品の世界初のアニメ化を実現しようということになり、十二月中旬イギリス・ロンドンに飛びました。私にとってNHK入局以来初めての海外出張でした。

著作権を持っているアガサの孫のマシュウ・プリチャード氏と会い交渉の結果OKを得ました。正式契約までには、その後いろいろ困難もあったのですが……。平成十六年六月、放送総局にアニメーション室が新設され、私はアニメーション室長（局長級）になりました。

そして同年七月から、総合テレビ日曜夜七時三十分、ゴールデンタイムにファミリー向けのアニメ番組「アガサ・クリスティーの名探偵ポワロとマープル」(三十九本シリーズ)がスタートしました。声優に初挑戦の里見浩太朗、八千草薫さんをはじめ、松方弘樹、唐沢寿明、伊東美咲さんなど豪華な顔ぶれをそろえ話題になりました。アニメにドラマの制作手法をとりいれ、新風を吹き込んだのです。

続いて平成十七年には、「雪の女王」(三十六本)を放送。声優として、涼風真世、仲村トオル、菅原文太さんなどが出演しました。

近年日本の知的財産コンテンツとしてアニメは重要視されています。GNP(国民総生産)の代わりにGNC(グロス・ナショナル・クール〈国民文化力〉)という指標をつくるなら、日本の力は第一位だという論(ダグラス・マッグレイ氏)もあります。

〝クール・ジャパン〟という言葉をご存知でしょうか。〝かっこいい日本〟という意味なのですが。アニメ、日本食、ゲームなどが世界から注目されています。ちなみに、アニメの対米輸出量は鉄鋼の四倍といわれていますし、世界中で放送されているアニメの六割が日本製です。

新たな挑戦――ＮＨＫ放送博物館館長に就任

今年（平成十八年）六月にＮＨＫを退職し、七月一日付けでＮＨＫ放送博物館館長になりました。八十一年前にラジオの本放送が始まった愛宕山。その〝放送のふるさと〟に世界初の放送専門のミュージアムとして開館したＮＨＫ放送博物館。今年は五十年目という記念すべき年です。二万件の放送資料と七〇〇〇点の放送関係図書資料を収蔵する四階建の白亜の建物です。高層ビル群に囲まれてはいますが、博物館前の大きな広場は四季折々の自然の宝庫で、都会のオアシスといったところです。お隣りには、出世階段で有名な愛宕神社があり、東京タワーも近くに見えます。東京タワーがライトアップされ、ビル群がシルエットになる夕暮れ時の風景は、絵のように素晴らしいです。放送の始まり、放送の歴史、放送が伝えるもの、放送のライブラリーと各フロアが、テーマ別になっています。

四階の番組公開ライブラリーには、埼玉県川口市のＮＨＫアーカイブスとブロードバンドで結ばれたブースが十九あり、それぞれの思い出の番組がご覧になれます。また、ドラマで着用された歴代大河ドラマの衣裳の展示室、ニュースキャスター気分を味わえる放送体験スタジオ、そして一二〇人が入れる愛宕山ホールもあります。

〝公共放送とは何か〟の議論が賑やかな昨今、放送の原点を探り、放送の現在そして未来に思いを巡らしていただきたいと思います。

年間十二万人の入館者がいます。皆さんに楽しんでいただけるよう、展示とイベントの両輪に力を入れて運営しております。十月から「大河ドラマをめぐる人たち」というトークシリーズを始めました。プロデューサー、脚本家、作曲家など大河に関わった方たちに制作エピソードやドラマへの情熱を語っていただくもので、新しいファンも増えつつあります。

来年（平成十九年）一月からは、特別展示「がんばろうふるさと・全国NHK放送局展」を企画。多様な地域サービスに取り組んでいる全国五十四の放送局を紹介するものです。東京では視聴するのが難しい地域番組をホールで上映し伝統工芸、観光などを紹介するイベントも実施し、なつかしい〝ふるさと〟に触れていただこうというものです。ここでも私は、プロデューサーとしての手腕を生かしております。NHKと視聴者の皆様を結ぶ最前線でありたいと思っています。

女性と仕事

「先行き不透明な時代は、感性が大切。とりわけ女性の感性がものを言う」とおっしゃったのは、先日亡くなった文明史家の木村尚三郎さんです。その感性が、研究、経験に裏打ちされていればさらに強いと思います。

女性の生き方としては多様な生き方があると思います。「利家とまつ」の時代は職住接近だったので、まつは育児（二男九女）と領国経営を両立できたのだと思います。私はこれから専業主婦をもっと大事にすることも考えなくてはいけないと思います。外に出て働くことばかりがよいことではない。結婚して子供を産んだ女性が、育児、家事に専念することも、ある時期は必要だと思うのです。いま子供の問題がいろいろ起っていますが、家庭教育の必要性を私は強く感じます。仕事の仕方として、私は、

① 出し惜しみしない。――今持っている全力を注ぐと次にはもっとすばらしいアイディア、力が出てくるものだと思います。
② 好奇心、行動力を持つ――思いがけないところからよい発想が出てくるものです。
③ ネットワークを広げる――異業種の方との交流が必要です。私は、伊豆会議、石川県観光創造会議の委員でもあります。
④ チームワークを大切に――皆が同じ方向を向くことで思わぬパワーになるのです。
⑤ 初め自分では乗らないと思われる仕事でも面白いところを見つけて楽しんでいると誰かがきっと見ていてくれる――以上を信条にしています。

慶應義塾で学び得たもの

父も慶應義塾大学の出身です。私が慶應から得たのは、明るく自由な精神だと思います。先生は福澤諭吉先生だけで、あとは、○○君というのにも好感が持てました。ペンクラブ・バロニィ・テニスクラブ、交通文化研究会、ワグネル・ソサィエティーなどのクラブに所属し学生生活を大いに楽しみました。出版、新聞、経済界などで今活躍している友人も多く、そのネットワークが多いに役立っています。

未来へのメッセージ

二十一世紀は、美しさ、わかりやすさの求められる時代です。逞しく、美しく生きていくことが必要です。男女共生からもっと広げて、自然との共生の時代でしょう。そしてグローバル化、フラット化する世界の中で、より個性が求められる時代でもあると思います。

私は、過去ではなく、常に〝今〟が一番大切だと思います。そこにとどまらず、いつも新しいことに興味を持ってチャレンジすることが必要なのではないかと思います。私の好きな言葉に「力は動いているものの中に存在する」というのがあります。次の冒険に向かって誠意を持って人生を楽しんでいく。新しい出会いとすばらしい明日があると信じながら。

私は、放送を通して人間のすばらしさ、逞しさ、やさしさをお届けしたいと思って仕事をしてきました。視聴者ニーズの一歩先を見ながらです。いま公共放送とは何かの議論の中で「安心、安全のための放送が一番の役割であり、ニュースなどの報道、ドキュメンタリー、教育、教養番組だけが公共放送として大切」という意見があります。が、ドラマや音楽などじっくり視聴して感動を得る番組も人間を豊かにするため、公共放送として必要だと思います。短絡的なものの考え方を助長するのではなく、ふくよかな考え方を育てなければいけないと思います。放送博物館で新しい企画を考えながら、より楽しく親しまれる博物館として、皆様をお迎えしたいと思っております。私はさらに新しい挑戦をし、出会いとネットワークを広げて楽しく仕事をしていきたいと思っています。

どうぞ、一度愛宕山のＮＨＫ放送博物館にお遊びにいらしてください。お待ちしております。

長い間お話を聞いていただきありがとうございました。

日吉キャンパス・来往舎（左）・第2校舎

住まいの設計で実現する自分らしい生き方
——熟年離婚・ひきこもりを防ぐ

種谷奈雄子

たねや　なおこ　アークシード法人登録代表取締役。昭和五十六年慶應義塾大学経済学部卒業、警視庁婦人警察官になり、退官して東京都立品川高等職業技術専門校建築設計科に学ぶ。卒業後、建築士としてＲＩＡ建築綜合研究所、ゲンプラン京都設計室、古平真建築研究所勤務を経て、増井奈雄子建築設計室開設、平成八年一級建築士事務所アトリエ・シード開設し、現職。一級建築士。資格インテリアコーディネーター福祉住環境コーディネーター。

私は中等部から慶應にお世話になりました。受験したのは、祖父と叔父が大学の教授であり、父も幼稚舎から慶應、姉も中等部に入学していたので、自然な成り行きでした。

小学校までは、小児喘息で入退院を繰り返すような子供でしたので、思えば、よく合格できたものだと思います。中学生になってからは徐々に丈夫になっていきました。小さいときから、病気のことで禁じられていることが多かったので、高校生になってからはそれまでできなかったこと全てに挑戦しはじめたように思います。柔道部を作り、夏には合宿に行ったり、講道館の夏季講習に通ったりもしました。勉強のほうも、工学部を志望し、理数系の選択をして頑張った反面とてもよく遊んでいました。

受験をして、薬学を勉強しようか、慶應の工学部に進学しようか考えている矢先に、父が脳腫瘍の手術をすることになりました。当時ＣＴスキャンが実用化されたばかりで、脳腫瘍といえば、助からないと周囲も思い込んでしまうような時代でした。そこで、銀行など安定した就職が可能な経済学部に進学しました。

父はその後、半身に後遺症は残したものの奇跡の回復をとげ、他の大病をも克服し八十七歳で亡くなるまで現役の音楽評論家でした。


大学では、体育会の自動車部に入部しました。これも、挑戦の続きだと思います。喘息は完治していたわけではなく、やはり無理をしたり、ホコリだらけの合宿所に泊まったりすると発作が起きることもありましたが、乗り越えやり遂げ、自信を付けたかったのだと思います。当時の体育会は下級生と上級生の身分がはっきり違い、いわゆるしごきもあり、罰で正座をさせられたり、走らされたりしました。苦しい思いをしながら団結していくのです。部の同期とは今でもかけがえのない仲間です。そして、理不尽なことにも耐えうる精神力をも養われたのだと思います。

そして、幸運なことに努力が報われ、部全体も盛り上がっていた時代でしたので、非常に良い成績を残すことができました。その分、勉強しなかったことは悔やまれてなりません。もっと貪欲に、勉強も頑張るべきでした。勉強の大切さは社会に出るまで、身に沁みることはありませんでした。とはいえ、一般学生に比べ、遊ぶことも少なく、部の活動と、家庭教師などのアルバイトのみに明け暮れていました。アルバイトは高校一年生のときからいろいろとやっていました。このころから働くことがとても好きだったのです。やはり、子供のころにみんなと同じように走ったり遊んだりできなかったので、自分が役に立てることが嬉しくて仕方なかったのだと思います。

就職について考え始めたとき、できるだけ男女の差別を受けず、責任ある仕事をさせてくれるところを選びたいと思いました。その条件に当てはまり、且つ入れそうな就職先として警視庁を思いついてしまったのです。思いつくと、とても魅力ある職場であるように感じ、どうしても入りたくなりました。結局、他の会社はほとんど受けずに警視庁に入ることになりました。当時女性のいわゆるキャリアの採用はなく、巡査からの出発でした。両親は別な就職を望んでいましたが、最後はあきらめたようです。なぜ警察官になろうと思ったのか、とよく聞かれます。社会に貢献できる仕事がしたいと思ったからです。もちろん社会に貢献できる仕事はいくらでもあるのですが、直接に実感できる仕事を選びたかったのです。体育会に入っていなければ出てこない発想だったと思います。慶應出身の婦人警察官第一号だそうです。

警察学校は全寮制で朝から寝るまで法律を中心とした勉強と訓練に明け暮れます。全体の感じとしては合宿中の体育会と似ていたのでびっくりはしませんでしたが、多分自衛隊に近いものがあるのではないかと思います。もちろん、制約の多い警察学校はとても好きにはなれませんでした。でもここでもかけがえのない仲間ができたことは何よりの収穫です。

警察官としての仕事は思ったとおり非常にやりがいのあるものでした。交通にしろ、事件にしろ、単純な繰り返しは何一つなく、充実した毎日でした。とはいえ、第一線での仕事は三年あまりで、警察学校に戻ることになります。男性の教官とペアで婦人警察官の担任を命ぜられたのです。警察学校で学生の訓練に当たっていたこのとき期が、精神的にも肉体的にももっともハードで辛かったです。学生の先頭に立って走ったり合気道をやったり、号令をかけたり、時には朝五時頃から夜中までの仕事が続きました。

ちょうど学校で学生を二期卒業させ、やれやれ現場に戻れるという時期に、夫との出会いがありました。初めは退職↓結婚などとんでもない！　と思ったのですが、考えるにつれ、もし人生の転機を迎えるなら、このチャンスを生かしてみようか、と思いついたのです。警察官を続けることもやりがいがあるかもしれない。でも、大きな組織の中では、やりたい仕事だけできるわけではない。新しい未知の世界に飛び出すなら今だ！　ということで、寿退職したのです。でも実はこのときまだ結婚する決意は固まっていませんでした。

新しくチャレンジしたい仕事として私が選んだのは建築でした。警察が形のないものを相手にしていて後には何も残らないように感じていたのかもしれません。クリエイティブな仕事であり、なおかつ家族の幸せなくらしを作る一助となることができるのではないかと期待したのです。無謀な挑戦だったと思いますが、思いついてすぐに都立の職業技術専門校建築設計科の試験を受け、退職届を出してしまったのです。この学校は都立でありながらとてもユニークで、いろいろな職業の経験者が集まっていました。先生は現役の設計事務所の経営者が日替わりで登場するのです。非常に実務に直結する勉強をすることができました。建築の課題はハードで苦労しましたが、何しろ前の仕事が並ではなかったので、とても楽しい学生生活でした。

この間考えたのは、今もテーマにしている、「人格形成の場として住宅を考える」ことです。前の仕事を通して家庭は人格形成に大きな影響を与えるものだと考えるようになりましたが、家庭の入れ物であるすまいの作り方、間取りによって、家族関係は変わってくるのではないかと思います。小さな子供と母親なら、できるだけ密接に関われる工夫をすることで、精神の安定を図ることができます。例えば、子供から目を離すことなく家事ができるようなすまいなら、親子は安心して暮らすことができ、気持ちも安定します。反対に間取りが悪くて家事をするのが大変であればいらいらして、夫婦の仲さえ危うくなりかねません。

住まいは生活の入れ物です。大切なのは入れ物の作りより、中身の生活そのものではないしょうか。○LDKというように部屋数だけで住まいを評価するような考え方は危険だと思います。

さて、こうして、建築の学校を卒業後、結局、結婚することになります。夫は全国を転勤する職種で、結婚当初は名古屋におりました。私も名古屋の設計事務所に就職しました。しかし、わずか半年足らずで転勤になり、今度は京都に引っ越すことになりました。そして、京大の先生の設計事務所に勤務することになりました。わずかな期間ではありましたが、京都での経験は今の自分に大きな影響を与えていると思います。真面目に朝から夜遅くまで建築のことばかり考えている設計者ばかりで、たくさんのことを学びました。そして次は東京に転勤になり、今度は東京の設計事務所に就職しました。時代はバブルの初めで、大変忙しく、終電に近い帰宅が続きました。

独立してからもバブルが続き、幸運なことに仕事はいくらでもありました。その間、やっと子供に恵まれ二人の娘を出産しました。夫の転勤も長女の出産二週間前と、次女の妊娠五ヵ月のとき、次女が生後十カ月のときと続きました。次女は沖縄で生まれました。沖縄では仕事は休み、一級建築士の受験勉強をしました。転勤で、たくさんの家に住む機会を得たのは、大変でしたが勉強になったと思います。

平成十年には事務所を法人化することができました。警察学校で共に教鞭をとっていて、今は税理士となっている友人が取締役として参加してくれています。お互いに仕事の幅を広げ、顧客のサービスとして相談に応じたりして助け合っています。全て任せられるかけがえのない仲間を得たというのは本当に心強いです。

その後、女性の建築家やインテリアデザイナーのネットワークとしてリ・ライフデザイン・ネットを立ち上げたり、シニアの情報提供を目的とするNPO法人のシニアテック研究所の理事として執筆する等、活動の幅も広がりました。NPOでは平成十九年に『やっぱり危ない有料老人ホームの選び方』という本を出版しています。高齢者の暮らしを研究している中で気づいた有料老人ホームの問題点をまとめたものです。

振り返ってみると、私がこうして仕事ができるのも、夫を始め家族が協力し支えてくれたからこそと感謝しています。勉強不足で、壁にぶち当たることも多々ありますが、そのたびに勉強する機会を得ることはとても幸せなことです。微力ながら、少しでも幸せ作りの役に立てればうれしいと思います。

すまいの設計で実現する自分らしい生き方

私は初めから建築家を目指したのではなく、五年間警察官として働いたあと建築の勉強をしました。私が興味を持ったのは、簡単に言うと建築物を作ることではなく、その入れ物によって実現できる「幸せ」を作ることです。警察官をしていて、たくさんの「不幸」を目にしてきました。警察官になったのも、より良い社会、みんなの幸せを目指したいというかなり単純な動機でした。警察官から建築という転向は全く方向が違うと思われると思いますが、自分の中では違う道筋を通るものの同じ方向に向かっているつもりなのです。

ですから、私が住宅を作るときには「住む人の幸せ」を一番に考え設計しているのです。住む人が変われば、幸せももちろん変わります。誰にとってもベストな家と言うのはないのです。例えば、高級なインテリアでは落ち着かないと感じる人もいます。シンプルでは物足りない人もいます。人から見ればごちゃごちゃして見える物の置き方も、それでなくては使いづらいと思う人もいます。

どんな家にしたいのか、すらすら答えられる人は余りいません。たくさん答えてくれる人もいますが、住宅展示場に行きまくったり、本をたくさん読んで研究していて、却って何を大切にしたいのか見失ってしまっていたりします。私の仕事は、どんな暮らしをしたいのか、引き出してあげること、そして、それを形にしてあげることです。

例えば、料理をしているときに家族と話をしたいとか、子供と一緒にお菓子を作りたいとか、本を読むときにはここに座りたいなど、生活のシーンを思い浮かべてもらうのです。そして、そういう一つ一つの要望や夢をどうすればできるか考えていくのです。

設計は、そんな「夢」の実現のためにあるのだと思います。

反対に、家庭の中で起こるトラブルについても、設計で予防することができるのではないかと思っています。例えば熟年離婚や、子供のひきこもり、ニート、非行化の問題です。

熟年離婚

この十年間で結婚三十年以上の離婚は三倍になりました。離婚全体の増加率をはるかに超えています。そして四件に三件は妻から申し出ているそうです。離婚の原因はどこにあるのでしょうか。

この世代の特徴として、高度成長期時代に培われた、「夫は仕事一筋、妻は専業主婦」という幸せの象徴とされたパターンがあります。

一九七二年には女性は家庭に入るのが良いと答える、三〇代女性は八三％二〇〇二年には三二・九％になっています。

反対と答えた人は、一九七二年には、一〇％、二〇〇二年には、六一％です。

このように女性の意識も変わってきています。同じ女性の意識が三十年前とどのように変わったかはデータがありませんが、同様に変化があったのではないかと想像できます。

団塊の世代を中心とした世代は今ではアクティブシニアとも呼ばれ、専業主婦とは言え、ボランティアに、多くの趣味に、女性が多方面で活躍をしています。地域でも多くの交友関係を持つのは女性たちです。しかし、夫は仕事・仕事で過ごした分、趣味があまりなく、仕事以外の交友関係がほとんどなく、定年退職後、自宅で時間を持て余していることも多いようです。家庭のことは妻に任せていたため、家事は引き続きできず、職場では地位を得ていた分、家庭でもついつい上司を演じてしまうとてつもない反発を食らうわけです。

男性の中には新たな自分の居場所を地域の中で器用に上手に作り活動できる人もいますし、妻より料理に夢中になるという人もいます。こういう家庭は夫婦の第二ステージにステップアップすることができるのです。

両者の大きな違いは夫婦それぞれの自立度にあります。病気のときなど助け合うべきときは助け合うけれど、普段はそれぞれができるだけ相手のやりたいことの邪魔をしない。自分のことは自分でする。相手が疲れているようなら自然に手伝う。このような姿勢が熟年夫婦では重要です。

夫婦それぞれが自立するためには、もちろんお互いに自覚し努力しなければなりませんが、自然に自立しやすい住まいの環境というものがあるのです。

自立しやすい住まい

熟年夫婦の妻の不満の1つに、「夫が家にいる時間は自由に活動できない」というものがあります。これは、すまいの作り方により大いに解決する可能性があります。

それぞれに独立した動線を確保し、別々に過ごすことができるようにするという工夫です。

例えばお料理やお菓子を家庭内で教えたいという方なら、夫が自宅にいてもお客様と気まずい鉢合わせをせずに、またお互いに気兼ねすることなく過ごせるように、夫の書斎から玄関やトイレに行かれるように部屋を配置するのです。二階建てであればフロアで分けて、マンションであっても工夫次第で十分可能です。

お菓子教室でなくても、いつでも気兼ねなくお友達を呼べる部屋があると自然に交友関係が広がります。家族のリビングは小さくしても、別にミニキッチンのある打ち合わせ室のような部屋があるとパッチワークのようなお稽古や趣味の集まりに、大変便利です。場合によっては家族の玄関とは別にドアを設けて独立性を高めるとミニショップなども可能です。

また、近ころでは夫婦が寝室を別にすることがとても多くなってきました。

加齢により、睡眠のリズムに個人差が出てきます。夜中にふと目が覚めて本が読みたくなり、トイレに立つこともあります。別室にすると気兼ねなく電気を点け、いびきも気にならないなど多くのメリットがあります。また、テレビ番組の好みも違ってきているので、パソコンやテレビを個室に備え各自個室で過ごしたいと言う声も多く聞かれます。

このような場合には、リビングルームが余り必要なくなります。たまに遊びに来る子供家族と食事ができる大きめのテーブルを置けるくらいの広さのダイニングスペースで調度よい場合もあります。

このように、夫が在宅中でもお互いに自由に活動するという環境が整ったところで、今度は、夫に自立を促す工夫が必要になります。キッチンを主婦の縄張りにしない改革です。手を出されることに抵抗を感じる方もおられるでしょうが、夫に食の面で自立させないと、病気になったときにもとても困ります。できればキッチンは開放的にして作業の様子が見え、邪魔にならずに手伝いができるような構造が望まれます。このところオープンキッチンが流行しています。冷蔵庫や食品庫も何が入っているのか分かるようにして、取り出し易く、片付け易いように整頓することもとても有効です。

先日、離婚した夫婦がシェアハウスして元の家に住み続けるという例を見てびっくりしました。水廻りは時間を決めて使い、きちんと各自片付けるという契約をしていました。我慢を重ねた末、離婚するよりも上手に共生するという方法はないものでしょうか。

トイレや洗面所の使い方、後始末もストレスの原因になっていることもあるようです。各自別々に専用を取り付けることもあります。専用として管理も各自責任を持つという方法です。長寿になっていますから定年退職後、二十年から四十年も生きていかなければなりません。ストレスなく、自分らしく生きていきたいものです。

そのためには、加齢による体の変化に対応できる住まいにしておくことが不可欠です。どこも悪くないのに家中に電動リフトを付けておきたいという要望をされた方がいらっしゃいましたが、何もかも取り付けておく必要はありません。また、一人ひとり必要な設備は違います。ただ、基本的には廊下の幅を少し広くとっておくとか、トイレや洗面、浴室などは簡単な改装で車椅子でも使えるようにできるように考えておくと安心です。また、いつでも手すりをつけられるように下地を用意しておくのも良いでしょう。

床に段差をできるだけつけないようにするのも今では基本になりました。高齢者の事故のほとんどは家庭内で起きているのです。死亡事故のトップは浴室での溺死ですが、怪我では段差のつまずきが原因になっています。それも、カーペットの縁や一～二センチのほんの小さな段差が多いそうです。毎日慣れているはずの段差に、ある日つまずいてしまうとのことです。すべりにくく、段差のない床が望ましいのです。

一方、畳の人気も衰えていないようです。寝るのはベッドでも、少しでも畳があるほうが良いという場合、腰掛けるくらい大きな段差を付けるという手があります。

畳の下をちょっとした収納にしても良いと思います。これなら畳に座ったり、立ち上がったりがとても楽です。和室というより畳コーナーのような一角を作るのも良いでしょう。

また、自分の老後より、親の介護の心配をしなければならないという方も多いと思います。トイレや浴室の作り方で介護の苦労も緩和することができます。体の状態に合わせて手摺を付けたり車椅子で使えるようにするなどにより、自立できる可能性があります。できるだけ楽に介護できる工夫が望まれます。

ひきこもり・ニートを防ぐすまい

ひきこもりは十二歳から二十二歳までの間に始まることがほとんどで、年々長期化しています。また、ひきこもりの八から九割が男性です。ひきこもりのきっかけは受験や就職と言った人生の山を越える困難などがあげられます。ひきこもる場所は自室です。そして、ひきこもる人たちは、家族に自己主張がうまくできていないという調査結果が出ています。ところが家族の方も引きこもっている本人にうまく意思の疎通ができていないそうです。そこで、自然に家族とコミュニケーションする訓練ができるすまいの作りについて考えました。家族とコミュニケーションできない人が社会のほかの人たちとコミュニケーションできるはずがありません。

ひきこもる人のうち八割は外出しているそうです。必要なものが手に入る環境の人のほうが、外出率が低くなっています。つまり、居心地が良いほど自室から出てこないのではないかと容易に想像できます。

ひきこもる人の九割以上が自宅に家族と住んでいることからも主に母親に依存した暮らしをしていることが窺がわれます。


私は私見としてはあまりにもプライバシーを確保でき、居心地の良い子供室を与えてしまうことは家族のコミュニケーション不足の原因になるのではないかと思っています。いつでもベッドで眠ることができ、ましてゲームやテレビ・パソコンまで備えた子供室ではそれでなくとも親と話をしない思春期に、部屋から出ない子供を作ってしまいます。

帰宅したら部屋に入る前に顔を見られるような動線計画をし、子供室は最低限の広さと設備にする方が早く自立したいという気持ちになるのではないでしょうか。かつては子供の自立のために個室を与えましょうという風潮でしたが、居場所としての専用スペースは必要ですが、大人になっても十分満足できる部屋があり、食事洗濯付きでは、とても出て行く気持ちになるものではありません。ニート、ひきこもりに限らず、晩婚化の原因にもなっているに違いないと私は睨んでいるのです。最も親の方も余り早く自立してくれなくて良いという考え方になっていることも原因のひとつです。これからの日本の未来を考えると、子供室は最低限のスペースとし、子供が自立して出て行ったらそのスペースをどのように生かすかあらかじめ計画しておき、その日を心待ちにするという方法が良いのではないでしょうか。

私はよく子供室はリビングから入るように設計しています。低年齢のときには自室から母親の姿が見えるほうが安心して遊んでくれるので、リビングにおもちゃが散乱するのを防ぐこともできます。リビングと階が違ったりすると、結局子供室は寝るだけになってリビングで遊ぶことになりがちです。思春期には言葉をあまり交わさなくても顔を見る機会も多くなりますし、何時に寝ているかも自然に分かります。

思春期になっていきなり動線を変え、顔を合わせるように仕向けても反発を食らいます。小さいころから習慣になっていると当たり前に感じると思います。

親子のコミュニケーションが自然にできる子供室を考えるべきだと思います。

このように、住まいの作り方、設計は家族関係や人格形成に大きく関わるのです。家相や風水に熱心なあまり、家族が集まる場所を軽視するのはいかがなものかと思います。

住まい作りの成功のカギは、どんな暮らしをしていくか、長期的に考え、家族の変化に対応することを考えておくことです。住まいの設計で自分らしい生き方を実現していただきたいと願っています。

日吉キャンパスの銀杏並木

女性エコノミストとしてのあゆみと日常

翁　百合

おきな　ゆり　日本総合研究所調査部理事。昭和五十七年慶應義塾大学経済学部卒、同五十九年同大学大学院経営管理研究科修士課程修了、日本銀行入行。平成四年日本総合研究所に移り、現在に至る。同十三年九月～翌年三月慶應義塾大学大学院特別招聘教授。現在、税制調査会委員、金融庁金融審議会委員等を務める。著書に『情報開示と日本の金融システム』（東洋経済新報社）など。

慶應義塾大学を卒業して二十五年がたち、現在四十七歳、エコノミスト兼母親兼主婦として忙しい毎日を送っています。仕事も、子育てや家庭との両立についても、私の場合は、まだ現在進行形、努力の過程にありますが、この原稿執筆を機会に少し今までのあゆみを振り返ったり、最近の生活を省みてみたいと思います。

社会人駆け出しのころ――経済の現場の経験で培ったこと

慶應義塾大学を卒業し、大学院経営管理研究科修士課程を経て、一九八四年（昭和五九年）に日本銀行に就職したのが、私の社会人生活のスタートでした。今私がエコノミストとして仕事をしているその根っこにあるのは、大学、大学院における経済学等の勉強もさることながら、実際に日本銀行の「現場」で経験した、生の経済の勉強だったように思います。日本銀行では、まず金融政策に関連する経済理論を研究する部署を経て、金融機関相手にヒアリングを行ったり、計数分析を行って、金融市場の動向や金融機関の経営の状況を把握する部署に配属されました。その後、京都支店で京都市内の先進企業から丹後半島の丹後ちりめんの機屋さんまで、企業を一軒ごとに訪問して景気の動向を判断する産業調査を経験しました。再び東京に戻ってからは、欧州や米国などの経済や金融市場などに関する国際的な調査を行う部署、金融市場の動向を見ながら公開市場操作などのオペレーションを行うことにより、日々の金融市場の短期金利に影響を与え、金融政策を市場から波及させていく部署などに配属されました。そうした中央銀行の現場で実務経験を積んだことによって、マクロ、ミクロの経済の動き、市場の動向が多少なりとも肌感覚として分かるようになった気がします。

一九八八年春ごろ、円高不況で真っ暗だった京都府下の輸送機械のメーカーをヒアリングで訪問した際、それまでは工場敷地にところ狭しと在庫となって並べられていたトラクタの移動が急に活発になり始めたことに気がつきました。ヒアリング中もトラクタの移動の音がうるさいくらいで、景気が回復し始めたのでは？　と感じましたが、本当にその後日本はようやく不況から抜け始め、バブルの絶頂期を迎えることになりました。また、バブルが大きく膨らんだ時期には、京都の帯問屋のご主人の顔がいつになく明るく、笑顔になっていました。ご主人は、金箔を貼った高価な帯が飛ぶように売れ始めたことを、「ちょうど売れている高級車シーマと同じですな、シーマ現象ですわ」と大変喜んでいて、日本経済が新しい局面に入ったな、と実感しました。

一方で、バブルが崩壊し始めると、京都や滋賀のシャッターが閉まった町では、地元の中小の信用金庫が、無理な債券運用や融資の失敗によって経営の困難に直面し、不良債権問題がこれほど日本経済を長く揺るがすことは想像すらできませんでしたが、何か大変深刻な問題になりそうだ、という予感を持ちました。また、身近で便利な存在だと単におカネを集める利用者の側しかみていなかった郵便貯金が、金融調節の現場では、実は、巨額の公的金融として様々な形で市場に歪みをもたらしていたことを実感しました。

日本銀行では、実体経済や金融の動きをミクロ的視点、マクロ的視点、国際的な視点など様々な角度からみる必要性があることを知ったことに加えて、職場の先輩にレポートを真っ黒になるまで徹底的に書き直されたり、正確なデータ処理、データの再鑑の重要性や、わかりやすいプレゼンテーションの仕方について徹底的に教わったり、という基礎的な訓練を積みました。そうした社会人駆け出し時代の現場体験や訓練が、今の私のエコノミストとしての根っこにあるように思っています。

民間エコノミストとしての軌跡

九二年（平成四年）に日本総合研究所に移ってからは、日常的な研究調査の他に、比較的自由なテーマ設定をして研究することのできる環境に恵まれました。このため、問題意識を膨らませていた金融システムに関する研究論文を書くことにしました。日本総合研究所はもともと住友銀行グループの一子会社だったのですが、当時から、グループとしてシンクタンク部門の中立性を大事にしていたため、当時は金融業界では比較的タッチーであった、不良債権問題や金融機関の破綻処理問題について研究し、環境整備の重要性について提言することを許されました。こうした環境は、当時の上司の理解があってこそ、と今も大変感謝しています。もちろん、外に向けて様々な研究論文を発表すると、それなりに厳しいフィードバックも帰ってきました。

こうした問題を研究する過程で生まれた問題意識をさらに研究対象にするといった循環を作って、金融システムの問題を中心に、研究範囲を徐々に広げてきました。金融機関の破綻処理方法や預金保険などのセーフティネットのあり方、金融機関の不良債権処理と証券化の課題、公的金融の改革（郵便貯金や政府系金融機関の改革）等をテーマに論文を書き、それらをまとめて研究書として「銀行経営と信用秩序」「情報開示と日本の金融システム」を出版しました。当時の金融システムはいわゆる「護送船団方式」から抜けきれず、実用的なセーフティネット（預金保険制度などの安全網）、破綻処理制度などが整備されていませんでした。我が国でも、金融が自由化し、環境が低成長時代へと移行しているわけですから、そうした環境を早期に整備することが重要だということを海外の金融システムの分析・研究を通じて訴えたいと考えました。

日本総合研究所は、日本銀行に比較すれば小さい組織ですが、自由な活動が認められ、対外的な活動も会社が認められる範囲ですることができました。そうした活動を通じて、学界や経済界、官庁などに多くの知己を得て、エコノミストとして大変貴重な機会を得ることができました。社外の活動として特に印象深いのは、母校の大学院で客員の教授として生徒のゼミを持ち、教える機会を持ったこと、行政改革委員会の官民活動分担小委員会で気鋭の学者たちの中で民間活動と政府の活動の役割分担について理論的な基準作りの議論に加われたこと、産業再生機構の活動に非常勤取締役として参加したことなどです。

母校の大学生たちに教える機会を持てたことで、自ら専門分野を学び直す機会を得られましたし、若い人たちと議論することは大変楽しいことでした。行政改革委員会では、官民の役割分担の基準作りの議論を通じて、私のエコノミストとしての守備範囲を広げることができたように思います。例えば、郵便貯金などは、そうした基準を活用すれば、民間が担うことができるし、必要だと考え、研究論文を発表しました。その後、時代の大きな流れとして郵政事業の改革が進んだ際には、そうした議論に専門的立場から意見を述べる機会を与えられることにつながりました。

また、産業再生機構の活動を通じて、ダイエーや三井鉱山など、実際に困窮した企業の再生に、社外役員として間接的にかかわることにより、不良債権問題とは何であったのか、どうしてわが国の金融危機がいわゆる「失われた十五年」といわれるように長引いたのか、ということが、曲りなりにもわかってきたような気がします。産業再生機構は、当初は懐疑的に見られていましたが、最終的な金融危機の局面で、企業の事業の再構築（ビジネスモデルの変換）を伴う形で不良債権処理を進める契機になり、私もそうした活動に関与できたことは、よい経験になりました。

こうした社外の活動の機会については、自分の専門性を伸ばし、フィールドを広げるチャンスでもありましたが、その時々に応じて義務を着実に果たすことによって、微力ながら社会にも貢献していきたい、という気持ちで取り組んできました。もちろん、そのためのインプットの時間の捻出には、非常に苦労しました。また、自分自身で研究成果や考えを述べて批判されたり、勉強不足で未熟な意見を述べて失敗したことも多々あり、落ち込むこともたびたびです。何よりそうした機会は成長の機会として生かそうと思うように心がけましたが、自分の活動の幅が広がるにつれ、落ちこんでいるヒマがなくなり、以前よりは打たれ強くなりました。

日常生活の今までと現在

私自身は、日本銀行時代に結婚し、五年間日本銀行に勤めた後、日本総合研究所に移って五年ほどたってから子供を出産しました。結婚してから長く医者にも通ってようやく子供に恵まれましたが、日本総合研究所は比較的柔軟な勤務体系であったことからそれが可能であったし、また出産後は裁量労働制が採用されていたため、保育園の迎え、子供が病気の時の医者への付き添い、学校の行事などに行き易いという点で子育てとの両立も図りやすく、日本銀行からの転職は大きな決断でしたが、自分自身がそうありたいと考えるワークライフバランスを実現しやすかった、という点からも本当によかったと思っています。

苦労したのは、子育てと母の病気が重なった時期でした。子供がゼロ歳から一歳半ごろにかけてはまだ呼吸器系が弱く、入院をしたり、入院になりかけたことが多くありました。子供の付き添いで病院に泊り込み、点滴の管が子供の首や手足にからまないように徹夜で子供の様子を見守り続け、さすがに元気な私も体力的にへばってしまったことを覚えています。

ようやく子供が病気をあまりしなくなってきたかなと思い始めたころ、今度は頼りにしようと思っていた母が倒れ、亡くなるまで五年間の闘病生活となり、母の見舞いと子育て、エコノミストとしての生活を何とか両立させることで精一杯の生活になりました。しかし、厳しい現実を目の前にしながらも、家庭生活は穏やかに、仕事も前向きに取り組むことができたのは、主人のサポートと元気な子供のおかげだと心から感謝しています。

主人と家事全般は分担していますが、食事は私が作ります。家へ帰ってばたばたと食事を作り、家族で夕食の食卓を囲み、「乾杯！」とワインやビールのグラスを傾けるときが、ささやかですが、ほっとする私の大事なひと時です。個人的な趣味の時間はなかなかとれませんが、時間の合間をぬって、ピアノを月に一回習い、ときどき弾くのを楽しみにしています。

今後の抱負

今まで、曲りなりにもエコノミストとして、何とかやってこられたのは、主人や家族の理解と協力が極めて大きかったと思います。また、職場の先輩や上司、周りの同僚、仕事での様々な出会いにも恵まれていたと思います。そうした方々の支えがあって女性であっても、あまり男女差を感じることなく、社会で今までやってこられたのだろうと思っています。私が社会人になった二十余年前は、働く女性に対して「本当に働き続けるつもりがあるのかな？　結婚したらどうせ仕事なんかやめてしまうだろう」「子供ができたら、仕事などせずに家で育てるべきである」といった、男性社会の厳しい視線がありました。そうした環境を背景にして進んでしまった少子化が深刻化した現在は、働く女性への視線はかなり暖かいものになってきたことを実感します。

現在、研究対象として最も関心を持っているのは、やはり金融監督政策のあり方や金融制度、規制の改革です。欧米で起こっているさまざまな議論をフォローするために論文も次々読まなくてはなりませんし、動きのある分野ですので、現実世界のフォローも欠かせません。ただ、世の中の動きよりも半歩早い、役に立つ研究ができるよう常に問題意識を持って取り組んでいきたい、と考えています。また、税制や行政改革などにも幅広く関心を持っています。そういった関心分野について経済理論に立脚して現実の経済の動きを分析し、よりよい処方箋を考えていくことに私は好奇心を持っており、そうした現実に近い経済を対象とした研究を仕事としていることを楽しく感じています。公的仕事についても、研究の時間を確保した上で、私たちの子供たちの世代への責任を果たせるかどうかという観点を大事にして、今後もできる範囲で取り組もうと思っています。

多忙な毎日ですが、健康に気をつけて、個人や家庭での生活を十分楽しみながら、これからも努力を続けていければ、と考えています。

渉外弁護士になってみて

大原慶子

おおはら　けいこ　神谷町法律事務所、弁護士。ニューヨーク州弁護士。昭和五十七年慶應義塾大学経済学部卒業、同五十九年法学部卒業、ハーバード・ロースクール卒業、小松・狛・西川法律事務所、ワイル・ゴッチェル&マンジス法律事務所/NY、を経て平成十二年神谷町法律事務所開設。

初めまして、大原でございます。今日は「渉外弁護士になってみて」という題で、女性として仕事を持ってどんなことがあったか、弁護士になるまでのことと、その後、渉外弁護士として仕事をしたことを取り混ぜてお話ししたいと思います。

司法試験への挑戦

私は慶應の経済学部に一九七八年に入学して八二年に卒業しました。それから学士入学して一九八四年に法学部を卒業、翌八五年に司法試験に合格、八六年の四月から二年間、当時は司法修習生の制度がありましたので、八八年の三月まで修習をして、その年の四月に弁護士になりました。当時は小松・狛・西川法律事務所と言っておりましたけれども、いわゆる渉外事務所に就職。三年目に留学してハーバードのロースクールで学びました。すでに法律の資格を取っている人たちが、大学院で一年間学ぶというコースがあって、LLMという資格を一年間で取得しました。その後ニューヨークの大手のワイル・ゴッチェル＆マンジス法律事務所で働きました。一九九三年に帰国。九七年にパートナーになって小松・狛・西川法律事務所におりましたが、二〇〇〇年に事務所を辞め、弁護士仲間三人で神谷町に事務所を借りて渉外事務所を始め、今日に至っております。

私はもともと経済学部で、大山道広先生のゼミに属しておりました。先生は理論経済学、国際経済学がご専門。数学を使うことが多かったです。私はあまり数学が得意ではないし、ついて行くのが大変でした。そんなことで法律をやってみようかなと思ったのです。とりあえず資格を取ろうと、何も分からないまま法学部に行って司法試験を受けてみようと思ったのです。

法学部の新田敏先生が法学部の学習相談担当でいらっしゃいました。研究室に先生を訪ねて行って、「法律の勉強をしてみたいんです。司法試験を受けてみたいと思っています」と申し上げたら、「まあそこまで決めなくても、法律を勉強してみて面白いかどうか、とりあえず講義を受けてみたらどうですか」とおっしゃって下さった。それで経済学部四年生の時に、日吉の新田先生の民法の授業を受けに通いました。

その時の私にとっては新田先生のご講義は理論経済学よりずっと身近で面白い感じがしました。それから就職活動もせず、学士入学と同時に新田ゼミに入れるように入ゼミ試験を受けて、晴れて法学部に編入しました。しかし法学部に入ってしまったら、いざ勉強といっても、例えばサークルの行事があったりするとふらふらそっちのほうに行ってしまったり、夏は家族旅行でヨーロッパ行ってしまったり、普通の女の子の生活をしながら勉強もしているという程度の学生でした。

四年生になって司法試験の最初の関門である択一試験を初めて受けて落ちました。そして法学部を卒業してすぐ後の五月の択一を受けたらまた落ちてしまいました。その時はさすがに私は何やっているんだろう、皆就職して仕事をバリバリしているのにと、情けなくて、これからどうしようかと思ったのを今でも覚えています。法務省に行って、合格者の番号が掲示板に張り出されているのを見て、「あっ、ない」という、あのショックはなかなか応えましたね。

そうこうしていて、実は今日も来てくれている大親友と旅行に一緒に行った時に、その友人から京都によく当たる占い師がいるといわれて、私の司法試験の合格を占ってもらおうということになって……。私は占いはあまり好きではなく、聞くのが怖かったのもあるのですがこわごわ、旅行先から電話をかけた。「いつごろ受かるでしょうか」と聞いたら、「八八年ぐらいまでは無理でしょう」と。（ちなみに当時は八四年でした…）さらにその占い師は、「あなたは五月が運勢が悪い。だからその試験を五月以外に受けられないのか」と言うではありませんか。それで私はもう絶望。択一試験を五月以外に受けるということはあり得ないし。でもちょっと待てよ、占い師に私の人生決められてたまるか、とも思った。そこからスパートが入り、その占い師の厳しい警告のおかげで翌年、択一も論文も全部受かって合格しました。

渉外弁護士を選んだ理由

次になぜ渉外弁護士になったのかということですが、私は小学校四年から中学一年まで父の転勤でアメリカのロサンゼルスにおりました。そのころは日本人も少なくて、父が特に日本人がいないところに住もうということで、アルファベットも知らないのに、いきなり日本人がいないアメリカ人の学校に編入させられました。教室で誰に話しかけられても何を言っているか全然分からない状態で座っていて、その時 “I don’t speak English.” と “Where is the bathroom?” というこの二文だけを母から教わっていて、どちらかを使うというような状態でした。

日本に対する理解もそれほどない時代でしたので差別されないか心配でしたし、白人ばかりの学校だったので、皆きれいな白い肌で彫りが深いのに、私だけこんな黄色い肌でぺったんこな顔でいやだなとか、いろいろなことを思いました。しかし、私の予想に反して、みんなに分け隔てなく親切にしてもらいました。私は小さいながらに、将来は何か日本とアメリカの架け橋になる役に立つ仕事をしたいと、思って帰ってきました。それもあって渉外弁護士になろうと考えた次第です。

渉外弁護士は別に特別変わった弁護士というわけではなくて、弁護士業務の中で海外との取引が多かったり外国人が絡んだり、英語が必要とされたり外国の当事者が関係したりするようなケースを、大体、渉外と呼んでいます。要するに弁護士業務として英語を使うと考えればいいのかもしれません。一般民事的な、例えば、賃貸借とか、離婚とか相続というのは比較的少なくて、企業活動を中心とする仕事が多いということで、企業法務がおのずと中心となってきます。

私どものころの司法試験合格者は年齢層にすごく幅がありました。それで例えば、苦節何年でやっと受かったのに、これからまた一から英語の勉強をして、留学をして帰ってきたらようやく一人前なんて嫌だという人は、多かったように思います。ですから私の同期は合格者が四八五人でしたが、そのうち、渉外事務所に行くのはほんの一握りでした。

訴訟は比較的少なくて、企業法務いわゆる前向きな企業間の取引が多い仕事です。それで、女性に向いているかという点ですけれども、破産とか明け渡しとか、そういう切った張ったの世界ではないことと、依頼者に外国人が多いので、例えばアメリカなら、弁護士として女性であるということについて何の引け目も感じないし、まったく同等に扱われるという点で、海外の依頼者の場合は非常に楽だなと思ったことがあります。

ただ渉外弁護士は大変忙しいので、女性でも子供を持つのが難しいということが短所として挙げられます。修習生の時に法律事務所の訪問をするのですが、このころの渉外弁護士に、子供がいる女性はほとんどいませんでした。「子供を持ちたいのだったら渉外事務所などに行かないほうがいいですよ」とアドバイスしてくださる先輩弁護士もたくさんいました。私自身は幸い両親がそばに住んでおり、全面的に子育てのサポートをしてくれたおかげで、今日までやって来られたのだと思います。

また、渉外弁護士は、一人前になるのに時間がとてもかかります。国内の弁護士の方は二、三年経つと、もう立派に独り立ちして、自信満々な感じで、自分の事務所を構えるなどうらやましく思えることもあります。渉外弁護士は、二、三年やってもまだヒヨコみたいなもので、英語もあまりできないし、外国の依頼者と対等に交渉できるわけでもなく、英語の文書一つ作らせてもあまり大したものは書けない。そんな状況ですので、途中で脱落してしまう人もたくさんいます。私は自分が帰国子女だったので英語には比較的自信がありました。それでも仕事での交渉とか電話で話す場面になると全然うまくいかなくて、何を言っていいか分からないし、どのタイミングで口を挟んでいいかも判断できない。結局ずっと黙っているということがたくさんありました。

もう一つ欠かせないことは、体力がいるということ。外国の弁護士とかビジネスマンを見ていると、彼らの体力が違うことにがく然とすることがあります。日本の渉外弁護士と、例えばアメリカの弁護士を較べると、アメリカ人は朝早く起きてジョギングをしたり一泳ぎしてから、八時ごろには事務所に来て、溌剌として仕事をこなす。そして十二時間くらいぶっつづけで仕事をして夜七時とか八時ぐらいに帰ったりします。日本人は、その前の晩も二時か三時なのでくたびれていて、朝は遅めに来て、九時半、十時に来ればいいんですけれども、私がもといた事務所などでは、前の晩が遅いと皆お昼ぐらいまで来ないということもあって、そこから延々とまた夜中過ぎまで仕事をするという人がいました。大手渉外事務所などに就職すると、皆ものすごくがんばり屋です。だから、自分だけ毎日早めに帰るというのは何となく許されない雰囲気があります。彼らとEメールのやりとりをしていると、午前三時四時にメールが来たりします。海外に行っているのかなと思うと東京にいたりするんですね。ですからがんばっている人は超人的にやっていると言えますね。

大変なところはさておいて、私自身は渉外弁護士をやっていてよかったな、楽しいなと思うことがたくさんあります。国際交流を毎日やっているようなもので、いろいろな国の方と接することができます。同じアメリカでも東海岸と西海岸ではタイプが違うし、人間ウォッチングではないですけど、一緒に仕事をする外国人にはそれぞれそのお国柄があって、それを日々目にするのが楽しいと感じます。例えばアメリカ西海岸のシリコンバレーは、IT関係の新しいビジネスが興って有名なところですが、ここの人たちが会議に来る時は、アロハシャツにショートパンツ、サンダル履きだったりする。それに対してニューヨークから来る人は大体スーツを着ています。

最近はオーストラリア人、ニュージーランド人、フランス人、ドイツ人、オランダ人、インド人、イタリア人、スイス人、中国人、シンガポール人、イスラエル人、韓国人などなど、さまざまな外国人と一緒に仕事をするのは普通になりました。それに、社長はアメリカ人でも、その下のチーフ・ファイナンシャル・オフィサーがオーストラリア人だったり、アメリカの会社だからアメリカ人とは限りません。さまざまな国籍の人が同じ会社で仕事をしているというのを目の当たりにします。

アソシエイトからパートナーになる

ただこの世界にも厳しい競争はあります。一九九二年から九三年にかけて私はアメリカの法律事務所にいたのですが、通常大手事務所に入ると、アソシエイト（勤務弁護士）として何年か働いて、その中から選ばれた人たちがパートナーになります。パートナーになるということは、その法律事務所のオーナー兼経営陣に加わることで、事務所の意思決定に参画でき、報酬をそれなりにもらえるということ、アソシエイトを多く使って仕事ができるということなんですが、パートナーになるのはアメリカの大手事務所では大変なことです。

私が九二年から九三年にかけて働いていたとき事務所で女性のパートナーが誕生したということで、大きな話題になりました。その彼女は、一九八五年ぐらいからデートをしたことがないと皆に噂されていました。本当かどうか分かりませんが、そんな噂が飛ぶぐらい大変な思いをしたということです。別の女性弁護士はアソシエイトの頃、毎週金曜日の夕方にパートナー弁護士に「私週末仕事しますけど何かありませんか」と電話をかけまくってパートナーになったという逸話も残っています。

渉外弁護士に特有というわけではないですけれども、企業法務をやっていると、いろいろな業種の仕事をします。例えば携帯電話のコンテンツだったり、ワインの輸入業者だったり、化粧品だったり、健康食品だったり、医療用具だったり……。私たちは一応一般的な法律は知っていますけれども、業界になるとそんなに詳しくないので、その方たちと話をしながらビジネスを学び、それならこうしましょう、というようなアドバイスをします。その都度、各々の業界のビジネスを学ぶことができ、世の中のことがいろいろわかってくるという意味でも大変面白い仕事です。

渉外弁護士という仕事はビジネス法務に関連する仕事が多くてスピードを要求されることと、時差が関わってくるので、時間に追われることが多いです。特に今はインターネットがあるので、何千マイル離れていても三秒でEメールが着いてしまいます。私が弁護士になったころはもちろんインターネットもEメールもなく、FAXだけでした。FAXで百ページもの契約書を送るとものすごく時間がかかるし大変なので、国際郵便で送っていました。そうすると、「まだ着きません」と言うこともできたのですが、今は添付ファイルで三秒で来てしまうので、「まだ届いていない」とは言えないので辛いものがあります。

私の場合は、夜中にアメリカやヨーロッパからEメールが届いているので、朝起きるとまずこれらをチェックして、大体締め切りがある時でも時差を勘案して、ビジネスが始まるまでの時間ぐらいに届けばいいかなという換算で、例えば東海岸ですと夜まで使える、西海岸だともっと使えると、いろいろ計算しながら仕事をしています。

次に、仕事はどのようにして請けるかということですが、まず一見さんは請けない。つまり看板を見ていらっしゃったような方の仕事は請けませんし、そもそものような依頼はありません。どこの法律事務所も同じだと思いますが、大体は前に依頼があった方とか、他の弁護士の紹介で来てくださるという方が多いです。アメリカの仕事をしていて多いのは、ビューティーコンテストというのがあります。別に美を競い合うのではなくて、あるプロジェクトがあったときに、会社でいろいろな法律事務所を訪問して、そのことについて質問を投げかけ、この事務所がどの程度のことができるかを把握したうえで選ぶ、というような作業をやるのです。

私自身の経験としてこんなことがありました。アメリカのある弁護士事務所が世界的な製薬会社を依頼者として持っていて、その関係者たちとちょうどニューヨークで会議をしていました。そこから私のところに、いきなり電話がかかってきて、薬事法に詳しい日本の弁護士を探しているということでした。

幾つかの法律事務所に問い合わせていて、その中から選ぼうと思っているが、君はそれを受けるかと言われました。薬事法は主に薬や医療用具などを規制する法律ですが、その当時は薬事法を専門にやっている弁護士はまだいなかったと思います。ともかく請けてみようと思いました。

「どうしよう、薬事法なんて知らないし」と思ったんですが、ともかく請けてみようと思いました。電話の様子だと向こうには四、五人いるようでした。

その場でいろいろ質問を受けて、多分こうだろうと思う答えを言います。分からないところは、四十分ほど時間をもらえたら調べて返事できると言ったら、わかった、じゃあ四十分したらもう一度電話する、ということになったわけです。

すぐに他の人の協力を得ながら調べて回答を準備、果たして四十分後に電話がかかってきたので答えました。これからちょっと協議するから待っていてくれ、と言われて電話が切れ、しばらくしてからまたかかってきて、"Congratulations! You are chosen to represent our client." と言われました。つまり、あなたが選ばれました、と。

その時はまだアソシエイトでしたし、ちょっと答えただけで、任せてもらえるのだと思ってびっくりしました。私の話を聞いて納得してくれたので、すぐ選んでくれたのです。この経験から、欧米系の企業は、事務所の評判だけに頼ることなく、自分自身が確認して納得できれば、選んでくれるのだということを、実感しました。

渉外弁護士に必要なことは

渉外弁護士をやっていて思うことは、英語できちんと説明できる能力が不可欠だということです。英語のできる日本人はもちろんたくさんいらっしゃるんですが、しゃべるほうは得意でない方が多くて、相手が本当に分かるように説明することは難しい。

海外の大きな会社の、日本の現地法人があるときに、その現地法人で雇われた日本人とばかりコミュニケーションをして、アメリカの本部とか、アジア地域の統括事業所の外国人とは連絡をあまり取らないことがあるのですが、それはよくないですね。いくら現地法人から雇われたといっても、大きな多国籍企業の場合ですと、分野ごとに、例えば法務なら法務で、日本だけでは全然完結しません。まずはアジア地域の統括があって、さらに世界を統括をする本部があるので、そういうところに話が通じていなければ、仕事を進められないことがよくあります。

私が心がけていることは、もちろん日本の現地法人の方との意思疎通はもちろんのこと、国際的な企業の中で見たとき、例えばアジアの中ではどうか、欧米と比較してどうか、それは、世界的にみて合理的なことなのかという角度から説明できるか、など考えて仕事をすることです。

渉外弁護士として一人前になるためには、営業を忘れてはならないということが言えると思います。渉外のみならず俗に弁護士は営業ができるか、仕事ができるかのどちらかだと言われたりする。もちろんそれは両方できなければならないのですが、例えば渉外弁護士の場合ですと、調査をきちんと緻密にやって、意見書を書いたり、契約書でも何十ページにも亘るものを作ったり、あるいはそういうものを検討したりすることが多いので、ややもするとそういう作業にばかり目がいって、営業をあまりしないという人も中にはいます。私どもの時代は、渉外に行くのは比較的若い合格者が多かったのです。エリートの勉強家タイプで、あまり人付き合いはしないような人が渉外弁護士には少なからずいたように思います。

アソシエイトの間はそれでもいいのですが、パートナーとしては、結局人が持ってきた仕事をするだけで、自分が取って来られないというのはおもしろくありません。だから若いころから、外に出て行っていろいろな業界のビジネスの方と付き合って、世の中のことを知ることが大切です。それから人と話した時に、すばらしい仕事をしていてもそれを説明できない、あるいは依頼者に分かってもらえないのではだめですから、やはり意思疎通ができて、依頼者の信頼を勝ち得ることができるという能力もとても大事です。最近は色々な経験を経てきた方とか、勉強だけできるタイプではない人が司法の場に来てくれるということになりそうなので、ずいぶん変わってくるのかなと期待しています。

以前は渉外は特殊な分野だと思っていたのですが、こうやって二十年経ってみて実感するのは、私どもが就職した当時、いわゆる渉外事務所と言われていたところが、今や渉外だけではなくて、大手国内企業法務事務所に成長しています。国内の大手の企業の仕事などもどんどんやるようになってきて、国内業務もやる。昔からあった伝統的な国内の企業法務事務所を凌駕する勢いです。

その理由の一つには、日本企業が国際的にビジネスをしてどんどん海外に進出しているということが挙げられます。そういう中で、海外の法律事務所を使う機会が増えている。海外の法律事務所の大手というのは、イギリスでは千人とか、アメリカでも七、八百人の弁護士を抱えているところがざらです。そういうところは、すべての専門家がそろっていて、パートナーもアソシエイトもずらっといて、顧客サービスという点でも行き届いています。

例えば「ジョイント・ベンチャーの交渉しなければいけないのだけど、明日までに契約書のドラフト作ってくれる?」と言われた時に、日本の法律事務所でしたら恐らく、「まあ一週間ぐらいかかります」となると思うんですが、そういう海外の事務所は、本当に次の日には一〇〇ページぐらいの契約書が出てくるような仕事の仕方をします。そういうのに慣れた日本の企業が、日本でも同じようなサービスを受けたいと思うのも分かりますし、あと、契約書自体も従来の短い簡単なものから英米で使われるような複雑な長いものに変わってきています。

皆さんが語学を勉強して、英語でしゃべって自分のことを外国の人に理解してもらおうと思うのと同じように、渉外弁護士として、法律という一つの共通言語を習得したような感じを私は持っています。法律というツールで外国の人たちに日本のことを分かってもらった上で、説得する、交渉する、自分の要求を通す、というようなことを、例えば契約書の中で行っているような感覚です。世界中で弁護士がいない国はほとんどないわけで、それぞれが法制度を持っています。その法制度というのは、結局その国の文化であり価値観であり慣習であります。それをお互いに法律家としてどこまで理解できるか、どこまで譲歩できるかということを交渉するのが、渉外弁護士の仕事だと思っています。ですから契約書や合意書一つとっても、それぞれの法律や文化の違いを乗り越えて、相互に理解し合えるものを作るのが大事なことだと、日々思いながら作っています。

具体的にちょっと卑近な例でご説明しますと、アメリカの会社が人を雇います。そうすると契約書に「これはアットウィルなコントラクト（契約）です」と書いてあります。「アットウィル」というのは、期間の定めのない雇用契約であれば、雇用主はいつでも契約を終了させることができる、いつでも解雇できるということです。それがアメリカでは当たり前なのです。それをまず契約に入れて、じゃあこれでと言ってくる。「ちょっと待ってください、日本では、理由がないのに従業員を解雇できませんよ」と言うと、一度雇ったら首にできないのでは会社は困るじゃないか、そんなことしているから日本は……とかそういう話になったりする。

ご承知かと思いますが日本の法律では、雇い主は解雇する権利は持っているが、合理的な理由を欠き、社会通念上相当として是認することができない場合には、権利の濫用になるということになっています。労働者の生活を守るためにも雇用は守られなければならないという価値観を日本人は持っているからこそこのような法律が存在するのです。一方アメリカは、労働市場が流動的だから、雇用を維持しなくても次の仕事がいくらでもあり、むしろ労働者の数を調整できなければビジネスが成り立たないではないか、という発想で動いている。良い悪いではなく、制度の違いというか考え方の違いということになります。

それではアメリカは雇用主にとって天国かというと、全然そうではない。一方で強力な雇用機会均等法があって、採用から解雇まで全局面に関して、人種や皮膚の色、宗教、性別、出身国などで、少しでも差別したら大変なことになる。業務上の都合で解雇するのは自由ですが、例えば面接の時に、あなたの国籍はどこですかと聞かれて採用にならなかったとします。すると、私は国籍を言ったから雇われなかったというクレームが出てくる。雇い主はそんなことは絶対聞いてはいけないし、そういう点では厳しいのです。

それと比べれば日本はそこまで厳しくありません。雇用一つとっても全然制度が違うんですね。渉外弁護士になると、何故日本ではこうなんだろうと改めて考えます。日本人同士でやっていれば当然だと思うことが、ふと果たしてこれはいいのだろうか、と考えさせられる、そういうことが毎日のようにあります。

今は物も人も国境を越えてどんどん交流する時代です。移動が自由になったので、一国がルールを決めて厳格にやろうとしても、他の国がやってなければあまり意味がないというようなことが、たくさん出てきています。例えばマネーロンダリングの法律、独禁法、個人情報保護法など、いろいろな分野で世界のルールに合わせていこうという動きがあります。例えば外国の政府高官に賄賂を送ってはいけないという、法律の規定がもともとアメリカにだけあったのですが、発展途上国で政府による工事の入札がある時、他の国が政府高官に賄賂を贈って契約を取ってしまったら、アメリカの企業だけ契約を取れなくなりますよね。そこで、アメリカがOECDで各国が同じ法律を制定するように働きかけて実現したという経緯があります。同じように日本で談合をやると、違う国の業者が入札しようとしても入れません。だから談合はやめるべきだということにつながり、日本の独禁法が改正されることになります。

個人情報保護法が四年ぐらい前に制定されました、これもOECDの加盟国が一九八〇年にプライバシーの保護と個人データの国際流通についてのガイドラインを出していて、それにもとづいて、OECD加盟国の三十国が皆、法律を作ったわけです。

EUは、個人情報の保護が十分でない国には個人情報を移転させてはならないという法律を作っている。アメリカでも日本でも大騒ぎです。わが国の個人情報保護レベルはどうなのか、EUの条件をクリアしなければ、EUからデータが送れないという話になってしまう。取引に支障が生じたりしますので、法律を変えて行かざるを得ないというような状況になっています。ですから、日本特有の価値観とか日本古来の考え方とか文化を守る一方で、日本がこれから国際社会の中で生き延びるためには、世界の人たちから見てもフェアなルールを持つ国と思われなければ、投資もないし人も来ないし、国力も伸びないわけです。渉外弁護士をやっていると、日々それに接している。社会の動きを見ていて面白いというか、日本の将来の道はどうあるべきかを考えるきっかけにもなりますし、勉強になる分野だと思っています。

法曹を目指している方たちへ

私の経験に基づいて、これから法曹を目指される方に、反省も含めてお話ししようと思います。私自身は二十年実務をやっておりますけれども、弁護士は経験が命だと思います。いくら本を読んだり論文を書いたり、いろいろ研究していても、実際実務でやるのとは大違いです。なるべく実務経験を積むということを念頭におかれたらいいと思います。場慣れとか度胸とか、それに判断力も、場数を踏むうちにだんだんと出てくるもので、実務家である以上は実務経験を大事にするということかなと思います。

これから弁護士になる方たちにとって、司法試験合格はスタート地点というところでしょうか。私たちのころは弁護士が少なかったですから、否も応もなく弁護士になるしか道がないという感じでしたが、おそらくこれからは、司法試験を通ってから政治家になる方、企業に入る方、官僚になる方、いろいろな道があって、ある意味でアメリカみたいになっていくのではないかと思っています。法律という学問を体系的に学んだ人が、社会のあちこちで活躍する社会というのは、日本にとってはとてもいいことではないかと私は思っております。

六十期の司法修習生の就職難という話が新聞に載っていました。今は司法試験の順位も出ます。就職の際の書類審査では、法科大学院の成績、学部の成績なども見て、一定のレベルでないと次は見ない、というようになっている法律事務所も多いのではないかと思います。学部時代も法科大学院も、きちんといい成績を取るということは絶対に必要だと思います。アメリカやイギリスのロースクールに留学する場合には、学部の成績、司法研修所の成績、英語の成績、その三つが必要になります。更に大学の学部時代の教授に推薦状を書いてもらうので、ゼミなどでお世話になった先生とはコンタクトを取り続けるとか、そういった心がけも必要だと思います。

四十幾つになって振り返ると、二十代というのはものすごく大事だったと思います。私自身二十代の受験勉強を必死でやっている時には、こんなことやっていていいんだろうかと思うこともありました。それなりに楽しんではいたんですけれども、二十代でなければできないことがキャリアを積むためにはあると思います。二、三年間勉強ばかりになったとしてもどうということはないです。人生は長いし、その後十分楽しいことがたくさんあるので、そのぐらい打ち込んでも、まったく無駄にはならない、とても効率のいい投資だと私は思います。

競争で大変だと申し上げましたが、弁護士としていま思うことは、一方で若い人にはチャンスが増えているなということ。会社法など様々な法律が大変な勢いで変わっていますので、昔取った杵柄では仕事ができないという状況が結構あります。がんばって新しい法律を勉強すれば専門性を評価される分野がたくさん出てきている。

例えば「敵対的買収」が話題になっていますね。日本では裁判例もないですし、そういう理論も全然発達してないし学者も語ってない。そこで何が参考になるかというと、アメリカの判例なんです。一九八〇年代に盛んに行われた敵対的買収についての、アメリカの判例を参考にして、日本に当てはめたらどうだろうかという話をしている。だから英語をきちんと勉強して、留学したりして自分の力で文献を読んだりすれば、日本ではまだ新しい分野で専門家になることもできる。チャンスはいっぱいあります。

さらに最近はベンチャーで若手の経営者が出てきました。二十代で起業して会社を上場させた三十代前半ぐらいの社長が結構いる。その人たちは五十代、六十代の弁護士と組みたいかというとそんなことはなくて、やっぱり自分の世代、気が合って話ができるような同世代の弁護士と仕事をしたい。だから大事務所の何とか先生でなくても、自分と話が合う弁護士であれば依頼したいということにもなる。そういう点でも若い弁護士が活躍できるのではないかと思います。これからの若い弁護士が活躍する場はたくさんあると思います。

インタビュー

「BE ORIGINAL!」

——慶應義塾大学商学部長を経験して

佐野陽子

さの　ようこ　慶應義塾大学名誉教授。嘉《か》悦《えつ》大学名誉学長。昭和二十九年慶應義塾大学経済学部卒業、産業研究所助手、専任講師を経て、商学部助教授。同四十五年経済学博士号取得。商学部教授を経て商学部長、大学院商学研究科委員長、同八年慶應義塾大学名誉教授、東京国際大学商学部教授、同十三年嘉悦大学学長、同十七年嘉悦大学名誉学長。紫綬褒章、瑞宝中授章を受賞。主要著書に『企業内労働市場』『はじめての人的資源マネジメント』ほか。

——私たちのおうかがいしたいことを箇条書きにして、あらかじめ見ていただいておりますが、ご自由にお話いただければと思います。

佐野　私は慶應義塾大学の経済学部から大学院に進み、母校に就職して定年まで務めさせていただきました。その過程で本当に何も特別なことはしていない、——と言いますか、普通のお勤めをしただけなのですよ。それがなぜ目立つのかと言いますと、ほぼ三十五年間お世話になったのですが、私たちの世代では、女性が一つところに長く勤め続けること自体が難しい時代だった。特に民間企業で勤めを全うするということは大変なことでした。幸運だったのは、私は学校関係を選んだわけで、環境に恵まれていたと思うのですね。

学校の教員とか公務員とか身分を保障されている団体とか、そういうところに入るには関門がありますけれど、年功序列、終身雇用で、いったん入れば非常に楽だということなのですね。レールが敷かれてありますから、特別な失敗をしなければ定年まで仕事ができる、そういう機会に恵まれていたわけです。女性で仕事をして楽をして長く勤めたい、そして、そこそこの老後の保障も欲しいというのでしたら、公務員関係といいますか、昔ほど楽ではないかもしれないけれど、そういうところへ就職するのが得策かな、という感じも持っています。私、別に全然たいしたこともしていない、それだけ環境に恵まれていたというだけに過ぎませんので。

——慶應義塾大学は昭和二十四年（一九四九年）に男女共学となりました。佐野先生は翌二十五年、経済学部にご入学になられた、ごく初期の女子学生でいらっしゃったわけですが、経済学部に進まれた理由は？

佐野　私は若い時にいろんなことをやりたいと思っていたこともあって、例えば歌手になりたいとか、小説家になりたいとか、会社の社長になりたいとか……。でも、一つ一つよく考えると、ちょっと能力がなさ過ぎるのではないか、足りないのではないかと思って。私の女性の友人に、「私、小説が書きたいのだけど、才能がないから経済学部に来た……」と言ったらその友人は、「書きたいなら書いてみたら。能力があるかないか、書いてみなきゃ分からないじゃない！」と。そう言われて「なるほど」と思って。

だから、能力があるなしは、やったあげくじゃないと分らないですよね。ですから皆さん可能性はあるわけで。あとは好き好きと言いますか、そして環境にどのくらい恵まれているかなど、その流れによって違ってくると思うのですよ。私は流れに乗ったということでしょうか。これだけ長く生きてきて思い出してみますと。

――先生は能力をおのずと身につけていらっしゃると思われますが。

佐野 私は自分がやりたいことから考えると、能力がまだまだ足りないと思っています。ですから、もっと能力をつけて、もっとやりたいことをやりたいと、この年でもまだ思っているのですけれど。どう考えても年数が足りないのではないかという心境ですけれども……。

――人間は、実際に使う能力のうちの、それこそ何十分の一しか使わないのだとか。

佐野 例えば運動能力。私は運動は得意ではないのですが、それは遺伝的な要素が影響するのでしょうか。芸術的な分野なら影響が大きいと思いますが、例えば官僚になろうが大学で教えようが、遺伝的な影響は少ないのではないでしょうか。

――先生のバイタリティーはどこから来るのでしょうか?

佐野 私のバイタリティーは稼ぐということに向いているのです。経済をやっていますからね、やっぱり人間は、経済力がなければ駄目だと思うでしょ。経済力をつけるためには働かなければいけない。働くことが安定して、ある程度の実入りがあって、将来の予定がたつのが学校関係の仕事です。そして、ひとりの稼ぎでキツキツやるよりも、ふたりで稼いで豊かに暮らしたい。そういうエコノミック・アニマル的な発想でした。

――女性の商学部長は初めてとうかがいましたが、その後、いらっしゃいますか？

佐野　看護学部長がいらっしゃいます。

――商学部長としての先生の業績についてお話しいただけますか？

佐野　いやあ、何もないですよ。というのは学部長というのはね、もう、仕事のルールが決まっているわけです。ですから例えば人事のことは人事委員会とかそれぞれの委員会がありまして、学部長はそれにのって教授会を運営するということで、あまり特別なことをされたのでは迷惑なのですよ。

嘉悦《かえつ》大学の学長になってからもそうでしたが、学長になったのだから何か今までと違うことをやらないといけないと思いがちですが、それをやっては周りが迷惑で、ともかく全てが円滑に進むように観ているというのが、一番大きな仕事なのでしょうね。

これもやりたい、あれもやりたいといっぱいあるわけですよ。完全に満足している人はおりませんからね。そのような欲求不満に対して、まず全体を円滑に、と心配りをしないと。でも私は気配りが下手なのです、タイミングが遅れたりして。

――先生が学部長になられたのは、商学部ができて何年ぐらいでしたか？

佐野　商学部ができたのは、義塾創立百年を機に昭和三十二年（一九五七年）のことで、私が学部長を勤めたのは平成元年（一九八九年）から三年にかけてですから、商学部創立三十余年ということですかね。今から十五年ほど前のことです。

これは「三田評論」十月号の「商学部創設五〇年」の座談会のときに調べて分かったのですけれど、商学部は女性の教員の比率が高くて、確か現在は二五パーセントくらい。看護学部は別ですが、商学部よりも古い学部はもちろん、湘南藤沢キャンパスを入れても商学部が一番比率が高い。私が学部長をした時期でも十数パーセントでしたか、突出しているのです。私の上に商学部では伊丹レイ子先生とドイツ語の近藤逸子先生がいらして、特に伊丹先生はとてもご活躍で、商学部のなかでも信任が厚くて、退職後も帝京大学の学科長をやられました。あの方の実績と、近藤先生の実績もあって、私もいて、女性比率が高いというので、私が女性で学部長になったのはある意味で、そういうタイミングだったのです。商学部は男女差別ということがないのではないかと思いますね。

――先生のご経歴を拝見して驚きました。昭和三十四年（一九五九年）三月に博士課程を修了なさって、そして三月三十日にはご長男がお生まれになっている。

佐野　昔は博士論文というのは、なかなか書かないものだったのです。博士課程を終わった時に博士論文はできていないのが普通でした。私が結婚したのは昭和二十九年で、それから修士課程を終えて博士課程を終えて、ちょうど結婚して五年ぐらいしてから長男が産まれました。私の仲間をみていても大学院へ行って五年ぐらい経つと、ちょうど出産年齢になっているわけですね。その時に職を探さなければならない。

地方などへ就職がきまると、別居とか同居とかという問題もありますし大変なのですよ。結婚と出産と就職と、女性はその時が勝負どころと言いますか、それは本人の努力だけではなくて、環境がいかに整っているかによって、そこで賽が投げられるということがありますから。ですから女性の研究者の就職については、微力ですができるだけ何か助けになれればと思っています。そこが男性と違うのですよ、時期がね。皆様がんばっていらっしゃいますけれど。

――ご夫妻とも研究者でいらっしゃいますか。

佐野　夫は学部の同級生でした。もともと医学部コースだったのですが、解剖が嫌だと文学部の哲学科に入りなおしたのです。ですから、私が大学院に入った時は彼はまだ学部の学生で、二人とも学生ですから、アルバイトは一生懸命やったのですが、なかなか一家を別に構えるところまでいかなくて……。結婚式はしましたが、私は自分の親と、彼は向こうの親と、それぞれ親元に住みながら別居結婚していたのです。

私は、仕事をずっと続けるつもりで、途中で苗字を変えるのが嫌でしたから、なるべく早く変えようと、大学卒業をした年の五月に結婚しました。結婚したのはいいけれど、経済力がないですから、五年ぐらいはそれぞれ別に暮らしていました。向こうの舅、姑は「早く、うちへ来い」と言ってくれました。私の実家は、母が病身でしたので、子供を産むときは夫のほうへ行こうと思っていたので、長男の出産後、婚家先に同居したのです。

――その次の年にはご次男がお生まれになった。

佐野　その前から出産モードには入っていたのですが、なかなか二人とも稼いでないのですから、経済的に可能ではなかった。でも、長男の時には姑が「産みなさい。今、産まないと」と言ってくれて、背中を押されて出産しました。そして次男も続けて出産しました。

――子育ては？

佐野　お姑さんに子供はお願いしました。私はフルタイムで働いて子供はみられないですから、その時はお手伝いさんの給料が安かったので、住み込みのお手伝いさんを雇って、姑はそのお手伝いさんを監督して、長男次男を育ててもらった。

三男の時は、お手伝いさんの賃金が高くなってとても雇えないですから、朝は保育園に送って行って、迎えは舅と姑にお願いしました。お姑がしっかりしていたので育ててくれました。四番目を妊娠したときは「もう、育てられない」と言われて、悲しくて一日家出して。そうしましたら「産みなさい」と言われましたが、死産でした。女の子が欲しかったのですが……。

――すばらしいご理解のあるご一家でいらっしゃいますね。

佐野　結婚する前から、私は仕事をしたいという考えでしたから、夫のほうもそれを前提に考えてくれて、卒業しても就職は東京で見つけようと。彼にとっては東京で仕事を探すのは制約があったと思いますが、東京都の関係の、今でいう特殊法人のような所に就職しました。

――ときどきイリノイ大学とか、オーストラリアの方へいらしたりして、それは長期ではなかったのですか？

佐野　イリノイ大学は一年間でした。子供はその時二人いましたが、長男を連れて……。九月に行ったのですが、その長男が翌年四月から学齢期に入るので帰したのですね。その代わりに次男を引き取って、一年間のうち半分半分、長男と次男が来ていました。

――イリノイ大学では、子供を預かってくれる施設がついているのですか？

佐野　いいえ、当時はついていないのです。でも受け入れの教授がナーサリーを探してくれて、朝の七時から夕方五時までみてくれましたので、イリノイ大学に行っている間は、何の苦労もなかったのです。苦労というと、子供が月火水木で疲れますから、土日に熱を出すとか、具合が悪くなることとかあったり、予定が狂ったりしたことぐらいですね。

――今は少子化という問題がございますが、なぜ今の人たちは結婚しなかったり、子供を産まなかったりするとお考えでいらっしゃいますか？

佐野　わかりませんよ。私は本当は十人ぐらい欲しかったのですよ。ケネディ家って子供が多いでしょ。全部にそれぞれ乳母と家庭教師をつけて育てるわけですね。ああいうふうに十人にそれぞれ乳母と家庭教師をつけて、こちらは乳母会議とか仕切ってね。――そうしたかったのですが、経済的にも、とてもそこまではいかなかった。子供は多い方がいいと思いますよね、私たちは。

――子供が多いのは宝だと思っていました。

佐野　私たちはいまの若い人たちときっと価値観が違うのでしょう。

――結婚しない人もいますでしょう？

佐野　私は結婚しなくてもいいと思うのですよ。結婚というかたちは、子供がいれば必要でしょ。子供が産まれたら結婚すればいいのではないかと思いますね。産まないのなら同居していれば、それでもいいのではないかと思います。

――先生の年代でそういうお考えをお持ちになって、初めは別居結婚をなさったり、二十年も三十年も進んだ考え方をなさったわけですね。

佐野　それしか選択肢がなかったような感じでした。私から見て、今の女性はダイエットとか、体力的にどうなのですかね。もっと自然に食べたいだけ食べたりするほうが、体力的にもいいのではないでしょうか。

――先生はご自宅でお料理をなさいますか？

佐野　しましたよ、よく。もう飽きましたね。

――先生のファッションはすばらしいですが、どなたかアドバイスをなさる方があるのですか？

佐野　自分で好きでやっているのですけれど、会った人や学生さんがそう言ってくださるのです。私はファッションに遅れたくない、先端にいたいと思うのです。若い方と同じものを着たいのですが、しかし、サイズが小さくて着られないのですよ。イタリアのブランドもののアウトレットへ行ったときも、サイズが合わなくて着られるのがなくて買えなかった！

――先生が「ゴールドカラーの人材育成」のテーマに着目なさったのは？

佐野　研究テーマは昔から持っていたのではないのですが、ずっといろいろ考えたり調べたりしてくると、今一番必要なのは「クリエイティビティ」というか、創造力。それが一番ではないかと思うのですね。ですから「クリエイティビティ」を育てる教育だけではなくて、職場環境にも関心があります。

例えばどういう人に私が魅力を感じるかといいますと、四人あげてみましょう。逢ったことはないのですが、まず、引田天功《ひきたてんこう》。クリエイティビティの塊でしょう。次々に新しいことをして、ソ連に行ってミグ戦闘機に乗ったり、月旅行が解禁になれば行ってみたいと言ったり。何をやっても桁はずれなのですよ。

それから本田健。この人は神戸市出身で、高校を卒業して、一年間だけアメリカを旅行する。中古車を持ってアメリカへ行き、話をして歩いて幾ばくかのお金をもらったり泊めてもらったりして旅を続けた。一番世話になったのはフロリダの老人ホームを中心とした町なのですが、そこで日本の話をしてユダヤ人の大富豪に逢った。その大富豪から成功する秘訣を教わった。まだ青二才の彼がなぜ大富豪の目にとまったかというと、「私の試験にパスしたら、富豪になる秘訣を教えてあげる」と言われ、みごとに合格した。その試験とはフロリダで千人の署名を三日間で集めて来い、というもの。思いついたのは、日本を発つ時にもらった千羽鶴を使うこと。署名した人に鶴をあげましょうと言って、瞬く間に署名を集めた。大富豪から成功の秘訣を聴き、本を書いて、それがミリオンセラーになったわけです。

三人目がドクター中松。世界的に有名な発明王で、この前イグノーベル賞をもらった。イグノーベル賞はノーベル賞の裏版で、ある意味でノーベル賞より人気があるといいます。ドクター中松は三十年ぐらい前から糖尿病の気があったらしく、自分の食べ物を全部写真に撮って時系列で記憶しておいたものが受賞した。この人は博士号を五つも持っていて、栄養学博士でもある。栄養学的に分析して、長生きするにはどういう食事がよいかを研究した。人間は理論的に一四四歳まで生きられる。一四四歳まで生きるためにはどういう食事をしたらよいか、自分で実験しているそうですよ。

四番目は女性で日産のゴーン社長の奥さん、リタ・ゴーン。はじめ一家で日本に来てレストランを始めた。あっさりした料理が日本人の口に合うはずだからと、レバノン料理を広めたいといっている。今は日本に月に一週間だけ来て、レストランをみて、レバノン料理の教室も開きたいという。すごいバイタリティーの持ち主で、朝から料理の材料を自分で仕入れに行く。独立してやりたいから、日産の社員にも知らせないで、ゴーンの奥さんだということもなるたけ隠している。新聞には出ましたけど。

——日本人に一番不足しているのは、クリエイティビティなのですか？

佐野 どこの国でもいま言われていますよ、クリエイティブにならなければいけないと。日本人だから不足しているわけではない。グローバルですからね。日本人だからとか、日本人だけ心配などしていられないでしょ。

——例えば、クリエイティブなものを持っていても、その突破口が見つからない。小型の中松さんがいっぱいいても、そのクリエイティビティを発揮できない。日本はそういう体制の国なのでしょうか。

佐野 体制はそうですよ。どこもそういう傾向はあるかもしれない。官僚体制ですね。ヨーロッパが自由かというとそうでもない。アジアでもシンガポールでも競争力はあるけど、大変でしょ。濃淡はあるでしょうけれど。

――そういうゴールドカラーのクリエイティブなところをどうすればよいかお話しいただきました。どうもありがとうございました。

佐野 ゴールドカラーのような、ある意味で自由な考え方というのは、組織にいる男性よりも女性のほうが分かりやすい。

慶應にいて幸せだなと思うのは、福澤諭吉思想ですね。みな意識していないかもしれないけれど、婦人解放の伝統が根づいていて、住みやすいということがあったと思うのです。商学部長をなさった石坂巌先生が二〇〇六年に亡くなられましたが、先生には諭吉を理解するための分かりやすいエッセイがある。

慶應義塾を基盤にして発信された福澤諭吉の思想は、若い人の心を捉えて学生が増えていった。ところが諭吉の考え方はそれまでの日本の儒教の思想を否定するものだったので、それをよからぬことと思う人たちが出てくる。そのトップが井上毅《いのうえこわし》。文部大臣をした人で教育勅語をつくって、敗戦まで続いた教育と思想の体制をつくりあげた。この人が福澤を排斥しようとして官僚を儒教色で纏めた。これは今に至るまで日本の経営思想といいますか。例えば昔ですと国鉄一家とか、会社という家に属する社員はみんな家族、というような思想につながって今に至っている。戦後は解放されたといっても、そういうところは払拭できなくてきている。

儒教思想が女性を保護するかわりに差別する。ランキングをつけると、男女平等においては、日本は開発途上国を抜いて下の方です。韓国も下の方ですね。福澤諭吉に戻れ！ と言いたいですよね。そういうところはまだあまり言われていないけれど、一五〇年も前によくあれだけの考えを、人を敵にまわしてもおっしゃった。

——座右の銘は、おありですか？

佐野 とくにありませんね。学生に言いたいことは、「BE ORIGINAL！」

——後輩への提言は？

佐野 女性も経済力をつけて欲しい。

——今日は、有意義なお話をありがとうございました。

インタビュー

鎌倉大佛様をお護りして

佐藤美智子

さとう　みちこ　鎌倉大佛殿前住職夫人。昭和三十二年慶應義塾大学文学部卒業、同三十三年鎌倉大佛殿高徳院に嫁す。現在、鎌倉アートフォーラムS会長、平山郁夫先生を囲む鎌倉の会会長、鎌倉ユネスコ協会副会長、鎌倉てらこや顧問、吉屋信子記念館協議会委員、平山郁夫シルクロード美術館評議員等を務める。

――鎌倉の名刹高徳院のすてきなお庭を拝見しながら、お話をうかがうことができるのは幸せでございます。

佐藤　皆様のようにキラキラ星みたいな生活ではございませんが、ただただ地道に生きてまいりました。

――伝統あるお寺を守るという環境に入られて、そして立派にお務めなさっていらっしゃるのには、お小さいときからお受けになった、ご両親からの影響がおありになったのではないでしょうか。簡単に生い立ちをお話しください。

佐藤　私の父は慶應義塾大学出身です。慶應の佛教青年会のメンバーで、第一回の汎太平洋佛教徒会議に代表で出ております。ハワイであったのですが、昭和七年（一九三二年）卒業ですから、昭和五、六年のことでしょうか。父は在家の者なのに仏縁があったのでしょうね。母は寺の娘でしたが、反対を押し切ってサラリーマンの父と結婚しました。私は清水（静岡県）生まれですが、その清水に母の実家のお寺があります。今はその母は亡くなりました。母の兄が京都の智恩院の門跡で、現在百一歳になりますが、いまだに務めさせていただいております。そんなことでお寺に縁があった生い立ちですね。（＊その後、智恩院のご門跡は平成十九年一月二十五日にご辞任なさいました）

ですから小さいころにお彼岸やお盆になりますと、母から「お寺が忙しいから、手伝いに行ってあげなさい」と、――私と姉は双子でして、二人で手伝いにやらされました。そのお寺は檀家寺ですから、位牌の前に一つずつお膳をお供えしていました。お膳がずらっと並んでいて、そこに蓮根の煮たものなどを一つずつお付けしていくなどのお手伝いをさせられ、帰りにはおはぎをいただいて帰ってくる。それが楽しみでお手伝いにまいりました。全くお寺と無縁ではありませんでしたから、結婚するに当たっても戸惑うということは少なかったですね。なんとなくお寺に馴染んでいたと言ってよいでしょう。

――ご結婚は？

佐藤　お見合い結婚でした。卒業してから父の関係の貿易会社で、ほんの少しお手伝いをさせてもらっていましたが、卒業の翌年結婚しました。面白いことに、私の両親は恋愛結婚でしたが、それをバックアップしてくださった佛教の大学の先生がいらっしゃいまして、その先生ご夫妻が鎌倉の両親（高徳院の先の住職夫妻）の仲人でもあったので、両方の娘と息子はどうだ、という感じでまた仲人をしていただいて、――そういうお見合いでした。

ですから、私の両親のほうも安心で、「結婚したら？」と勧めてくれましたが、そのころはまだ結婚をする気もなかったのでお断りしたいと言いましたら、母から「自分でお断りしなさい」と言われました。私はそのころは東京で下宿をしていて、仲人さんに断るつもりで電話をかけたのですが、どういうわけか反対のことを言っていました。「お受けします」みたいな……。そのときにとっても不思議なのですが、電話をかけている間に大佛様が見えてきて、横顔で少し斜めに見えて、私はお受けしますというようなことを言っていました。主人をいじめるときは、私は貴方と結婚したのではなくて大佛様と結婚した、と……。（笑い）

――それ以前に大佛様をご覧になったことがおありですか？

佐藤　修学旅行のとき、大佛様の前で記念撮影をしています。その修学旅行に出る前に伯父とか母が、大佛様の横の佐藤さんは大正大学で伯父がお友だちだから、お玄関へお寄りしてきたらと言いましたが、姉とちょっと覗いただけでそのときは気後れもして帰りました。全くご縁がないという感じではなかったのですが。

――佛様のご計画の中に入っていたようでございますね。

佐藤　まあそんなことで結婚しましたら、もう本当に義母が可愛がってくれましてね。実家の母もこちらの母を尊敬していて、結婚したらよくお母様にお仕えなさいと言ってくれました。育てる意味で義母は厳しい面ももちろんありました。新婚旅行から帰ってきて、おみやげを披露する段になったら、「あら、佛様のおみやげは？」と言われまして（笑い）。

私、考えもしなかったのでびっくりして……。あっ、そうか！　と頭をコツンとやられた感じでした。母の様子を見ておりますと、何でもまず佛様に上げなければ口にしない、身につけない、全て佛様、ほとけ様でした。この大佛様が何メートルあって、などと考えては悪いことのように思えて、人間と同じように本当に毎日が大佛様にお給仕をしているようで、歴史的な事象などは最近まで勉強もせず、ただただ毎日の大佛様がご無事であるよう考えていました。

——お母様も大佛様へお嫁入りなさいましたの？

佐藤　義母は家付き娘。義父のほうが富山のお寺からここへ入ったのです。娘二人姉妹でした。姉のほうが亡くなって、それで妹である義母が継ぐことになったのです。父は学者でしたから、ほとんどお寺のことは母がして、父に思う存分勉強させたのだと思います。

——外の大佛様がご本尊でいらっしゃいますか？

佐藤　はい。昔はお堂がありました。何度か壊れては建て直されたようですが、最後は明応七年（一四九八年）の大地震と津波で倒壊し、爾来、露座になっています。ですから今はお内佛があり、中のお内佛様と露座の大佛様の両方にお務めいたします。

――お供えは？

佐藤 お内佛にお花とお菓子や果物。外の大佛様へはお菓子は上げられませんから、お花と果物。余談ですが、最近カラスが味を覚えてしまいましてね。夏の炎天下では西瓜を上げていましたが、つついて食べてしまいます。グレープフルーツなど酸っぱいものだけは食べませんから、今はほとんどグレープフルーツだけ、林檎もやられます。四、五年前までは夏は西瓜でとおっていましたのに。

――一日のご生活は？

佐藤 朝は、母は五時に起きていましたが私は五時半に起きて、お内佛様にお茶とお線香を上げる。そして外の大佛様にお線香を上げ、回廊の後ろにある観月堂という観音様を祀っている所へお詣りをして。みな母がやっていたとおりをしているのですが……。そののち、源氏の供養碑の所へお詣りして、裏を通って山門まで来ます。従業員も朝早くからいますから挨拶をして、正面から大佛様へ向かって帰ってくる。

その時のどなたもいらっしゃらない朝の大佛様。……毎朝至福の時をいただくのですが、毎日毎日の朝の光も大佛様のお姿も異なりますから、山門から戻ってくるときが本当に幸せですね。学生時代、特別に信仰深かったわけではないのですが、お寺にご縁があったせいか、宗教に関心がありました。宗教ってなんだろうと思っていました。朝のお詣りのあとは朝食後お内佛を祀ってある本堂のお掃除、その後は来客接待に追われます。

――宗派は？

佐藤　こちらは浄土宗。母の実家も浄土宗。京都の智恩院と同じですね。増上寺も浄土宗、母の父親、私の祖父がずっと増上寺におりまして同じ宗派でございましたから、何の問題もなく。

――お子様は？

佐藤　子供は一人亡くしました。これは私にとって一番つらくて、一番試練になったことではないかと今では思いますけど、長男を亡くして次が女の子、その後、男の子に恵まれましたから現在は二人でございます。最初の子は、二歳八カ月で流感の注射が身体に合わなくて、本当にあっという間にいなくなりました。そのとき、信仰の問題ですとか、悩みました。でも、「もう何も怖いものがなくなった。小さな信雄があちらへすっと逝ったのだから、私、怖いものが全くなくなったわ」と言ったらしいのです。そのことを父が、嫁をどう慰めようか、自分は佛教学者でありながら、そのとき一つも言葉が見つからなかった、だけどそれを嫁の美智子は、「もう怖いものがなくなった」と言ったと、雑誌に書いてくれました。

本当に怖いものがなくなり、それと同時に自分の子を亡くしたら、全てのお子さんが自分の子供に見えて、全ての人が自分と一体みたいな感じになって、佛様が教えてくださるための試練だったのかと思いますけれど、自他一如といいますか、自分も他人も一つという生き方になってしまったように思います。

一年ぐらいは泣いて暮らしましたけれど、そのあと男の子に恵まれましたから。皇室ではございませんが、跡継ぎを生まなければと思い、プレッシャーがありましたが幸い恵まれました。

——教育に心を砕かれたかと存じますが。

佐藤　私はお寺が忙しかったので、あまり子供にかまってやれなかったのです。両親と一緒にここに暮らしていましたから、父や母がやさしく子供たちを指導してくれ、ほとんどの教育は母がしてくれました。今の若い方はむしろかわいそうだと思いますね。私など本当に楽な思いをしましたから。今は娘のところには子供が四人おります。

——僧籍のご修業は？

佐藤　私は、子供には僧籍のことは何も触れず、押し付けもせず、好きなことをしてもらいました。息子は慶應で考古学を勉強しました。慶應から富士国際短大へ出ておりまして、教鞭をとりながら仏教大學へ入って資格を取りました。資格が取れたところで慶應に戻って、民俗学考古学を教えています。今は住職と大学で教えるという二足の草鞋を履いていますから、朝はお勤めをしてから学校へ出ます。佛教的行事は住職がいたしますが、外国からのお客様のお接待などは女でできますので……。

——インターナショナルなことは、お母様もなさっていらっしゃいましたか？

佐藤　そうなんです。母は英語をしゃべるのが好きでした。疲れていても「英語で話していたら元気になったわ」というくらいでした。英字新聞の切り抜きを束にして、それを美容院へ行ったときに読んでくる。明治生まれの人はよくお勉強しますね。

——ご主人様のご兄弟は外交官でいらっしゃいますか？

佐藤　そうです。二年前まで国連大使で佐藤行雄といいます。この間（平成十八年八月）まで、日経の夕刊木曜日の一面にコラムを書いていました。今は、国際問題研究所にいます。

——外国からのお客様も多いそうですが、一日に何人ぐらいいらっしゃいますか？

佐藤　季節によって多い少ないはありますが、平均すれば二百五十人位でしょうか。

——年間では、おおよそ外国の方はどのくらい見学に訪れ、日本の方々と合わせると何人ぐらいの方々が見えられるのですか。

佐藤　年間、外国の方々がざっと九万人位、日本人と合わせると約百二十万人位がいらっしゃいます。

――どんな国々から見学にいらしているのでしょうか。

佐藤 アメリカ、韓国、台湾、中国、東南アジア、特に最近多いのはロシアの方々です。ヨーロッパや南米等は、比較するとやはり少ないですね。

――外国からのお客様は、どんなことに興味がおありですか？

佐藤 外国の方は日本建築、庭園、お作法など日本文化に興味がおありですね。日本のお辞儀などにも。外国の方にもここでお茶を勉強していただいております。盆石の稽古もなさりたがりますね。

――お庭もすてきですね。

佐藤 この赤松は夫婦だったのですが、虫にやられてしまって今は一本です。雄の方が残っています。

――この松をお庭からみますと、ちょうど枝の間から大佛さまのお顔を拝見することができるのですね。毎年五月に大佛へのお献茶会が催されますが、こちらのお招きで外国から慶應に来ている訪問研究者や留学生たちが、うかがわせていただいておりますのね。もう十七年も続けてくださって、この赤松の元で記念写真を撮ることも多うございました。対外的にもご活躍でいらっしゃいますね。

佐藤 私は、母がしてきたことでいただいているご縁が多いので、また母の話から始めてしまいますが……。母は鎌倉に婦人子供会館を作ろうと、戦後すぐに活動をはじめたようです。鎌倉在住の婦人連合同窓会が創ったのですが、私が結婚したころ、ちょうど夢中でやっていました。また、寺では〝潮会〟という婦人会を毎月催していました。この会は終戦直後寺の裏に住んでいらっしゃった吉屋信子女史と母が、これからは日本の婦人達ももっともっと勉強しなければと作った会で、今のカルチャーセンターの先がけのような会でした。

源氏物語や萬葉集を読む会、美術講座等文化、歴史を主に勉強していました。

現在は〝潮会〟という名称は使っておりませんが、佛教文化講座や哲学講座が催されています。それからイケバナ・インターナショナル鎌倉支部も母が創りまして、そのあとソロプチミスト鎌倉、全国の浄土宗の寺庭婦人会——寺の奥さんたちの会ですから、家庭ではなくて寺庭です。全国津々浦々の浄土宗のお寺を廻って結成したのです。

母は、多勢の方から慕われ大事にされましたが、「これは大佛様が大事にされているからで、私個人ではないのよ」と常に言っていました。私も母と同じように皆様に大事にしていただきますが、それは如何に大佛様が皆様に愛されているか、それによって私も大事にしてくださるのだと思っています。ですから私は大佛様に泥を塗らないようにと、いつも大佛様を第一にしております。

——ご活躍、ご奉仕活動のことなどについては？

佐藤　私が今、鎌倉で力を入れていることは、まず平山郁夫先生を囲む会の会長をやっています。結婚して間もないころ、母のところにお友だちから電話がかかり、絵のお仲間にならないかというお誘いがあり、母は自分は絵心がないからと、横にいた私に、「美智子さん、画を習いたい？」と聞きますので、とっさに「お習いしたいわ」と答えました。それが平山先生だったのです。先生がまだ東京芸大の助手時代のこと、アルバイトで教えにきてくださって五、六人でお習いしました。二十五、六歳のときでした。佛教伝来などのすばらしいお作品をお描きになり始めたころのことでした。

半年ほどお習いしましたら、先生は外国へ留学をなさってしまいましたので同僚の別の先生に代りましたが、それからのご縁ですからもう四十年になります。いまは忙しくてほとんど描いていませんが、手ほどきをしていただき、ご縁をいただけたのは幸いでした。先生は本当にお人柄がすばらしいのです。嫌とはおっしゃらないのでお忙しくて、よく人に尽くされ、お描きになった絵の画料は全部、世界の文化財保護のために寄付なさっていらっしゃいます。

また、私が今協力しておりますことは、鎌倉ユネスコ協会です。平山先生が会長で、私が副会長をやっております。

その他、子供育成のために合唱の場をつくっています。学校のクラブ活動に合唱部がない。

子供にもっともっと歌を歌わせたいという思いで、本当に二、三人の主婦で始めた会「鎌倉アートフォーラムS」の会長をやっています。市内の合唱団や学校も参加してくださって、今年で七回目になります。

新実徳英先生の「白いうた青いうた」の歌曲集、これは新実先生が先に作曲し、それに谷川雁さんが詩をつけたものです。家族皆で歌えるような、旋律がとても綺麗な曲集です。それで、その歌曲集の中から歌っていただくということに決めて、参加していただいています。もちろん無料で参加することができ、芸術館の大ホールで歌う経験もできます。最近は六十歳以上の方々の合唱団も参加してくださり三世代、四世代のコンサートになりました。

それから、〝鎌倉てらこや〟という活動をしています。次世代を担ういい子を育てなければならないということで。森下一先生という精神科のお医者様のご発案で始めました。この先生は日本で初めての不登校児のための学校を創った方です。その先生が鎌倉をモデルケースに、全国的に〝てらこや〟運動を展開しようということで始まり、今年で五年目になります。これは現在私が携わっている一番大きな活動です。毎年、建長寺と光明寺で合宿をしています。お子さんと早稲田の学生さんと半分ずつで、百人くらい。複眼教育というのですが、いろいろな目をもって教育しなければと、鎌倉青年会議所も一緒になってその場をつくっています。

超宗教で神父様の協力も得ています。合宿の三日間をどう過ごすか、早稲田の学生さんたちが三ヵ月も前から、今年はどういうテーマでどういう過ごし方をするか議論して決める。学生さんと子供は、現代の家庭内にはお互いにいない年齢差ですから、両方が楽しい経験です。その他、つい一昨日もここで、薩摩琵琶と平家琵琶の演奏会をしましたが、これはイケバナ・インターナショナルで国際文化交流のひとつとして行いました。

夏には小泉八雲の研究会もしました。また中国出身のオペラ歌手に鎌倉ユネスコで歌っていただき、アフガニスタンの子供救済に百万円くらい寄付をしました。

そのほか先ほど申し上げたような哲学や佛教文化の講演会などしょっちゅう催しておりますが、ただただご紹介をしたり、場をつくったりお迎えしたり、誠心誠意しているだけです。外務省や大使館からご依頼を受けての来賓接待は、日常茶飯事になっています。

――最近大きなご法要がおありになりましたね。

佐藤　平成十四年（二〇〇二年）が、大佛開眼七五〇年祭でした。私が結婚した時は、七〇〇年祭が終った後で、存じませんでしたが、七五〇年祭のことは主人も父もいろいろと考えていたようでした。

七五〇年祭は一日のお祭りだけで終らせては何の意味もないので、ずっと以前から大佛史研究会をしていました。大佛様は謎の多いほとけ様で、分からないことだらけで、誰がデザインしたとか何もわかっていないのです。お名前が出てこないのです。

大佛様をつくりたいと発願なさったのは稲多野局という方で、頼朝の侍女だった方。それに浄光というお坊様が応えて、全国を行脚してお金を集めてくださった。

源頼朝は、奈良の大佛様が焼き討ちされ、復興されたときの開眼供養にお供を百人ぐらい連れて参列し、多額の寄付もしている。それで、そのときに鎌倉にも大佛をつくりたいと思ったに違いない、と学者さんたちはおっしゃいます。

大佛様ができあがったのは頼朝が亡くなってかなり経ってから、北条政子も亡くなってからですが、侍女の稲多野局がおとしを召してから発願なさったのですね。それには色々な意味があったかもしれません。それらが全く当時の資料にないのです。

『吾妻鏡』には五、六カ所の記述が出てきますが、記載がとても簡単で。当時は北条の時代ですから、禅宗に対しての配慮があったのかもしれない。建長四年（一二五二年）の大佛建立ののち、翌建長五年に建長寺が建立されています。これは、禅宗のお坊さんを中国から呼んで作らせていますから。

この大佛史研究会は、七五〇年祭に向けて七、八年間やっていました。法要のその日は、長期予報では雨でお行列もできないのではないかと案じましたが、横須賀は雨、東京も降っていたのに鎌倉は曇りでした。多勢の参列の僧侶にお稚児さんも加わって無事にお行列も済み、ご法要が最高潮となり、〝表白〟と言って、住職が法会の趣旨や願いを仏前に申し述べるのですが、そのころから五、六分間、雨が降ってすぐ止みました。そのとき、大佛様が金色に輝きました。七五〇年前の建立当時は大佛様は金色だったので、そのお姿を見せてくださったのか……。一番大事なときに天からの甘露の雨、と皆さんおっしゃってくださいました。

――座右の銘と申しますか、いつも励みになっている言葉などおありでしょうか。

佐藤 あえて言えば、お名号〝南無阿弥陀佛〟でしょうか。じっとお祈りをしていると勇気をいただく。言葉というより佛様から勇気を与えていただいている。佛様を通して、この地球全体と天と人間が一つになって、自分が一つになっているということが、エネルギーをいただいているのです。ここには、いろいろな宗教の方がお訪ねくださいます。スペインの尼様、イスラムの方……。皆で話していると、登り口は様々でも天は一つということで納得し合います。近々ここで、世界哲学者会議があります。

――慶應義塾に学ばれてよかったと思われることはございますか？

佐藤 はい、やはりとても結束が強いですね。お会いすると初めてでも親しいような……。何かムードがありませんか？　ですから嫌な思いをしたことがない。本当によかったと思いますね。

――学校のクラブは？

佐藤　英語会と演劇部。卒論ではユージン・オニールをやったので、演劇を勉強したほうがよいと思って。英語会で英語劇をやったときに演劇部から指導にきてくださった部長から誘われて、卒論のためにも入部して勉強したほうがよいと思って、短い期間でしたが途中から入りました。

――慶應の後輩に伝えたい提言は？

佐藤　学生時代はあまり意識しなかったのですが、慶應という学校がいかにいい学校か、無駄にお過ごしにならないように、と申し上げたいですね。こんないい学校にいらっしゃるのですから、学校時代にもっともっと活動してと思いますね。最近の方のほうが真面目でいらっしゃると思いますが、女性が持っている特質を十二分に活かしてほしい。それには男性の理解と協力が必要でしょうが、お互いに尊敬さえし合っていればいいのですから。

――本日は、長時間にわたり、お時間をいただきまして、ありがとうございました。本当に有意義なお話をいただきました。

鎌倉大佛様　鎌倉大佛様は、国宝銅造阿弥陀如来座像。玉座は、大異山高徳院清浄泉寺に在り、この阿弥陀如来を本尊とする浄土宗のお寺です。

様々な行事が行われますが、新緑の五月に献茶会があります。献茶式は、ご住職と鎌倉の浄土宗のお寺の僧侶がたの厳かな行列で始まり、佛前でお経が上げられます。

そののち、裏千家のお家元が、大佛様にお献茶をなさいます。濃茶と薄茶が献げられます。毎年、慶應義塾に在職中の訪問研究者、留学生の方がたをお招き下さいます。

外国の先生方や留学生には、異文化の香りに触れる貴重なひと時です。

裏千家に依る茶席へも招じられ、お庭での点心席も楽しみます。多勢の方の和服姿も目に残ることでしょう。時には、高徳院の応接間で鎌倉のお菓子を頂きながら、壁に掛けられている日本画について、質問をすることもあります。献茶会では、鎌倉市内の幼稚園や高校も参加し、高校生の立礼席、園児の野点席もあります。様々な出会いが繰り広げられます。

佐藤美智子さんは日本画の大作を制作され、春の院展に四回も入選されました。

一一九二年、武家がはじめて政権をとり政治の中心となった鎌倉を世界遺産に登録すべく申請準備中です。

（編者注・平成十九年七月現在）

あとがき

慶應婦人三田会は、義塾大学を卒業した女子塾員の集まりで、昭和三十六年に、塾の中のたった一つの女子の同窓会として発足しました。大学の先生方が直接参加して指導くださっている研究会や読書会で学び続け、留学生の日本語援助や日本での日常生活になじまれるようお世話をしたり、大学病院でのボランティア活動をしたりと、後輩、先輩が仲良く協力しながら幅広い活動を積極的におこなっています。

二〇〇三年に、会員の岡本・天野・吉川らが集まった時に、慶應義塾が創立一五〇年を迎えるにあたり、慶應婦人三田会でも記念になる活動をしたいという話が持ち上がりました。一年間に何度も相談を重ね、昭和二十年代に入学された黎明期の方々から当時の義塾の様子などをお話しいただいて、それを記録に残すという方針が決まったのです。

この主旨に賛同する真崎らの仲間が加わり、「プロジェクトF」という研究会をたちあげ、まず名誉教授の伊丹レイ子先生、米津昭子先生に講演をお願いして本格的に歩み始めました。

大勢の女子塾員の中には、フランスでご活躍中の宇宙飛行士の向井千秋ら、グローバルに活躍されている方々も多く輩出されるようになりましたが、今回は遠隔地への転居やご家族のご事情等を拝察し、会員の同期生や知人を通して、身近な方々を選んで連絡の取れる範囲でお願いし、ご登場いただきました。

研究会の主旨を説明しながらご依頼した結果、この六年間に、昭和二十年代から五十年代に義塾で学ばれた、各分野で活躍されている三十一名の方々が講演、インタビュー、執筆というかたちで快くご協力くださいました。誠にありがとうございました。

それぞれパイオニアとしてその道を拓いてきた方ならではの、大変豊かな興味深い内容で、これはただ記録にとどめるということで終わらせるのはもったいない、なんとか冊子にして、皆様にも読んでいただきたいということになり、まずは手作りの冊子「寄稿集」（第一号、二号、三号）が誕生したわけです。

そして、この「寄稿集」をもとに、慶應義塾大学出版会の森脇政子第二出版部長が、一冊の単行本として纏めてくださり、このたび『慶應義塾で学んだ女性たち―独立自尊へのあゆみ』が刊行される運びとなったのです。一冊に纏めるにあたり膨大な分量であるため、出版会のほうでこの二十名の方々を収録することにしたため、ご登場くださったすべての方々のお原稿をお載せできなかったことをお詫び申し上げます。

長期間にわたり深いご理解とご協力をいただきましたご執筆者、ご講演者の皆様方のお心のこもった慶應義塾への熱いエールは、私ども「プロジェクトF」の編者にとりまして大いなる力となりました。

安西祐一郎慶應義塾長には、お忙しい中、「刊行によせて」をご執筆賜り、温かい励ましのお言葉を頂戴して、一同感激の極みでございます。

安西塾長はじめ多くの塾内関係者の方々、また、惜しみないボランティアスピリットをお注ぎくださりご協力くださった皆様に、謹んで衷心より感謝いたし、御礼申し上げます。

この度の冊子を完成させていただくことで、「プロジェクトF」の試みた初めての企画の第一段階は達成されましたことをご報告申し上げます。

この本が、女子学生や女性の歩む道の指針の一助となることを願っております。

慶應義塾創立一五〇年というこの歴史的におめでたい機会を共有させていただくことを光栄と存じ、慶應義塾の益々のご発展をお祈りいたします。

二〇〇八年　五月吉日

慶應婦人三田会「プロジェクトF」一同

〔編者〕

［プロジェクトＦ］（卒業年順）

岡本　寛子	（昭和25年卒法政）	真崎　敏子	（昭和28年卒文英）
坂田　郁子	（昭和30年卒文英）	中江　千恵	（昭和31年卒文仏）
天野喜代子	（昭和36年卒　商）	吉川　敦子	（昭和37年卒　経）
竹下　宏子	（昭和37年卒文英）	吉岡　月子	（昭和39年卒文図）
福井　圭子	（昭和40年卒文社）	平塚ますみ	（昭和44年卒文英）
古田　映子	（昭和44年卒文仏）	矢沢　淑子	（昭和44年卒文美）
小岩井雅子	（昭和46年卒文教）	島崎　温美	（昭和47年卒文美）
中田能利子	（昭和49年卒文西）	須藤　恭子	（昭和51年卒文通）

〔記録〕（掲載順）

米津　昭子	講演2004年11月18日
伊丹レイ子	講演2004年12月10日
西沢　直子	講演2006年４月25日
タリサ・ワタナゲス	インタビュー2007年７月９日
千住真理子	インタビュー2006年12月17日
伊勢　桃代	執筆
福本　秀子	講演2005年12月26日
今　まど子	講演2005年10月24日
喜谷　昌代	執筆
大島美恵子	講演2006年３月６日
能勢　淳子	講演2006年５月11日
木村　慶子	講演2006年６月16日
太田　芳枝	執筆
杉山真紀子	講演2006年１月12日
浅野加寿子	講演2006年11月20日
種谷奈雄子	講演2006年２月27日
翁　　百合	執筆
大原　慶子	講演2007年11月18日
佐野　陽子	インタビュー2007年11月６日
佐藤美智子	インタビュー2006年９月28日

編者　慶應婦人三田会「プロジェクトＦ」

著者　米津昭子、伊丹レイ子、西沢直子、タリサ・ワタナゲス、千住真理子、伊勢桃代、福本秀子、今まど子、喜谷昌代、大島美恵子、能勢淳子、木村慶子、太田芳枝、杉山真紀子、浅野加寿子、種谷奈雄子、翁　百合、大原慶子、佐野陽子、佐藤美智子（掲載順）

慶應義塾で学んだ女性たち
——独立自尊へのあゆみ

2008年７月10日　初版第１刷発行

著　者———米津昭子ほか
編　者———慶應婦人三田会「プロジェクトＦ」
発行者———坂上　弘
発行所———慶應義塾大学出版会株式会社
〒108-8346　東京都港区三田 2-19-30
TEL　〔編集部〕03-3451-0931
〔営業部〕03-3451-3584〈ご注文〉
〔　〃　〕03-3451-6926
FAX　〔営業部〕03-3451-3122
振替　00190-8-155497
http://www.keio-up.co.jp/
装　丁———中島かほる
装画所蔵——慶應義塾図書館
写真提供——慶應義塾
印刷・製本——中央精版印刷株式会社
カバー印刷——株式会社太平印刷社

Printed in Japan　ISBN 978-4-7664-1497-4